《语言学研究》编委会名单

编委会主任： 胡壮麟

顾　　问（以姓氏拼音为序）：
陈嘉厚　汪大年　王逢鑫　王文融　吴贻翼　祝畹瑾

编　　委（以姓氏拼音为序）：
曹志耘　陈保亚　程晓堂　褚　敏　段　晴　高彦梅
郭　锐　胡旭辉　刘丹青　刘利民　彭广陆　任一雄
申　丹　苏金智　王东亮　王洪君　王厚峰　文秋芳
谢秩荣　杨德峰　张　薇　赵　杰

主　　编： 高一虹
副　主　编（以姓氏拼音为序）： 姜望琪　钱军　王辛夷　赵华敏
编辑部主任： 高彦梅

本辑执行主编： 高一虹
本辑编务： 周江平

主　　办： 北京大学外国语学院外国语言学及应用语言学研究所
编辑部地址： 北京大学外国语学院新楼450
邮　　编： 100871
电　　话： 010-62752364
Email： ling_research@126.com

中文社会科学索引（CSSCI）来源集刊

语言学研究
Linguistic Research
第二十九辑

北京大学外国语学院外国语言学及应用语言学研究所 编

高等教育出版社·北京

图书在版编目（CIP）数据

语言学研究. 第二十九辑 / 北京大学外国语学院外国语言学及应用语言学研究所编. -- 北京 : 高等教育出版社，2021.1

ISBN 978-7-04-055321-5

Ⅰ．①语… Ⅱ．①北… Ⅲ．①语言学－文集 Ⅳ．①H0-53

中国版本图书馆CIP数据核字(2020)第272251号

策划编辑	常少华	责任编辑 常少华	封面设计 赵 阳	版式设计 孙 伟
责任校对	秦彬彬	责任印制 赵义民		

出版发行	高等教育出版社		网 址	http://www.hep.edu.cn
社 址	北京市西城区德外大街4号			http://www.hep.com.cn
邮政编码	100120		网上订购	http://www.hepmall.com.cn
印 刷	中煤（北京）印务有限公司			http://www.hepmall.com
开 本	787mm×1092mm 1/16			http://www.hepmall.cn
印 张	15.5			
字 数	326千字		版 次	2021年1月第1版
购书热线	010-58581118		印 次	2021年1月第1次印刷
咨询电话	400-810-0598		定 价	42.00元

本书如有缺页、倒页、脱页等质量问题，请到所购图书销售部门联系调换
版权所有 侵权必究
物 料 号 55321-00

目 录

"言语交际的元语用探索"专栏

专栏主持人语 .... 陈新仁　3
身份元话语：语用身份意识的元话语表征 .... 陈新仁　6
不同英语水平学生的段落连贯元语用能力研究 .... 解　月、任　伟　18
投诉类广播节目主持人自我角色凸显的元语用研究 .... 孙　莉、严静霞　31
发话人元话语的形象管理功能
　　——学术场景中专家自我表述的元语用分析 .... 金颖哲　43
网店店主自我身份建构的元语用意识探究
　　——以淘宝商品描述语为例 .... 何　荷、李梦欣　55

语言学理论研究

"刻意隐喻"的本质与批评
　　——评 Gerard Steen 和 Raymond Gibbs 之辩 .... 张建丽　69
论心理空间体与祈使句标记
　　——以达拉特旗晋语"来"字祈使句为例 .... 刘雨晨　80
词汇化和语法化过程中的过渡现象分析
　　——以源于"前置词+名词间接格"形式的俄语副词为例 .... 周海燕　95

具体语言研究

俄英语同源词考信 .... 胡　荃　109
俄语感知动词范畴特征的多维透视 .... 孙敏庆　123
基于语料库的英国英语道歉回应行为研究 .... 安　毅、向明友、苏　杭　134

语言应用研究

语言象征性与阿拉伯语世界的语言冲突 .... 廉超群　151
基于CiteSpace的国内语言景观研究述评 .... 王晓军、朱　豫　162

中英民事裁决文书元话语的对比研究
　　——佩雷尔曼新修辞学视阈下的分析..................朱　雷、俞理明　175
教育评价语言的合作民族志
　　——杭州良渚文化村古道书院个案研究..................余　华、郭敏飞　189

经典译文

心智研究的模块论..
................[美]诺姆·乔姆斯基（著），陆志军（译），李桂东、钱军（校）　205

书评

《概念转喻——方法论、理论以及描述性问题》述评..................曹燕黎　221
语用学的实验转向
　　——《实验语用学：认知科学的构建》述评..................邓　宇、鱼　帆　227

语言学沙龙

北京大学外国语学院语言学沙龙活动情况（2019年秋至2020年春）...............236

《语言学研究》征稿启事..238

Contents

The Metapragmatics of Verbal Communication

Column Editor's Words .... CHEN Xinren   3

Identity Metadiscourse:
    Metadiscursive Representation of Pragmatic Identity Awareness
    .... CHEN Xinren   6

Students' Metapragmatic Competence in Assessing Paragraph Coherence
    across Different English Proficiency Levels .... XIE Yue, REN Wei   18

A Metapragmatic Study on Self-role Highlighting by Radio Hosts of Complaint
    Program .... SUN Li, YAN Jingxia   31

The Image Management Function of Addresser Metadiscourse: A Metapragmatic
    Analysis of Experts' Self-representation in Academic Setting
    .... JIN Yingzhe   43

Online Shop Owners' Metapragmatic Awareness of Self-identity Construction:
    A Study on *Taobao* Merchandise Descriptions .... HE He, LI Mengxin   55

Theoretical Studies

The Nature and Criticism of Deliberate Metaphor: A Review of the Debates
    between Gerard Steen and Raymond Gibbs .... ZHANG Jianli   69

Psychological Aspect and Imperative Marker: With Special Reference to
    Lai-Marked Imperatives in Dalad Chinese .... LIU Yuchen   80

Transitional Phenomena in Lexicalization and Grammaticalization: Focusing on
    Russian Adverbs with the "Preposition + Noun" Structure
    .... ZHOU Haiyan   95

Studies of Specific Languages

An Investigation of Russian-English Cognates .... HU Quan   109

The Category of Perception Verbs in Russian: A Multidimensional
    Perspective .... SUN Minqing   123

Apology Responses in Spoken British English: A Corpus Study
.... AN Yi, XIANG Mingyou, SU Hang 134

Applied Studies

Language Symbolism and Language Conflict in the Arabic-Speaking World
.... LIAN Chaoqun 151

A Review of Domestic Linguistic Landscape Research Based on CiteSpace
.... WANG Xiaojun, ZHU Yu 162

A Contrastive Meta-discourse Analysis of British and Chinese Civil Judgments:
Perelman's New Rhetoric Perspective .... ZHU Lei, YU Liming 175

The Language of Assessment in Education: A Cooperative Ethnography
of "Ancient Way Academy" in Liangzhu Culture Village
.... YU Hua, GUO Minfei 189

Translations of Classics

Modular Approaches to the Study of the Mind
.... Noam Chomsky, translated by LU Zhijun, proofread
by LI Guidong, QIAN Jun 205

Book Reviews

A Review of *Conceptual Metonymy: Methodological, Theoretical, and
Descriptive Issues* .... CAO Yanli 221

The Experimental Turn of Pragmatics: A Review of *Experimental Pragmatics:
The Making of a Cognitive Science* .... DENG Yu, YU Fan 227

Linguistic Circle

Linguistic Circle Session Topics (Autumn, 2019—Spring, 2020) 236

Submission Guidelines.. 238

"言语交际的元语用探索"专栏

专栏主持人语

身份元话语:语用身份意识的元话语表征

不同英语水平学生的段落连贯元语用能力研究

投诉类广播节目主持人自我角色凸显的元语用研究

发话人元话语的形象管理功能
——学术场景中专家自我表述的元语用分析

网店店主自我身份建构的元语用意识探究
——以淘宝商品描述语为例

专栏主持人语

南京大学 陈新仁*

　　言语交际中的一些话语（如"说实话，这汤有点咸"）包括两个层面，一个是基础层面（如上例中的"这汤有点咸"），另一个是元（语用）层面（如上例中的"说实话"），前者传递客观信息内容，后者涉及说话人对该信息内容的说明、评价、介入情况、投入程度等，或者提示当前传递客观信息的话语与其前或其后话语之间的某种关联方式，体现说话人与听话人（或作者与读者）之前的认知、社会互动，反映了交际者的元语用意识，涉及语用能力的元语用维度。本专栏是关于后一层面即元语用层面上语言使用的探索，以往主要是以话语标记语、元话语等名义对相关现象加以研究的，研究视角主要是语篇衔接理论（如Halliday & Hasan, 1976）、认知语用视角（如Blakemore, 1987）、会话分析（如Schiffrin, 1987）、体裁理论（如Hyland, 2005）等。不同视角出于不同的理论立场、研究旨趣、方法论路径，对带有相同元语用实质的话语形式采用了各种各样的术语，赋予了各种不同的解释。元语用研究的兴起为这些貌似性质不同的话语形式提供了统一解释的可能。

　　元语用研究是语用学领域的新兴研究话题，近年来引发国内外众多学者的广泛关注，国际期刊发表了以元语用研究为主题的专刊（如Caffi, 1984），出版了专门的论文集（如Bublitz & Hübler, 2007），语言学与语言类的百科全书或手册中有元语用的词条（如Asher, 1994; Verschueren, 1995; Caffi, 2006），一些语用学新著包含了元语用章节（如Culpeper & Haugh, 2014）。以元语用研究为议题的学术会议（第五届中国语用学专题论坛）2020年11月1日在河北大学召开，《外语与外语教学》也刚刚刊发了关于本人组织的元语用研究专栏（"语用分析的元语用视角"）。元语用研究的重要价值主要在于，明确区分一些话语中的基础语用层面和元语用层面，系统关注诸如"说实话""譬如""此外""我问你""作为……""你说说""遗憾的是"等话语成分或形式，从元交际、元表征、元认知等方面探讨交际者在特定交际语境下关于自身语言使用、彼此关系、交际环境等的自反意识，揭示交际者调控话语内容及方式的元语用意识，并从元语用意识角度重新阐释、解读包括话语标记语、语用标记语、衔接语、言据标记、模糊限制语等在内的各类元话语。从元语用出发，我们可以重

---

* 作者简介：陈新仁，南京大学外国语学院/大学外语部教授，博士，博士生导师，研究方向：语用学理论与应用。E-mail: cxr3354182@163.com。通信地址：210023 江苏省南京市栖霞区仙林大道163号。

新界定元话语的内涵，拓展元话语的外延，即将元话语重新定义为元语用的反映和产物，不仅包括相关经典文献中谈及的元话语，还包括各种反映元语用意识的开放性表达（如"咱们是兄弟，你有什么需要只管说"中的"咱们是兄弟"）。

本专栏拟在现有文献尤其是在之前的元语用研究专栏研究（主要涉及元语用意识和元话语的新分类；元语用话语及协商意识；受众元话语与元语用意识；语境元话语的交际资源价值与解读框架设定；发话人元话语的使用对文学人物塑造的作用）基础上就元语用问题做进一步的理论探索和应用探究。除第一篇本人撰写的关于身份元话语的界定与分类讨论外，其余四篇文章都是实证研究。本栏目的主要贡献包括：1）在重新界定元话语的基础上结合语用身份观，提出了身份元话语的概念及类型，并结合实例呈现了身份元话语的交际价值；2）从元语用视角拓展了网店店主身份建构的话语方式及分析路径；3）通过分析学术专家的元话语使用，发现了元话语的形象管理功能，拓展了元话语的功能范围；4）发现主持人在处理投诉话语中会经常使用元话语凸显自我角色，丰富了主持人话语的研究维度，拓展了元话语的研究空间；5）从元语用角度重新诠释二语写作语篇连贯问题，优化了二语写作能力构念。

总之，本专栏不仅在一些方面丰富了元语用的理论内涵，而且拓展了元语用的应用研究空间，希望能引发更多同行的关注。

❏ Asher, R. E. (ed.), 1994. *The Encyclopedia of Language and Linguistics*. Oxford: Pergamon Press.

❏ Blakemore, D. 1987. *Semantic Constraints on Relevance*. Oxford: Basil Blackwell.

❏ Bublitz, W. & Hübler, A. (eds.), 2007. *Metapragmatics in Use*. Amsterdam: John Benjamins.

❏ Caffi, C. 1984. Metapragmatics. *Special Issue of Journal of Pragmatics*, 8(4): 433–592.

❏ Caffi, G. 2006. Metapragmatics. In K. Brown (ed.), *Encyclopedia of Language & Linguistics* (2nd Edition). Amsterdam: Elsevier. 83–88.

❏ Culpeper，J. & Haugh, M. 2014. *Pragmatics and the English Language*. Basingstoke: Palgrave McMillan.

❏ Halliday, M. & Hasan, R. 1976. *Cohesion in English*. London: Longman.

❏ Hyland, K. 2005. *Metadiscourse*. London: Continuum.

❏ Schiffrin, D. 1987. *Discourse Markers*. New York: Cambridge University Press.

❏ Verschueren, J. 1995. Metapragmatics. In J. Verschueren, J. Ostman & J. Blommaert (eds.), *Handbook of Pragmatics Manual*. Amsterdam: John Benjamins. 367–371. Republished 2010 in *Handbook of Pragmatics Online*.

(责任编辑：高一虹)

身份元话语：
语用身份意识的元话语表征

南京大学　陈新仁*

[提　要]　交际者动态身份选择与磋商方面的现有研究主要关注身份建构类型、话语实践方式、磋商与调整、语境影响因素、交际效果等，鲜有触及人际互动中交际者的语用身份意识，对其元话语表征同样缺乏系统的考察。本文在现有研究成果基础上提出"身份元话语"的概念及两种分类；作为示例，考察了中国驻美国大使访谈中所使用的身份元话语类型，探讨了其使用身份元话语的可能动因，旨在说明其关于身份的元语用意识。研究结果有益于深化语用身份及元话语的现有研究，对关键语境下的话语实践具有指导意义。

[关键词]　语用身份；元话语；身份元话语；语用身份意识；元语用意识

❶ 引言

　　人际互动中交际者的动态身份选择与磋商是近年来语用学的一个研究热点，关注焦点主要包括交际者的身份建构类型、话语实践方式、磋商与调整、语境影响因素、交际效果等，涉及日常人际互动、医患话语互动、课堂师生互动、警民调解互动等，对人际互动中交际者语用身份意识缺乏专门的探讨，对其元话语表征同样缺乏系统的考察，也鲜有研究涉及外交话语互动这一关键语境。另一方面，在基于元语用理论的元话语研究方面，目前已经有文献专门探讨发话人元话语（如傅琼，2020）、受众元话语（姜晖，2020）以及涉及第三方的语境元话语（王晓婧，2020），却没有研究专门探讨涵盖发话人、受众和第三方身份的元话语。

　　针对上述研究现状，本文拟汲取、整合发话人元话语、受话人元话语和交际者关系元话语（陈新仁，2020b）三个概念中的身份维度，尝试提出"身份元话语"的

---

*　作者简介：陈新仁，南京大学外国语学院/大学外语部教授，博士，博士生导师，研究方向：语用学理论与应用。E-mail: cxr3354182@163.com。通信地址：210023 江苏省南京市栖霞区仙林大道163号。
本文为国家语委"十三五"2019年度重点项目（ZDI135-100）"新时代城市语言文明建设研究"的阶段性成果。

概念，探析其主要类型，并以中国驻美国大使崔天凯的访谈为应用示例，旨在说明崔大使所用身份元话语背后的语用身份意识。笔者期望本研究能有助于深化语用身份及元话语的研究，并对关键语境下的话语实践有一定的指导价值。

❷ 研究背景

2.1 关于元话语的研究

所谓元话语（metadiscourse），指的是"关于话语的话语"（discourse about discourse）（Crismore, Markkanen & Steffensen, 1993: 39）。前一"话语"为基础或对象层面的话语，传达特定的信息内容，后一"话语"，即元话语，提示说话人就该信息内容做出的提示、说明、评价等。例如：

[1a] <u>顺便说一下</u>，明天的会我参加不了。
[1b] <u>很遗憾</u>，明天的会我参加不了。

在[1a]中，"顺便说一下"作为元话语，作用在于提示传达当前信息"明天的会我参加不了"的话语与之前的话语在话题上是不关联、同一的，而是对之前话语内容的一种补充；在[1b]中，"很遗憾"作为元话语，作用在于提示说话人对该信息内容的评价（VandeKopple, 1985; Crismore, Markkanen & Steffensen, 1993）。

关于元话语的分类，最为人熟知的莫非是Hyland(2005, 2017)的人际模式了。根据该模式，元话语主要有两大类，一类涉及交互资源（与语篇组织有关），一类涉及互动资源（与互动评价有关）。陈新仁（2020b）提出，在元语用及元语用意识的基础上对元话语进行分类，理由是元语用涉及的范围并不局限于语篇组织和互动评价，而是涉及交际事件的方方面面。为此，他基于元语用意识，提出了关于元话语的新分类，具体包括：语境元话语、发话人元话语、受话人元话语、关系元话语、信息元话语、语篇元话语、语码元话语。

需要指出的是，陈新仁（2020b）的新分类虽然提及交际者会使用凸显说话人自身或对方的身份的元话语，但并没有具体展开讨论。

2.2 关于语用身份的研究

言语互动中，交际者为实现特定的交际目标会根据语境情况通过话语动态选择、建构身份。这样的身份就是语用身份，"是特定的社会身份（个体身份、人际身份或群体身份）在语言交际语境中的实际体现、运用甚至虚构，换言之，我们从言语交际或话语角度，关注说话人或作者发出特定话语所选择的特定（一个或多个）身份，听话人或读者在理解特定话语所选择的特定身份"（陈新仁，2018：24），或者是说话人或作者在特定交际语境下的特定交际时刻实现特定的交际目标发出特定话语中为对方或者第三方建构的身份（Chen, 2021）。与交际者在进入交际前所具有的社会身份不同，这种语境化的、语言使用者有意或无意选择的自我、对方或第三方身份具有动态性、话语依赖性，会作为交际资源用来推进交际目标的实现，会充当特定词汇乃至整个话语的解读框架，会影响话语的合适性、有效性甚至合法性。

语用学视角下的身份与交际研究成果丰硕（详见蒋庆胜的综述），主要涉及交际者的身份建构类型（如袁周敏，2014；陈静，2019）、话语实践方式（如陈新仁，2013，2018）、磋商与调整甚至解构（Feng & Chen, 2020；袁春波，2020）、身份认知（郭亚东，2020）、语境影响因素（如袁周敏、陈新仁，2013）、有效性（如冯文敬，2020）或得体性（何荷，2019）、身份工作与礼貌之间的关系（如陈新仁，2020a）等。相关理论也被运用来分析文学人物话语（蔡晓燕，2019）、商务话语咨询话语（袁周敏，2014）、调解话语（冯文敬，2020）、课堂话语（徐敏、陈新仁，2015）、辅导员个别谈话话语（陈静，2019）等，鲜有研究对访谈互动中交际者的语用身份意识开展专门的探讨。

2.3 关于元语用与元语用意识的研究

元语用（metapragmatics[①]）是语用学领域的一个新话题，相关成果不断涌现（如 Bublitz & Hübler, 2007; Caffi, 1984, 1994, 2006; Crismore, 1989; Crismore, Markkanen & Steffensen, 1993; Culpeper & Haugh, 2014; Hübler & Bublitz, 2007; Lucy, 1993, 2000; Verschueren, 1995/2010, 2000）。简而言之，元语用是发生在语言使用"元层面"（meta-level）（Culpeper & Haugh, 2014: 237）的语用现象，是关于语言使用的语言使用（即作为交际者，我们会有时使用语言来谈论、监控、评价语言使用的方方面面），"反映了我们作为交际者对语言使用本身的自反意识"（陈新仁，2020b），涉及"语言使用者关于语言使用事件方方面面的自反意识"（Verschueren, 1995：367）。元语用的直接反映或结果就是各种元话语的使用，不仅包括各种具有标记语色彩的表达（如"顺便说一句""老实说"），也包括体现元语用意识的开放性表达，如本文涉及的一些身份元话语，如后面例[5]中的"我们都是医生"。后者之所以也被视为元话语，是因为它们不是客观陈述，而会传达特定的含意或用意，是用来支撑、铺垫其他话语的，因而不能简单地仅从字面意义上去解读。

上述自反意识（reflexive awareness）就是元语用意识（metapragmatic awareness），不仅涉及自己，也涉及他人，涵盖说话人对自己发出话语、听话人对自己理解话语时所做选择的自反意识，可以体现说话人对自己和他人的交际行为得体性的判断以及使用语言手段管理自我印象、维持人际关系的能力（Hyland, 2017），反映交际者监控自己或他人当下进行的互动以及如何谈论实现"话语管理"（management of discourse）的能力（Caffi, 1994: 2464）。总之，元语用意识影响元语用层面的话语选择，可以反映一个人的语用能力（陈新仁，2020b）。

根据元语用发挥的功能，元语用意识可以从不同维度进行刻画。Culpeper 和 Haugh（2014）讨论了三种不同性质的元语用意识，分别是元认知意识（metacognitive awareness）（涉及信息认知状态的自反呈现，如相关信息是否是已知还是新信

[①] 关于 metapragmatics 这一术语的的多重意思，见陈新仁（2020b）。

息，是意料之中还是意料之外的信息，是容易理解的信息还是难以理解的信息)、元表征意识（metarepresentational awareness）（涉及某人观念、思想、愿望、态度、意图等中有关自我和他人意图状态的自反表征）和元交际意识（metacommunicative awareness）（涉及源于对自我和他人作为社会人的意识而对话语产生的自反解读和评价，包括交互意识和人际意识）。在此基础上，陈新仁（2020b）借鉴Jakobson(1960)划分语言功能时参照各个交际维度的做法，基于交际事件涉及的各个维度，对元语用意识提出如下分类：关于语境的元语用意识；关于发话人自身的元语用意识；关于受话人的元语用意识；关于交际双方或多方的元语用意识；关于信息的元语用意识；关于语篇的元语用意识；关于语码的元语用意识。

似乎可以假定，语用能力正常的交际者在作为发话人时拥有关于自身身份、受话人乃至第三方身份以及彼此身份关系的元语用意识。我们不妨将这种关于语用身份的元语用意识看作是交际者语用身份意识的一部分，而这方面尚未见专门的研究。之所以说是一部分，是因为语用身份意识也可以是通过非元语用层面即一般语用层面的语言选择来表征，如常规情形下说话人使用May I...?（我可不可以……）体现了视自己为下而对方为上的语用身份意识。

❸ 身份元话语：定义与类型

如上所言，在言语交际中，语用身份意识可以通过身份话语隐性传达，也可以使用身份元话语显性呈现。

3.1 身份元话语的定义

身份元话语是相对于身份信息话语而言的。所谓**身份信息话语**，是指说话人采用显性方式（如身份陈述）自述或回复有关自身特定身份信息或者询问对方或第三方身份信息的话语，相关身份信息不是交际双方此前共享的信息，例如：

[1] 我是南京人，在南大读书，今年大二，专业是英语语言文学。
[2] 你与他是什么关系？——我们是表兄弟。
[3] 你哥哥是做什么的？——他是大学老师。

身份元话语是指说话人刻意凸显、质疑、否认或解构自身、对方或他人个人或群体身份抑或双方或多方关系身份的话语，相关身份信息往往是交际双方共享的信息，这种元话语的使用反映了交际者语用身份意识，即关于身份的元语用意识，可以通过短语（如"作为……""以……的名义"）、小句（如"（既然）咱们是朋友""你是一名党员，……""我不是……"）。例如：

[4] 语　境：丈夫刘志高与妻子卢丽就儿子欢欢的教育问题发生争吵
　　卢　丽：那你说，欢欢成绩成这样了，我该做什么，我除了给他补习之外

我还能做什么？

刘志高：我真没办法理解你，人家孩子上学得到的是知识，是快乐。你看看欢欢得到的是什么……<u>**你作为一个母亲**</u>你非得追求快班慢班这种可笑的评级啊？

(《孩奴》第25集)

在[4]中，卢丽是欢欢的母亲这一点对于交际双方来说是共有信息。刘志高凸显了受话人卢丽作为母亲的角色身份，认为她对孩子的要求过高，让孩子失去了快乐。表面上，他凸显了妻子的母亲角色身份，但其实在间接质疑她的这一角色身份，认为她不是一个合格的母亲。又如：

[5] 语　境：一位医生找副院长宫恩年帮忙

宫恩年严肃地说："你知道医院的院规吗？请你不要给我难堪。"接着又耐心地解释："**咱们都是医生**，应该有更多的共同语言。"

这位医生既敬佩又惭愧地说："宫大夫不仅仅治好了我妻子的身病，也治好了我的心病。今天，我才真正懂得了应该怎样做人。"

在[5]中，作为院长的宫恩年，在面对另一位医生不合理的要求时，没有凸显自己的院长身份，而是通过陈述彼此具有共同的职业身份（"咱们都是医生"），来强调双方"应该有更多的共同语言"。对于双方而言，二者都是医生也是共有信息。

3.2 身份元话语的类型

从语用身份的主体角度看，身份元话语可以区分为下列类型：

1) **发话人身份元话语**：作为发话人元话语（凸显发话人自身的元话语）的一个子类，发话人身份元话语凸显发话人身份，如"作为南大的一名教师"。
2) **听话人身份元话语**：作为受话人元话语（凸显对方或他人的元话语）的一个子类，听话人身份元话语凸显听话人身份，如例4中的"（你）作为一个母亲"。
3) **交际者关系身份元话语**：作为交际者关系元话语（凸显交际双方或多方关系的元话语），凸显交际双方或多方关系身份的元话语，如"作为朋友"。
4) **第三方身份元话语**：作为第三方元话语（凸显第三方的元话语）的一个子类，第三方身份元话语凸显第三方身份，如"XX作为一名作家"。

从语用身份涉及的维度（陈新仁，2020a; Chen, 2021）角度看，身份元话语可以区分为下列类型：

1) **属性元话语**：涉及交际者的社会属性，如国籍、民族、年龄、性别、职业等，如"作为一个中国人"。
2) **归属元话语**：涉及交际者隶属某一群体、组织或社区等的成员身份，如"作为一名语用学会会员"。
3) **角色元话语**：涉及交际者在社会结构或社会关系里的定位，如例4中的"作为一个母亲"。
4) **认同元话语**：涉及交际者的归属感或认同感，如例5中的"咱们都是医生"。
5) **行动者元话语**：涉及交际者在特定活动或任务中的身份特征或角色，如"作为今天活动的主持人"。
6) **地位元话语**：涉及交际者在社会等级中的位置，如"作为一个有头有脸的人"。
7) **立场元话语**：涉及交际者在特定话题上所表现出来的态度或者倾向，如"作为你的对手"。
8) **形象元话语**：涉及交际者在交际互动中呈现出来的符合或违背他人所期望的身份特征，如"作为一个文明人"。
9) **个性元话语**：涉及交际者的独特性，如性格、特长等，如"就你这种人"。

需要说明的是，有些身份元话语可能属于不同的类别，如"谨代表""以……的名义""就我个人而言"，具体属于哪一类别要看使用的语境。例如，"(我)谨代表南京大学"是归属元话语；"(我)谨代表你家长"是关系元话语。

❹ 应用示例

为了展示身份元话语概念的应用价值，本部分以崔天凯大使2020年3月17日接受美国AXIOS和HBO联合节目采访时的回应，聚焦其使用的身份元话语类型，剖析不同类型身份元话语使用背后的可能动因。

之所以选择崔天凯大使那一次访谈语境下的回应话语，是出于下列考虑：其一，采访话题敏感性高，涉及新冠病毒来源等争议；其二，崔大使具有丰富的外交经验，因而在回应此类访谈时会更机智、更策略地应对敏感性提问。崔大使多年一直在外交部工作，2013年4月2日成为第十任中国驻美国大使。

4.1 崔大使运用的身份元话语

根据上面对身份元话语的界定，笔者仔细研读了整个访谈中崔大使回应斯旺提问的话语，发现他使用的身份元话语可以概括为下列情形。

1) "我是……"，用来声明自己的属性身份，即作为中国驻美国大使。例如：

[6] 斯　旺：大使先生，很高兴听您这么说。因为事实上，是你们中国外交部的发言人赵立坚在散播病毒来源于美国实验室的阴谋论。他有相关证据吗？
　　　崔大使：也许你可以去问他。
　　　斯　旺：您问他了吗？您是大使。
　　　崔大使：<u>我在此代表的是中国国家元首和中国政府，不是某个具体个人。</u>
　　　斯　旺：他是代表中国政府发言吗？是赵立坚还是您代表中国政府发声？
　　　崔大使：<u>我是中国驻美国的代表。</u>
　　　斯　旺：好的。所以我们不应该从字面上去听他的话。尽管他是发言人，我们也不应该认为他的话代表中国政府。①

在[6]中，发话人崔天凯在第二轮回应中声明的自己是中国驻美国大使的身份（"我在此代表的是中国国家元首和中国政府，不是某个具体个人"）对于斯旺来说并不是新信息，而是事先共享的信息，事实上后者在崔大使做出这一回应时就已经明确凸显这一点（"您是大使"）。可见，崔大使关于其身份的话语不是一般意义上的身份（陈述）话语，而是本文所讲的身份元话语。

2）"我不是……"，用来否认自己具有某一属性身份。例如：

[7] 斯　旺：周一晚，特朗普总统首次将新冠病毒称为"中国病毒"。您怎么看？
　　　崔大使：<u>我不是白宫发言人</u>，但世界卫生组织在疾病命名方面是有规则的，就是要避免污名化，不予人病症与特定地理位置、人群甚至动物相关的印象。希望大家都能遵守世卫组织的规则。

在[7]中，崔天凯面对斯旺请他就特朗普首次将新冠病毒称为"中国病毒"一事发表看法，说出了"我不是白宫发言人"。这句话本质上也是身份元话语，因为崔天凯不是白宫发言人是不言自明的，是交际双方都应已经知道的信息。又如：

[8] 斯　旺：1月15日，中国疾控中心卫生应急中心主任李群接受央视采访时表示，"经过仔细筛查和谨慎判断，我们的最新结论是（该病毒）人传人风险较低。"您对此有何关注？大使先生，现已无法了解有多少万人因为这一结论失去生命。
　　　崔大使：<u>我不是医生</u>，我无法向你解释所有技术问题。我不知道这位李先

---

① 值得一提的是，崔大使回应"我是中国驻美国的代表"时，并非暗示赵立坚不代表中国政府发言。作为中华人民共和国外交部发言人，赵立坚毫无疑问是代表中国政府的。斯旺接下来说的："尽管他是发言人，我们也不应该认为他的话代表中国政府"，其实是对崔大使回应的故意曲解。

生说了什么。

在[8]中，崔天凯面对斯旺请他就中国疾控中心卫生应急中心主任李群曾说过新冠病毒人传人风险较低一事发表看法，说出了"我不是医生"。这句话与[7]中"我不是白宫发言人"一样，同样是身份元话语，因为对于双方来说，崔天凯是外交官、是中国驻美国大使而不是医生的实际身份是共享信息，因而不是用来传递对方未知的信息。

3）"你我都不是……"，用来说明双方具有某种共同身份属性。例如：

[9] 斯　　旺：但早在12月27日就有医生提醒人们，武汉同济医院肺科专家赵建平医生就提醒过武汉疾控中心，这一病毒可能会人传人。问题是，为什么时隔两周后，中国当局仍告诉公众病毒不太可能人传人呢？

崔大使：我们了解到这一病毒会人传人之后立即向公众发出了提醒。但得出结论之前必须要有证据，必须以科学为基础。<u>你我都不是医生</u>，我不认为我们有能力对所有技术问题进行讨论，这么做可能会对观众形成误导，如果那样会很麻烦。

斯　　旺：我只是在引述医生说的话。

在[9]中，崔天凯面对斯旺有关中国官方"告诉公众病毒不太可能人传人"的质问，说出了"你我都不是医生"。显然，双方都知道彼此不是医生，因而这句话同样是身份元话语。

4.2 崔大使运用身份元话语的可能动因

针对斯旺的提问，结合访谈进程的上下文，不难看出，崔天凯大使在上面多个语境中使用不同类型的身份元话语，可能具有如下动因。

一方面，为限定对方理解本人或他人特定话语提供解读框架。根据语用身份论（陈新仁，2014，2018），交际者选择、构建的身份视为一种解读资源，从身份角度解读特定话语的意义，换言之，交际者建构的语用身份会构成特定话语的解读框架（王晓婧，2020）。例如，针对斯旺质问究竟是赵立坚还是自己代表中国政府发声时，崔天凯大使回应"我是中国驻美国的代表"。根据会话含意理论（Grice，1989），这句话理论上会被解读为"赵立坚不是代表中国政府发言"的一般会话含意，但崔天凯大使其实并无此意，而只是表明自己是中国驻美国大使的身份，而无意申明赵立坚的身份。针对崔天凯大使回应话语本身的不完备性，斯旺按照会话常规加以刻意的含意解读，表示"尽管他是发言人，我们也不应该认为他的话代表中国政府"。针对斯旺使用的第三方身份元话语——"尽管他是发言人，我们也不应该认为他的话代表中国政府"，崔天凯大使机智地回应"你可以对别人的话进行解读。我无法也没有责任向你解释所有人的观点",毕竟如何解读他人的话语的确是由不得说话人本人的。

另一方面,为拒绝对方特定的要求提供评价依据。交际者选择、构建的(语用)身份可以视为一种评价资源,用来"考察特定交际情境中的话语是否具有适切性、得体性、正当性等"(陈新仁,2014,2018)。就本个案而言,身份元话语的使用可以用来凸显身份,以实现下列评价目的:

1)质疑对方提问的合适性。例如,崔天凯说"我不是白宫发言人",其目的也许在于表明他不知道也不应来回答特朗普为什么将新冠病毒称为"中国病毒"的问题。

2)质疑特定言语行为的合适性,拒绝做不符合身份的事。例如,崔天凯面对斯旺要他去问中国外交部发言人赵立坚是否有证据时,回应"我在此代表的是中国国家元首和中国政府,不是某个具体个人",因此本人不会也不应去了解赵立坚是否有证据。

3)质疑特定言语行为的合适性,拒绝发表与身份不符的看法。例如,崔天凯说"我无法向你解释所有技术问题",以此拒绝斯旺让他评价中国疾控中心卫生应急中心主任李群曾说过新冠病毒人传人风险较低一事的要求;他说"你我都不是医生",不仅拒绝了对方让自己评价中国官方"告诉公众病毒不太可能人传人"的要求,而且以此提醒对方不要就病毒会不会人传人这一科学问题进行讨论,理由是"我不认为我们有能力对所有技术问题进行讨论,这么做可能会对观众形成误导,如果那样会很麻烦"。

4.3 大使身份元话语表征的元语用意识

如何在外交互动(如记者招待会、外交访谈)中避免正面冲突、回避敏感或尴尬话题、规避不必要的责任或承诺,外交人员往往会诉诸某种话语策略,如模糊话语策略(赵静、詹全旺,2018)、刻意违反合作原则中的关系准则(如马莉,2003)。文献检索显示,鲜有学者关注到外交人员也可能使用身份元话语为标记的元语用策略。

基于上一小节的分析,本节进一步论证崔天凯大使使用身份元话语来回应斯旺的话语实践本质上是一种语用策略。通过对整个访谈的筛查,崔大使一共做了68次回应,其中就有5次使用了涉及自身的身份元话语,可见不是偶然现象,而是体现了很高程度的元语用意识。

崔大使对自己的身份(也可能包括其他方面)保持很高的元语用意识,与其所处具有国际政治高敏感度的访谈话题语境有关。围绕新冠病毒的源头问题,以美国为首的西方国家将中国视为病毒起源,甚至将该病毒成为"武汉病毒""中国病毒",并将病毒起源与武汉病毒实验室关联起来,目的是要中国为新冠疫情买单。在之前的报道中,中国武汉似乎是最先报道此次疫情发生的地方,然而疫情首发地(后来这一点其实也是一个争议点,因为有证据似乎表明包括美国在内的其他国家早于武汉就有疫情发生)并不能等同于病毒来源地,当然也不能否定不是来源地。显然,要客观、科学地回答中国是否应该为全球性疫情负责的问题不是一名外交官肯定可以做到的事。然而,由于斯旺作为访谈中的提问者,在问题设定方面占据主动权。如何避免掉入其问题陷阱,崔天凯大使是必须时刻提防的。作为应对策略,始终立足自身的大使身份,不逾越自身的身份框架,就可以避免许多不专业的回应,从而规避落下不必要的口实。崔天凯大使在本次访谈的表现赢得了广泛的点赞，不能说与他合理使用语用身份策略、拒绝发表与其身份不符的观点的做法没有关系。

❺ 结论

本文在研读元话语、语用身份和元语用及元语用意识相关文献的基础上，吸纳发话人元话语、受话人元话语和交际双方或多方关系元话语中的身份元素，尝试提出了身份元话语的概念，并从语用身份的主体和语用身份涉及的维度两个角度对身份元话语进行了分类和示例。作为应用示例，笔者考察了崔天凯大使在与斯旺访谈中使用身份元话语的情况，剖析了崔大使使用身份元话语的可能动因，尝试表明其使用身份元话语表征的元语用意识，进而提出崔大使的身份元话语实践体现了其机智应对复杂访谈话题语境的高超语言艺术。

本研究基于语用身份、元语用与元语用意识等提出的身份元话语概念，不仅拓展了（元）语用学视角下的元话语研究范围，也深化了关于语用身份建构意识维度的认识。所呈现的个案分析可为其他语境、语域下身份元话语运用的研究提供参考。

本文对于身份元话语的界定和分类都带有一定的探索性，难免挂一漏万。个案分析也只触及身份元话语的局部使用情形。期待更多后续研究能进一步完善、深化关于身份元话语内涵、形态、功能等方面的认识。

❏ Bublitz, W. & Hübler, A. (eds.). 2007. *Metapragmatics in Use*. Amsterdam: John Benjamins.
❏ Caffi, C. 1984. Metapragmatics. *Special Issue of Journal of Pragmatics* 8 (4): 433–592.
❏ Caffi, C. 1994. Metapragmatics. In R. E. Asher (ed.), *The Encyclopedia of Language and Linguistics*. Oxford: Pergamon Press. 2461–2466.
❏ Caffi, C. 2006. Metapragmatics. In K. Brown (ed.), *Encyclopedia of Language & Linguistics* (2nd Edition). Amsterdam: Elsevier. 83–88.
❏ Chen, X. R. 2021. *Exploring Identity Work in Chinese Communication*. London: Bloomsbury Publishing. (forthcoming)
❏ Crismore, A. 1989. *Talking with Readers: Metadiscourse as Rhetorical Act*. New York: Peter Lang.
❏ Crismore, A., Markkanen, R. & Steffensen, M. 1993. Metadiscourse in persuasive writing: A study of texts written by American and Finnish university students. *Written Communication* 10: 39–71.

- Culpeper, J. & Haugh, M. 2014. *Pragmatics and the English Language*. Basingstoke: Palgrave McMillan.
- Feng, W. J. & Chen, X. R. 2020. Identity (self-)deconstruction in Chinese police's civil conflict mediation. *Pragmatics*, forthcoming. (DOI: 10.1075/prag.19039.fen)
- Grice, P. 1989. *Studies in the Way of Words*. Cambridge: Harvard University Press.
- Hübler, A. & Bublitz, W. 2007. Introducing metapragmatics in use. In W. Bublitz & A. Hübler (eds.)., *Metapragmatics in Use*. Amsterdam and Philadelphia: John Benjamins. 1–26.
- Hyland, K. 2005. *Metadiscourse*. London: Continuum.
- Hyland, K. 2017. Metadiscourse: What is it and where is it going?. *Journal of Pragmatics* 113: 16–29.
- Jakobson, R. 1960. Closing statement: Linguistics and poetics. In T. A. Sebeok (ed.), *Style and Language*. Cambridge, Mass.: MIT Press. 350–377.
- Lucy, J. (ed.). 1993. *Reflexive Language: Reported Speech and Metapragmatics*. Cambridge: Cambridge University Press.
- Lucy, J. 2000. Reflexivity. *Journal of Linguistic Anthropology* 9: 212–215.
- VandeKopple, W. J. 1985. Some exploratory discourse on metadiscourse. *College Composition Communication* 26: 82–93.
- Verschueren, J. 1995. Metapragmatics. In J. Verschueren, J. Ostman & J. Blommaert (eds.), *Handbook of Pragmatics Manual*. Amsterdam: John Benjamins. Republished 2010 in Handbook of Pragmatics Online.
- Verschueren, J. 2000. Notes on the role of metapragmatic awareness in language use. *Pragmatics* 10: 439–456.
- 蔡晓燕，2019，"会说话"的王熙凤：语用身份视角。《浙江外国语学院学报》，（5）：53–59。
- 陈静，2019，辅导员个别谈话中的非职业身份选择及动机探究。《浙江外国语学院学报》，（5）：39–44。
- 陈新仁，2013，语用身份：动态选择与话语建构。《外语研究》（4）：27–32。
- 陈新仁，2014，语用学视角下的身份研究——关键问题与主要路径。《现代外语》（5）：702–710。
- 陈新仁，2018，《语用身份论——如何用身份话语做事》。北京：北京师范大学出版社。
- 陈新仁，2020a，身份工作与礼貌评价。《解放军外国语学院学报》（2）：1–10。
- 陈新仁，2020b，基于元语用的元话语分类新拟。《外语与外语教学》（4）：1–10, 24。
- 冯文敬，2020，语用身份建构的有效性评价。《解放军外国语学院学报》（2）：26–33。
- 郭亚东，2020，冲突话语中身份工作的社会认知解析。《解放军外国语学院学报》（2）：11–19。

- 何荷，2019，中国英语学习者学术写作中建议行为的得体性研究。《浙江外国语学院学报》（5）：45–52。
- 傅琼，2020，王熙凤的自我意识解读：基于元语用证据。《外语与外语教学》（4）：44–50。
- 姜晖，2020，TED演讲中受众元话语的元语用分析。《外语与外语教学》（4）：25–35。
- 马莉，2003，语用原则与外交修辞。《北京第二外国语学院学报》（4）：21–24。
- 王晓婧，2020，电视调解节目主持人语境元话语的顺应性分析。《外语与外语教学》（4）：36–43。
- 徐敏、陈新仁，2015，课堂语境下大学英语教师的身份建构及顺应性。《外语教学》（3）：50–54。
- 袁春波，2020，人际互动中的语用身份磋商。《解放军外国语学院学报》（2）：20–25。
- 袁周敏，2014，语用身份建构的动态顺应性分析。《外语教学》（2）：30–34。
- 袁周敏、陈新仁，2013，语言顺应论视角下的语用身份建构研究。《外语教学与研究》（4）：518–530。
- 赵静、詹全旺，2018，中美外交部发言人在例行记者会上使用模糊限制语的对比分析。《阜阳师范学院学报（社会科学版）》（3）：43–49。

Identity Metadiscourse: Metadiscursive Representation of Pragmatic Identity Awareness

Abstract: Existing research on communicators' dynamic identity choice and negotiation mainly focuses on types of identity constructed, discursive practices, negotiation and adjustment, contextual correlates, communicative effects, and the like. Little attention has been directed to the communicators' pragmatic identity awareness in interpersonal interactions as well as its metadiscursive representations. Drawing on related research, this study proposes the notion of "identity metadiscourse" as well as two taxonomies. By way of illustration, it examines the types of identity metadiscourse used by China's ambassador to the US in an interview, and explores his possible motivations behind the use of the identity metadiscourse, in an effort to pinpoint his metapragmatic awareness of identity. It is hoped that the present study may further current research on pragmatic identity and metadiscourse and provide guidance to discursive practices in critical contexts.

Key words: pragmatic identity; metadiscourse; identity metadiscourse; pragmatic identity awareness; metapragmatic awareness

（责任编辑：高一虹）

不同英语水平学生的段落连贯元语用能力研究

北京航空航天大学 解月 任伟*

[提　要]　语篇连贯是二语语用能力的重要体现。能否写出连贯的语篇，在一定程度上取决于学生是否具备连贯的元语用意识，并在写作过程中发挥元语用意识的监控作用。然而目前针对学生连贯元语用意识的实证调研尚且不足。因此，本研究采用问卷形式对我国高校学生在英文段落层面上的连贯意识展开调查，详细考察了三组不同英语水平学生判断和解释段落连贯程度的元语用能力。研究发现，被测学生对英语段落连贯问题的判断和解释能力随英语水平提高而提高，但即便是高水平学生，在其元语用意识层次和知识水平上也有较大的提升空间。

[关键词]　语篇连贯；元语用能力；元语用意识；段落；英语水平

❶ 引言

　　语用能力指人们在具体语境下合理有效地使用语言完成交际意图以及理解相应交际的能力（Ren, 2018；任伟、李思萦，2018），涉及口语、书面和网络多种交际模式。理解和产出连贯的书面语篇是语用能力的重要体现。然而，语篇连贯欠佳是中国学生在英语写作中普遍存在且尤为突出的问题，不仅体现在篇章整体层面，更集中反映在篇章段落层面。能否写出连贯的语篇，在一定程度上取决于学生是否具备语篇连贯的元语用意识，并在写作过程中实施元语用意识的监控作用。然而，目前针对学生英语写作的连贯研究主要都是从连贯的形式入手（马静，2001；程晓堂、王琦，2004；洪明，2011）。虽有学者探讨了语用能力及元语用意识对构建语篇连贯的重要性（苗兴伟，1999，2001；魏在江，2005），但对连贯的语用和元语用层面的实证调查仍十分匮乏。因此，本研究以问卷方式收集中国高校学生对段落连贯问

---

*　作者简介：解月，北京航空航天大学外国语学院讲师，博士生，研究方向：二语语用学、修辞学、二语写作。Email: deliaxy@qq.com。通信地址：100191 北京航空航天大学外国语学院。任伟，北京航空航天大学外国语学院教授，博士生导师，研究方向：二语语用学、语用学、二语习得。Email: weiren@buaa.edu.cn。通信地址：100191 北京航空航天大学外国语学院。

题的判断数据,并系统分析了不同英语水平的学生在段落层面上所具备的元语用意识和元语用知识。研究试图揭示英语水平对元语用意识和元语用能力的影响,探究将连贯纳入语用和元语用能力研究的优势,以期为相关研究和教学提供实践依据和启示。

❷ 文献综述

2.1 段落连贯及问题分类

段落连贯指一组意义相关的句子相互结合所形成一个语义整体(张德禄,2000),它的底层机制是句子之间逻辑—语义层面上的关联,形式上体现为包括衔接在内的一系列显性、隐性连接手段的综合运用。因此对于段落连贯的判断要基于连贯的基本特征,即整体性、逻辑关联性和词汇—语法衔接这三个要素。整体性指一个段落只讨论一个中心,这个中心往往以主题句的方式出现在段首,统领全段论证,而跟中心不相关的句子基本不会在段落中出现。逻辑关联性是指段落中语句的组合要符合客观逻辑,而不是随意地堆积在一起。词汇—语法衔接则指通过各种形式手段促进文本的粘着性,构建粘着性的手段包括指代词、连词和词汇衔接。段落的这三个要素共同构建段落的语义结构,让意义能够顺畅流动,而段落连贯意识就是阅读者对这三个要素所形成的心理表征。

对于段落层级上的语篇不连贯,Wikborg(1985)做过较为全面的归纳和分类,可以作为相关研究的参照。Wikborg将段落不连贯分为话题类连贯中断(topic-related coherence breaks)和衔接类连贯中断(cohesion-related breaks)两大类,每一大类下又包含若干种具体形式。首先,话题类连贯中断结合了整体性和逻辑关联这两个段落连贯的概念要素。如果一个段落讨论的内容分散、难于聚焦或是论述过程中掺杂和段落中心不相关的内容,就会给人以不连贯的感觉。就对整体性的破坏程度而言,中心缺失是非常严重的连贯问题,而目的不明确的旁述也会干扰段落的连贯解读。这两种具体情形被分别定义为话题不明和话题偏离(Wikborg,1985;程晓堂、王璐,2011)。

与话题类连贯中断不同,衔接类连贯中断是由具体的衔接问题导致的,涉及词汇、语法的前后关联和彼此照应。在二语写作中衔接类连贯中断出现较为频繁,主要包括指代不明确、连词误用和违背"新旧信息契约"三种情形。在这三者中,连词误用是以往二语写作研究中最为关注的方面(Field & Yip, 1992;Milton & Tsang, 1993),指代不明和人称代词过度使用则是中国学生英语作文中突出的问题(梁茂成,2006)。

综上所述,结合论说文段落连贯的特征,我们可以把连贯问题归结为"话题类连贯中断"和"衔接类连贯中断"两大类,包括五种具体形式:1)话题不明;2)话题偏离;3)指代关系不明确;4)连词误用;5)违背"新旧信息契约"。

2.2 连贯的元语用研究

语篇连贯不是一成不变的静态结果,而应当被视作动态的过程(苗兴伟,1999)。语篇连贯性往往需要语言使用者根据上下文及语境,调动语用知识来推导出语篇中隐含的连贯关系(苗兴伟,2001)。因此,虽然关于语用能力的理论并没有明确包含语篇连贯,但这些理论能对阐释连贯给予有益的补充,可以更加全面、系统地揭示语言使用者在构建连贯语篇时的策略选择以及结合语境理解连贯语篇的认知能力。

元语用意识存在于各种言语交际中,调控话语交流和书面语篇的交流,因此,有学者建议在语篇连贯的阐释中引入元语用意识视角(魏在江,2005),也有学者建议在二语语用能力评价中增加对语篇意识的测量(Kasper, 2006; Roever, 2011)。如同语用能力包含理解和产出两方面一样,元语用能力也包含判断话语或语篇是否符合规范的元语用意识和借助语言将这种判断表述出来的元语用知识。段落连贯的元语用能力则包括能够判断连贯与不连贯段落,并且能够解释造成不连贯的原因。

考察学生在语篇维度上的元语用意识应该结合具体的语篇体裁。就英语议论文写作而言,元语用意识体现为写作者对"分论点、论据以及论说方式"这三者联系的感知、监控和构建(徐章宏,2010: 40),涉及主体段落这个议论文篇章结构的中间层次。因此,探究学生对论说语篇的元语用意识可以观察、记录受试在写作过程对连贯策略的运用,以此评估其连贯意识的控制层面;抑或考察学生对段落连贯程度的判断和解释,以此探知其连贯意识的认识层面和描述能力。

❸ 研究方法

3.1 研究问题

本文主要调查以下两个研究问题:
1)学生英语水平是否影响其对段落连贯程度的元语用判断?
2)学生英语水平是否影响其对段落连贯问题的元语用知识表述?

3.2 研究对象

本研究的受试来自三个群体,分别为某二类本科院校非英语专业一年级、某985高校非英语专业本科一年级和重点院校英语专业研究生一年级。本科两组采用方便抽样,选取两所院校的英语自然班。由于没有统一测试,我们特意选取了二本院校英语普通班和985高校英语提高班,以区分两组本科学生的英语水平。专业研究生则来自于不同的985高校,均通过了英语专业八级考试。本文虽未能采用统一的英语测试调查学生的英语水平,但由于高考成绩和英语学习强度及年限不同,我们仍然可以认为这三组学生在英语水平上存在差异,即二本非专业组英语水平相对最低,985高校非专业组略高,英语专业研究生最高。为表述方便,下文将二本非专业一年级组简称为低水平组,985高校非专业一年级组简称为中水平组,专业研究生组简称为高水平组。

3.3 问卷设计

本文采用元语用意识问卷（Bardovi-Harlig & Dörnyei，1998）调查学生语篇连贯意识。问卷所选段落主要来自笔者所布置的两次学生习作，共计12个段落。其中10个段落围绕的是两个主题（主题一："大学听课考勤：强制还是自由？"；主题二："做男人/女人更难"），另外2个段落取自程晓堂、王琦（2004）针对写作不连贯研究中所选的四级作文实例。被选段落全部经过一定的改造，具体包括：订正干扰阅读的拼写错误和语法错误；对部分段落的语句进行拆分或合并以确保表意清晰；就个别句子总数过少或偏多的段落通过增加例证解释或剔除赘述的办法使之与其他段落长短基本一致。改造后，所有12个段落均为6句话，长度在78-122词之间，平均长度为95词。

问卷考察单元的选择和加工经过了慎重考虑。首先，采用学生习作是因为真实作文语料能够呈现学生较为典型的英语段落写作连贯问题，而一般性的写作话题可以排除由于背景知识不足导致的阅读理解障碍。其次，对所选段落的修订旨在尽量降低语言类错误对学生阅读理解的干扰。此外，为了避免句子数量差异的潜在影响，修订使每个段落句子数量一致。

问卷每题由三部分构成，包括修订后的学生习作段落、李克特五级量表和统一的开放式问题，如图1所示：

请判断下面这个段落的连贯程度，在1～5中选出代表该段连贯程度的数字：

  First, men are not forced to behave prudently. Women are educated to talk softly, walk slowly and smile slightly since they were girls. Why can't they burst into laughter and run with freedom when everyone needs relaxation both physically and mentally. But the so-called manners block their movements. What's worse, this restriction brings them a lot of mental pressures. On the contrary, a man can act freely and be true to himself just because of his sex.[①]

1（非常不连贯） 2（不太连贯） 3（比较连贯） 4（比较连贯） 5（非常连贯）

  请解释上面这个段落的给分理由：_____

图1 问卷示例

问卷总共包含12个题目，其中前2题为引导练习题，不做分析；后10个为实测题。实测题在编排上均保留了原文的不连贯因素，具体对应2.2小节讨论中所提到的两大类、五种典型连贯问题（见表1）。

[①] 本段可翻译为：首先，男人无须受礼教限制。而女人从小就被教化得要谈吐温和、步履款款、笑靥浅浅。可是人不能在精神上和身体上总是处于紧张状态，为何女人就不可以该笑就笑、该跑就跑呢？这些所谓的礼教限制了她们行动的自由。甚者，这种束缚给女人们带来了巨大的精神负担。反观男性，他的性别决定了他可以有行动上的自由和精神上的自由。

表1 问卷设计编排

连贯问题类别	连贯问题形式	题目编号
衔接类连贯中断	指代词误用	第1、3题
	关联词误用	第5、10题
	违背"新—旧"信息契约	第2、6题
话题类连贯中断	话题偏离	第4、8题
	话题不明	第7、9题

针对题目段落的量表打分可以反映学生对不连贯现象的元语用意识,而开放问题则考察的是连贯的元语用显性知识,具体体现为能否对不连贯情况给出清晰的描述或借助概念化术语(元语言)来给不连贯现象贴标签(Concha & Paratore,2011)。量表打分和开放问题这两种手段的合并能够更好地揭示学生连贯系统的认知层次,可以视为段落连贯研究工具上创新。经过信度测算,问卷数据的Cronbach's α 值为0.8,较为理想。

3.4 数据收集和分析

本研究于2020年3月进行数据收集,通过研究者认识的老师和学生们发放网络问卷。共收到有效问卷110份。为方便后续比较,经随机抽样3个组各取30份问卷进入分析。

问卷评分部分按照考察题目和连贯问题大类分别进行统计分析,具体步骤包括:1)统计描述3组在全部单题上打分的均值和标准差;2)统计描述3组对两大类连贯问题打分的组内差异。

针对学生对问卷开放问题的回答,本文采用量化分析和质性描述相结合的办法。先采用文本分析的方法编码学生作答中正确阐释段落包含连贯问题的回答,然后分别统计3组学生正确的答案数。对不正确的回答也进行了梳理,归纳出典型的连贯认知问题。

❹ 结果

4.1 段落连贯性的元语用判断

表2呈现了3组学生对10个段落连贯性的判断。从表2中可以看出,低水平组对不同项目打分的差异在3组中最小(3.13~4.07),表明低水平组学生区分不同类型连贯问题的元语用意识没有另两组学生高。中水平组的打分范围为2.38~4.16,平均值是3.42,为3组最低。高水平组对段落连贯性的打分范围为3.13~4.43,平均值为3.77,在3组学生中最高。值得注意的是,中水平组对中心缺失的段落(第7题)给出了所有项目中唯一低于3分的分数,说明他们认为这个段落的连贯有明显问题。此外,我们还对3组学生在10个项目上的打分进行了方差检验,结果显示中水平组在

第7个题目上打分显著低于另外两组学生打分（p≤.001）。

表2　3组学生段落连贯判断情况

问题类别	问题形式	题号	低水平组		中水平组		高水平组	
			均值	标准差	均值	标准差	均值	标准差
衔接类	指代词误用	第1题	3.93	0.98	4.16	0.84	4.43	0.73
		第3题	3.30	1.12	3.24	1.00	3.13	1.25
	关联词误用	第5题	4.07	0.91	4.00	0.93	4.27	0.64
		第10题	3.80	1.06	3.38	1.03	3.53	1.28
	违背"新—旧"信息契约	第2题	3.60	1.07	3.62	0.99	3.73	0.94
		第6题	3.47	1.04	3.14	0.93	3.73	0.94
话题类	话题偏离	第4题	3.83	0.75	3.50	0.97	3.80	0.89
		第8题	3.77	0.94	3.46	0.93	3.97	0.96
	话题不明	第7题	3.13	1.01	2.38	0.99	3.30	1.21
		第9题	3.87	0.73	3.28	1.09	3.77	1.14
		平均分	3.68		3.42		3.77	

以下将对不同类型的连贯问题进行分类比较。就衔接类连贯中断而言，3组在6个题目上打分的分歧较小（见图2）。在此类题目中，情况比较特殊的是包含指代词误用的第3题，各组对这个段落的给分都比较低，表明学生们对该类连贯问题的元语用意识相对较高。

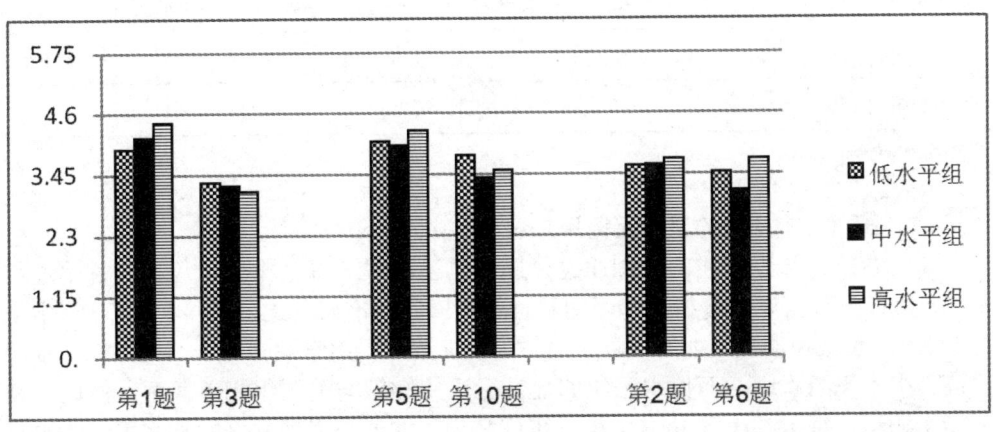

图2　衔接类连贯中断判断

"言语交际的元语用探索" 专栏

就话题类连贯中断而言，3组学生差异较为明显（见图3）。其中，就段落中心缺失的情况（第7题），各组均给出了全部考察段落中的最低分。不过，同样是中心缺失的第9题却没有出现类似的低分。这表明，针对不同话题段落，学生们对中心缺失给连贯造成的影响判断不同。

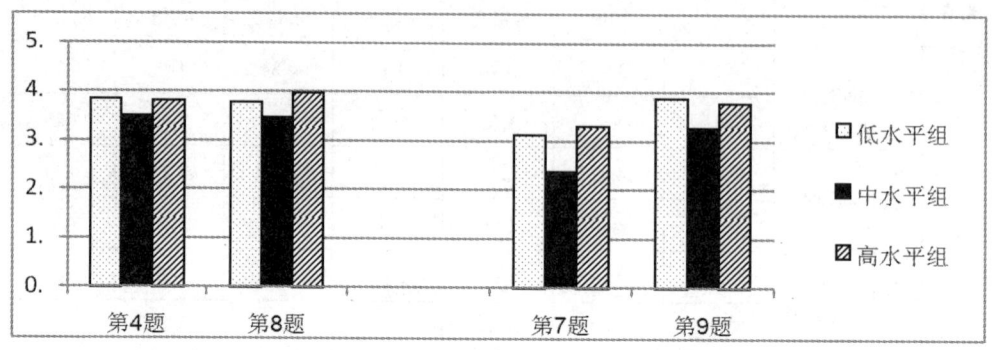

图3　含话题类连贯中断段落的三组打分对照

为进一步了解学生们对两类不连贯问题的元语用意识是否存在差异，我们对3组学生对两大类连贯问题的打分进行了T检验。如表3所示，中水平组对"话题类"连贯中断题目打分（均值3.16）明显低于对"衔接类"连贯中断题目的打分（均值3.7），且差异显著（t= -5.79，p≤.01）。虽然低水平组和高水平组对不同类别连贯中断的打分也存在差异，但均未达到统计学意义。

表3　学生对话题类和衔接类连贯中断的判断对比

组别	人数	话题类连贯中断 均值	标准差	衔接类连贯中断 均值	标准差	话题类和衔接类打分差异 均值	标准差	t 值
低水平组	30	3.65	0.90	3.78	1.05	-0.13	1.13	-1.22
中水平组	30	3.16	1.09	3.70	1.02	-0.54	1.3	-5.79**
高水平组	30	3.71	1.07	3.84	1.14	-0.13	1.3	-1.10

注：** 表示 p≤.01

4.2　段落连贯问题的显性元语用知识

如问卷设计部分所述，我们通过筛选和调整确保了每个段落只包含一种不连贯现象，因此开放问题的分析只涉及对目标连贯问题的准确表述。表4呈现了3组学生对5种不连贯现象准确描述的统计。总体来说，高水平组学生的元语用显性知识水平最高，中水平组次之，而低水平组的显性元语用知识与前两组相差甚远。然而，需要指出的是，每组都包含30名学生，也就是说，即便是表现最好的高水平组，也只有不超过1/3的学生能够明确指出考察段落所包含的具体连贯问题。这个结果表明，我国学生缺乏有关英语写作连贯的元语用知识。

表4　学生对段落不连贯问题原因的正确叙述

	"话题不明"段落		"话题偏离"段落		"违背新旧信息契约"段落		"指代词误用"段落		"连词误用"段落		各组正确叙述总计
	第7题	第9题	第4题	第8题	第2题	第6题	第1题	第3题	第5题	第10题	
低水平组	4	0	2	3	0	0	0	2	1	1	13
中水平组	10	4	5	8	6	6	1	3	5	6	48
高水平组	9	4	6	6	8	6	3	10	6	13	71

下面对各组情况进行具体剖析。仔细分析学生对主观问题的回答后，我们发现，低水平组的元语用知识呈现以下几个特点。首先，绝大多数低水平组学生都表示了对考察段落连贯性的认可，说明他们并没有真正发现段落的连贯问题。其次，有些回答并没有指向段落的连贯问题，而是笼统模糊的描述，比如"不能说服我""有些情景过于绝对化""结论草率"，还有一些解释则措辞含混，如"一般般""有点乱""不够清晰""前后略有矛盾"。第三，不少回答将连贯等同于连词使用，而指代词和句子主语这两个描述连贯的概念视角在回答中几乎没有出现。以上发现体现了低水平组学生整体上元语用能力的匮乏。

相比之下，中水平组学生的表述显示了他们针对语篇连贯有着较为清晰的元语用知识。具体来看，这组学生的回答大都比较详细，其中一部分能够指出连贯问题的具体原因。以第7题为例，虽然完全正确的表述未及一半，但有10名同学明确指出这段最大的问题在于"主旨不详""中心混乱"。此外，中水平组的回答体现了较为丰富的连贯元语用知识，说明该组学生能够辨识并描述考察段落中多种构建语篇连贯的手段。总体来看，高水平组学生的回答体现了其更高的元语用知识水平。如表4所示，高水平组对不同类型连贯问题的准确描述明显多于低水平组和中水平组，说明高水平组相对另两组学生具有更丰富、更准确的有关连贯问题的显性元语用知识。

❺ 讨论

针对学生段落连贯元语用能力和英语水平的关系，本研究发现，一方面，不同水平的3组学生对段落连贯程度的判断呈现一定的相似性。首先，3组学生都认为"话题类连贯中断"比"衔接类连贯中断"更影响语篇段落的连贯性（见表3），而在话题类连贯问题中，"话题不明"对连贯的影响最大（如第7题）。另一方面，本文也发现了不同水平的3组学生在连贯问题判断上的差异。低水平组的段落连贯意识最为薄弱，甚至出现了误判的情况。例如，第9题属段落中心缺失的情况，是两大类五种连贯中断中最严重的一种，但低水平组却给出了3.87分。

低水平组学生的元意识水平低也体现在其对连贯问题打分区间狭窄，说明该组难以区分不同种类段落连贯问题的严重程度。相比之下，中水平组针对连贯的元语用意识明显增强，可以明确区分"话题"和"衔接"两类连贯中断对语篇不同程度的影响。中水平组认为"话题类"连贯中断对段落连贯性的冲击要远远高于"衔接类"连贯中断，这种倾向性同学术写作对话题的基本认知相吻合。无论是本族语写作（Witte & Faigley, 1981）还是二语写作（Watkinson, 1998; Rogers, 2004）都将话题维系视为段落连贯的基础，而话题断裂或偏离必然破坏了段落的整体性。高水平组的判断结果体现了元语用意识的复杂。虽然整体上高水平组对"话题类"不连贯段落的打分低于"衔接类"不连贯的段落，但是两类问题段落打分的差距没有达到统计学意义上的显著水平。此外，相对于其他两组学生，高水平组对段落连贯问题具有较高的包容度，该发现在一定程度上反映了高水平学生对语篇理解或许可以不太受词汇及局部连贯情况的影响（Lehman & Schraw, 2002）。换言之，这一结果可能是由于高水平组学生借助其较高的语用能力推导出语篇中隐含的连贯关系（苗兴伟，1999，2001），即强势的语用资源介入使得对不连贯段落的评分略高。

然而，对段落连贯性的判断只是揭示了学生对连贯的隐性元语用意识，对段落中不连贯现象的描述则能揭示他们是否具备连贯概念的显性元语用知识。在母语环境中这种显性认识会随着听说读写语言技能的提高而相应提高（张军、张东兰，2008），而本研究的结果在一定程度上说明学生的语篇元语用显性知识会随着其二语水平提升而增加。

首先，在连贯问题的识别上，各组表现差异明显。低水平组基本无法准确描述各个段落的连贯问题，也不能辨识段落连贯中断的确切位置，整体表现在三组中最差。中水平组的回答显示了其在不连贯位置和种类的辨识上有了进步，但仍较难捕捉到关联词误用等衔接类连贯问题。相比之下，高水平组对连贯问题辨识的准确度最高。其次，各组对具体连贯问题的表述也存在明显的差距。低水平组对连贯问题的描述非常模糊，大多数情况下仅仅是表达个人对段落的主观感受，无法体现其对连贯问题的界定。然而，中水平组和高水平组的一部分学生已经掌握利用连贯分析框架和连贯概念术语来解读不连贯现象的能力，可以明确指出具体问题所在。第三，低水平组的回答显示该组学生经常把连贯等同于连词的使用，习惯于在段落阅读中通过找寻连结词来构建连贯关系：比如有不少主观评述表示希望原文"多一些关联词"，质疑考察段落"是否漏掉了关联词"。该发现进一步验证了低水平学生对于显性连结手段的依赖（Britton & Gülgöz, 1991）。与此相对，高水平组学生则可以较敏锐地捕捉不连贯的因素，更准确的指出不连贯的原因，这与先前阅读研究的发现是吻合的（Horiba, 1996）。

本研究发现也体现了将连贯纳入语用能力和元语用能力研究的优势（图4）。这样可以更全面系统地考察语用能力在具体语境中对构建连贯语篇的复杂动态调整（李茨婷、任伟，2020），以及元语用能力在整个过程中的监控作用。如图4所示，构建语篇连贯是语用能力的重要组成部分。当语篇表面不连贯时，解读者会根据语篇语境对连贯进行动态补充。如果调用语用能力仍对语篇连贯无法形成补充，则会激活元语用能力对语篇是否偏离连贯准则做出分析判断。如新习得的连贯知识与现有知识储备不一致，也会激活元语用能力，拓展和提升其连贯知识和相关语用能力。同时，本文也展现了使用元语用问卷对研究连贯的贡献。一方面，元语用问卷调查可以呈现学生自己对问题的认识（Fukushima, 2016），而不是研究者的间接推断。另一方面，连贯问题就严重程度来讲应该是个连续体，而不简单是对错。因此，采用量表打分可以呈现学生对不同类型连贯问题的容忍度区分。

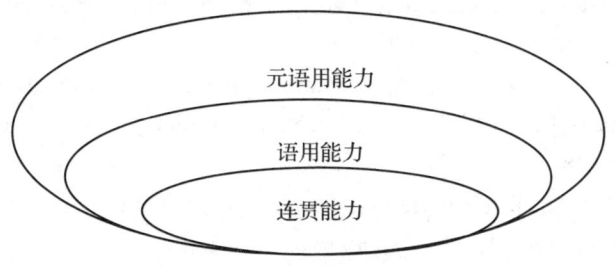

图4. 连贯的元语用研究框架

然而，本研究也揭示了我国学生英语二语写作连贯元语用能力的不足。不论是隐性的连贯元语用意识，还是显性层面的连贯元语用知识，我国学生都十分欠缺，即使是二语水平已经相对较高的英语专业研究生也是如此。这说明连贯意识不一定可以完全自发形成。因此在二语写作教学中应该强化篇章连贯知识干预，实施一系列增强连贯意识的显性教学活动，这与语用教学研究普遍强调显性教学的优势是一致的（Taguchi & Roever, 2017）。

❻ 结语

本研究通过问卷调查探究了不同水平的中国学生对段落连贯问题的元语用意识和元语用知识的掌握情况。结果表明，英语水平与学生连贯的元语用意识和元语用知识整体呈现正相关关系。然而，本研究发现也凸显了我国学生在英语写作段落连贯问题上元语用能力的欠缺。语篇连贯作为语用能力的一个重要方面，在我们的写作教学中并没有得到足够的重视。因此，本研究呼吁，今后在英语写作教学中应加入更多段落连贯意识和知识的课堂干预，以提高学生这方面的语用能力和元语用能力。

❏ Bardovi-Harlig, K. & Dörnyei, Z. 1998. Do language learners recognize pragmatic violations? Pragmatic versus grammatical awareness in instructed L2 learning. *TESOL*

- Britton, B. K. & Gülgöz, S. 1991. Using Kintsch's computational model to improve instructional text: Effects of repairing inference calls on recall and cognitive structures. *Journal of Educational Psychology* 3: 329–345.
- Concha, S. & Paratore, J. R. 2011. Local coherence in persuasive writing: An exploration of Chilean students' metalinguistic knowledge, writing process, and writing products. *Written Communication* 1: 34–69.
- Field, Y. & Yip, L. M. O. 1992. A comparison of internal conjunctive cohesion in the English essay writing of Cantonese speakers and native speakers of English. *RELC Journal* 1: 15–28.
- Fukushima, S. 2016. Emic understandings of attentiveness and its related concepts among Japanese. *East Asian Pragmatics* 2: 181–208.
- Horiba, Y. 1996. Comprehension processes in L2 reading: Language competence, textual coherence, and inferences. *Studies in Second Language Acquisition* 4: 433–473.
- Kasper, G. 2006. Speech acts in interaction: Towards discursive pragmatics. In K. Bardovi-Harlig, J. C. Felix-Brasdefer & A. S. Omar (eds.), *Pragmatics & Language Learning* 11. Honolulu, HI: National Foreign Language Resource Center, University of Hawaii at Manoa. 281–314.
- Lehman, S. & Schraw, G. 2002. Effects of coherence and relevance on shallow and deep text processing. *Journal of Educational Psychology* 4: 738–750.
- Milton, J. & Tsang, E. S. 1993. A corpus-based study of logical connectors in EFL students' writing: Directions for future research. In R. Pemberton & E. S. C. Tsang (eds.), *Studies in Lexis*. Hong Kong: The Hong Kong University of Science and Technology. 215–246.
- Ren, W. 2018. Developing L2 pragmatic competence in study abroad contexts. In C. Sanz & A. Morales-Front (eds.), *The Routledge Handbook of Study Abroad Research and Practice*. New York: Routledge. 119–133.
- Roever, C. 2011. Testing of second language pragmatics: Past and future. *Language Testing* 4: 463–481.
- Rogers, S. H. 2004. Evaluating textual coherence: A case study of university business writing by EFL and native English-speaking students in New Zealand. *RELC Journal* 2: 135–147.
- Taguchi, N. & Roever, C. 2017. *Second Language Pragmatics*. Oxford: Oxford University Press.
- Watkinson, H. J. 1998. *Coherence Breaks in First-Year Essays Written by English Second Language (ESL) University Students*. Unpublished Doctoral Dissertation, South African University.

- Wikborg, E. 1985. Types of coherence breaks in university student writing. In N. E. Enkvist (ed.), *Coherence and Composition: A Symposium*. Abo: Publications of the Research Institute of the Abo Akademi Foudation. 67–92.
- Witte, S. P. & Faigley, L. 1981. Coherence, cohesion, and writing quality. *College Composition and Communication* 2: 189–204.
- 程晓堂、王璐，2011，语篇中的概念连贯问题。《当代外语研究》（4）：9–14。
- 程晓堂、王琦，2004，从小句关系看学生英语作文的连贯性。《外语教学与研究》（4）：292–298。
- 李茨婷、任伟，2020，二语语用发展研究的复杂动态构建。《外国语》43（3）：46–54。
- 洪明，2011，向心理论在英语写作连贯性量化评价中的应用———一项基于中国英语专业大学生英语作文语料库的实证研究。《外语电化教学》（3）：67–72。
- 梁茂成，2006，学习者书面语语篇连贯性的研究。《现代外语》（3）：284–292。
- 马静，2001，主位推进、语义衔接与英语写作的连贯性——四、六级范型作文分析。《外语教学》（5）：45–50。
- 苗兴伟，1999，关联理论对语篇连贯性的解释力。《外语教学与研究》（3）：11–16。
- 苗兴伟，2001，语用协调的语篇功能。《解放军外国语学院学报》（4）：15–18。
- 任伟、李思萦，2018，二语语用习得国际研究热点及趋势。《外语教学》（4）：18–23。
- 魏在江，2005，语篇连贯的元语用探析。《外语教学》（6）：19–24。
- 徐章宏，2010，英语议论文写作中的元语用意识与元语用选择。《广东外语外贸大学学报》（6）：40–43。
- 张德禄，2000，论语篇连贯。《外语教学与研究》（2）：103–109。
- 张军、张东兰，2008，元认知、元语言意识、自我调控与外语教学。《中国外语教育》（1）：55–64。

Students' Metapragmatic Competence in Assessing Paragraph Coherence across Different English Proficiency Levels

Abstract: Textual coherence is an important manifestation of L2 pragmatic competence. To produce a coherent text L2 learners are expected to possess coherence-related metapragmatic awareness and exercise metapragmatic control over their writings. However, little empirical research has been done to investigate this type of awareness. Therefore, this study employs a questionnaire survey to investigate Chinese university students' judgement of incoherence in English paragraphs and examines in detail how their metapragmatic awareness for written discourse may vary across three proficiency levels. It was found that the students' ability to evaluate and explain incoherence in paragraphs improves with the increase of English proficiency. However, even for the advanced learners, there is still a need to enhance L2 metapragmatic awareness and competence.

Key words: textual coherence; metapragmatic competence; metapragmatic awareness; paragraph; English proficiency

（责任编辑：高一虹）

投诉类广播节目主持人自我角色凸显的元语用研究

南京工业大学　孙　莉　严静霞[*]

[提　要]　主持人话语研究是文献中的一个热点话题,但鲜有学者关注主持人作为投诉承接人的应对话语,尤其是应对过程中的自我角色凸显策略。本研究基于陈新仁(2020)的元语用意识分类,以江苏综合新闻广播中的《政风热线》节目为语料来源,聚焦主持人关于自我角色凸显的元语用意识,定性分析主持人接听投诉并与听众连线互动过程中凸显的自我角色类型、元语用表达及其语用功能。研究发现,主持人通过使用言据标记语、显性施为句、重述标记语、元语用评论语和话题结束语分别凸显其信源提供者、提问者、会话重述者、评论者和控场者五种自我角色,以实现推进节目进程、融洽交际氛围、解决投诉问题等语用功能。

[关键词]　元语用；元语用意识；投诉处理；主持人

1 引言

元语用是一种语用现象或行为,是语言使用的"元层面(meta-level)"(Culpeper & Haugh, 2014: 237),反映我们作为交际者如何使用语言来谈论、监控、评价语言使用的方方面面。姜晖(2013)在讨论语言学中的meta术语及其相关研究时指出,元语用是指说话人元语用意识的体现。换言之,元语用意识指导人们选择特定的语言形式或语用策略。

国内外对元语用的研究除了针对日常交际场景之外,还涌现出一些对于机构话语或媒体语篇中元语用话语功能的探讨(如刘平,2010, 2012a, 2012b, 2014a, 2014b, 2015, 2016; Liu & Ran, 2016a, 2016b)。作为机构话语的一种,节目主持

---

[*] 作者简介：孙莉，南京工业大学外国语言文学学院讲师，博士，研究方向：语用学、话语研究。Email: sallysunli3@163.com。通信地址：211800 南京市江北新区浦珠南路30号。严静霞，南京工业大学外国语言文学学院硕士研究生，研究方向：语用学、话语研究。Email: 18861122656@163.com。通信地址：211800 南京市江北新区浦珠南路30号。
本文为国家语委"十三五"2019年度重点项目"新时代城市语言文明建设研究"(ZDI135-100)的阶段性成果。

人话语是文献中的一个热点话题,但现有研究多关注电视节目主持人,特别是访谈节目主持人的话语角色或话语策略(如代树兰,2010;李春姬、魏立,2010;刘君红,2016等),鲜有学者关注投诉类广播节目主持人作为投诉承接人的应对话语,尤其是应对过程中的自我角色。刘平(2014b)认为,机构语篇中的元语用表达体现机构语境制约和说话人高凸显的自我监控意识。主持人在投诉处理的交际语境中具有明确的交际目的和任务,如把控交际内容、调节人际关系、推动交际进程等,主持人如何在一定的元语用意识调控下凸显相关自我角色,实现特定语用功能,这一过程值得探究。

本研究以江苏综合新闻广播中的《政风热线》节目为语料来源,聚焦主持人关于自我角色凸显的元语用意识(陈新仁,2020),定性分析主持人接听投诉并与听众连线互动过程中凸显的自我角色类型、元语用表达及其语用功能,旨在引导主持人在恰当的元语用意识调控下充分利用得体的话语策略,更加有效地实现相关话语的语用功能,达到最佳的节目功能预期。

❷ 研究背景

话语角色是社会角色在言语交际领域中的具体化(应天常,2001)。关于主持人话语角色或话语策略的研究,现有文献虽然也有涉及学术会议语境下主持人在主持大会发言时存在的各种身份和解决身份冲突所用的话语策略(陈新仁、李梦欣,2016),但更多的研究针对节目主持人。例如,代树兰(2010)研究电视访谈叙事性话语,认为主持人主要承担着叙事话题的引入者、叙事过程的引导者、共同讲述者、听故事者和评价者等话语角色。李春姬、魏立(2010)研究电视《高端访谈》节目的主持人在访谈主体话语结构中如何灵活运用各种提问策略(如直入主题式、求证式、环环相扣式、转述式、边讲边问式、互动式等)以实现其不同的言语行为交际目的(展开、推进、结束访谈话题)。刘君红(2016)比较中美电视访谈节目主持人在第一人称代词使用及自我文化身份建构方面的差异。当然,也有少量研究关注广播节目主持人,比如,Ren(2017)以《政风热线》节目为语料,分析投诉类广播节目主持人在处理投诉过程中建构的多重身份和所用的话语策略。Yuan(2020)探讨广播节目中医疗咨询顾问的身份建构。相对而言,对于广播节目主持人话语角色的研究比较匮乏。而元语用涉及说话人对自己和他人交际行为得体性的判断以及使用语言手段管理自我印象、维持人际关系的能力(Hyland,2017)。因此,笔者认为,投诉类广播节目主持人在承接和处理投诉过程中,会通过特定话语的使用实现交际意图,同时建构一定的自我角色。为此,本研究从元语用这一新的理论视角研究投诉类广播节目主持人的自我角色。

对元语用话语或行为的研究离不开语言使用者的内在语言选择机制——元语用意识(姜晖,2019)。关于元语用意识,国内外学者进行了各种分类。例如,Kádár和 Haugh(2013)将其分为元语言意识(metalinguistic awareness)、元交际意识

(metacommunicative awareness)、元话语意识(metadiscursive awareness)和元认知意识(metacognitive awareness)。Culpeper & Haugh(2014: 242)区分了元认知意识(metacognitive awareness)、元表征意识(metarepresentational awareness)和元交际意识(metacommunicative awareness)。陈新仁(2020)基于语言交际事件的核心要素将元语用意识划分为关于语境的元语用意识、关于发话人自身的元语用意识、关于受话人的元语用意识、关于交际双方或多方的元语用意识、关于信息的元语用意识、关于语篇的元语用意识和关于语码的元语用意识。其中,关于发话人自身的元语用意识指的是交际者拥有关于自己的存在、角色、观念、意图、期盼、愿望、想法、情感、态度、知识、能力等的自反知识。本研究基于陈新仁(2020)对于元语用意识的分类,聚焦其中关于发话人自我角色的元语用意识对主持人话语进行研究。

  元语用话语是体现说话人元语用意识的外在标记,从元语用话语可以分析说话人的元语用意识。不同学者根据各自的研究目的和语料对于交际者的元语用话语采取了不同的界定与分类。刘平(2014a)将电视节目中嘉宾所用的元语用表达分为四类:元语用评论语、言说施为句、重述标记语和言据标记语。Unuabonah(2014)把在司法公开听证会上的元语用评述语分为四类:言语行为描述(speech act description)、谈话控制评论(talk regulation comments)、会话准则的遵守和违背(maxim adherence and violation)以及元语言评述(metalinguistic comments)。Overstreet(2015)从语用语言的视角阐述了四种元语用话语,即模糊限制语(hedges)、语境提示语(contextualization cues)、语用标记语(pragmatic markers)和转述语(reporting speech)。Liu 和 Ran(2016a, 2016b)将论辩性电视节目主持人使用的元语用表达划分为施为句(performatives)、言据标记语(evidentials)、元语用评论语(commentaries)、信息释义语(message glosses)、视角指示语(perspective specifiers)或立场显示语(stance displayers)。Liu 和 Liu(2017)把英语为通用语商务语篇中的元语用表达分为评述语(commentaries)、言语行为描述语(speech-action descriptions)、信息释义语(message glosses)和言据标记语(evidentials)。此外,不同的元语用话语在不同语篇类型或交际场景下具有的语用功能各不相同。现有研究发现电视节目主持人使用元语用话语的语用功能包括推进交际进程、调节信息内容、引导交际方向与方式以及缓和紧张氛围等(刘平,2014b)。

  基于上述研究背景,本研究从主持人凸显自我角色的元语用意识出发,结合现有文献对于节目主持人元语用话语及其语用功能的探讨,对江苏综合新闻广播中的《政风热线》节目语料中主持人凸显的自我角色、使用的元语用表达以及具有的语用功能进行分析。

❸ 研究设计

3.1 研究问题
1) 主持人在处理投诉时凸显了哪些自我角色?
2) 主持人凸显自我角色的意识是通过哪些元语用话语体现的?

3）主持人刻意凸显上述自我角色有何语用功能？

3.2 语料收集

为了分析主持人投诉处理话语中凸显的自我角色、使用的元语用话语及其语用功能，笔者在江苏综合新闻广播《政风热线》节目收听了2019年播出的全部节目，将各期节目按照播出时间标号后随机选取四期节目，聚焦其中主持人角色相对凸显的投诉处理部分（共计15 000个字符），其中包含主持人接听投诉并与相关各方连线进行投诉处理全过程的话语，涉及的话题包括社区免费理发政策出漏洞、摩托年审免检为何不退费、楼盘水电同槽整改难和国家无偿献血奉献奖的政策。

3.3 语料分析

鉴于语用学研究中运用定性分析方法考察研究对象语言使用的独特优势（孙莉，2014），本研究采用定性方法对语料进行分析。首先，对所选节目语料进行转录；其次，依据陈新仁（2020）关于发话人自身角色凸显的元语用意识框架和现有关于元语用话语类别的划分对主持人话语中关于自我角色凸显的元语用意识和体现相关元语用意识的元语用话语进行判定和标记；最后，依据现有文献对于元语用话语功能的阐述并结合政府热线节目功能预期分析这些元语用话语所具有的语用功能。

❹ 结果与讨论

4.1 主持人凸显的自我角色

基于语料分析，笔者发现主持人随着节目的推进，在投诉处理过程中依次通过话语有意识地凸显了五种类型的自我角色，包括信源提供者、提问者、会话重述者、评论者和控场者。下面逐一进行举例说明。

4.1.1 信源提供者

媒体机构话语相对日常交际而言，对于严谨性、真实性和准确性的要求更高。投诉处理类节目属于媒体机构的范畴，作为该节目的主持人，保证交际过程中信息传递的准确性是责无旁贷的，尤其是节目开始引出投诉人及其投诉问题时需要提供信息的准确来源。例如：

[1]   主持人：刚刚有一位你们<u>溧水区永阳街道庆丰路社区的一位老先生反映说</u>溧水区政府有这样一个规定说只要年满60周岁，持市民卡就可以在任意一家社区的助老理发点进行免费理发，是这样吗？

例[1]中主持人在反映问题的内容前加上了"……一位老先生反映说"提示信息来源，不仅在交际刚开始就向社区负责人点明了投诉人的身份，而且投诉人作为老人的身份与后文所述规定针对"年满60周岁"老人直接相关。换言之，主持人通过提供这一信息来源，表明自己只是在转述听众的投诉问题，体现其凸显信源提供者的元语用意识。

4.1.2 提问者

作为投诉处理类节目，解决投诉方所反映的问题是主持人的职责所在，向投诉方提问投诉缘由或向被投诉方追问相关事实和政策依据，无疑是解决投诉的重要一环。例如：

[2] 主持人：丁站长，我觉得现在关键问题在于到底有没有检测报告。如果说车主自己主动要求检测的，那你们那有没有备份啊？
丁站长：他自己主动要求检测的……
主持人：丁站长，您注意听我说话好吗？我就想问一问，他到底有没有检测报告，你们那儿会不会有存根？
丁站长：有检测报告。
主持人：丁站长，我就有一个疑问，如果说你刚刚的表述说车主主动要求检测的，事实上也给他检测了，那为什么在这个单子上还写明年费用再用的意思呢？这怎么解释呢？

在例[2]中，主持人指出解决问题的关键在于是否有检测报告，但是从对话中我们可以看到丁站长的回答却是车主自己主动要求检测的，很明显答非所问，所以主持人此时用"我就想问一下"来向丁站长确认检测站到底有没有报告，紧接着，再使用"我就有一个疑问"继续追问，体现了主持人突出其作为提问者角色的元语用意识。

4.1.3 会话重述者

主持人与投诉方和被投诉方进行交际的过程也是信息传递的过程，主持人对各方会话信息的准确传递对于推动问题的解决起到至关重要的作用。通过分析语料发现，主持人在交流中会有意识地通过重述他人话语（一方或多方）将会话信息传递到位，从而使得投诉方和被投诉方之间的交流更加清晰畅达。例如：

[3] 开发商王经理：我们会在今明两天把现场所有排查的情况以及后续的提升计划给所有的业主作为一个公开的说明。
投诉者：我们要看到就是说他真材实料改的东西，我觉得是这样。
主持人：刚刚您也说了你们正在进行一些水电不同槽的一些改变。刚刚业主表达的意思就是希望在改变的过程当中能够让业主有真切的感受就是让他们能够看到，而不是只是听开发商说我们在改。

在例[3]中，开发商王经理虽然在节目中表示会排查情况并公开说明后续提升计划，但是否能够有效落实还有待考证，对于这一点，投诉者也表达了一定程度的担忧和不确定。于是，主持人一方面使用"刚刚您也说了"对王经理的表态进行重述，另一方面通过使用"刚刚业主表达的意思就是"明确指出投诉人话语背后的会话意图，体现了主持人凸显会话重述者角色的元语用意识。

4.1.4 评论者

主持人作为交际者，不仅提出或改变话题，而且要在其他发言人结束话题后作出一定回应或进行适当评论，以表达自己的态度或立场。例如：

[4] 主持人：刚刚现场连线的是南京夕月项目工程负责人王经理啊，我觉得开发商的这样的一个项目经理的负责人的态度，我今天一番对话，<u>我觉得还是值得肯定的，</u>也没有推卸责任，还是<u>比较认真比较负责的，</u>而且拿出的这个三点的意见也是<u>非常有针对性的。</u>但是今天在《政风热线》这三点，我觉得也是通过我们节目组做出了承诺，那这几点能不能做到位，我们要和业主来共同做好监督。

例[4]是主持人对南京夕月项目工程负责人王经理做出整改承诺的回应，在"我觉得"之后出现了一系列表达主持人评价的话语，体现了主持人凸显其评论者角色的元语用意识。

4.1.5 控场者

会话组织能力不仅反映了交际者自身交际水平的高低，更重要的是能够顺利推动交际进程。主持人作为节目的主导者，掌控节目时间，推动节目进程，使得节目在规定时间内达到预期效果，确保投诉顺利解决，是其基本职责，也是其控场能力的体现。例如：

[5] 主持人：我们去了解一下，好吗？
　　副主任：没事，你让老人家来找我，我可以带他到工农兵社区。
　　主持人：好的，<u>那这样，我们谢谢副主任今天现场的回答。</u>

在例[5]的对话中，社区负责人向主持人表达了自己愿意和投诉人面对面交流的意向，而这时因为节目时长的原因，需要结束该投诉。"那这样，我们谢谢副主任今天现场的回答"是主持人结束本次交际活动的发言。在此过程中，主持人凸显了其控场者的角色。

4.2 主持人凸显自我角色的元语用话语

通过结合相关文献和语料分析，笔者发现主持人凸显上述五种自我角色时分别运用了以下五种元语用表达，即言据标记语、显性施为句、重述标记语、元语用评论语和话题结束语。下面逐一举例说明。

4.2.1 言据标记语

主持人在凸显信源提供者角色时使用了言据标记语，即通过引述他人话语增强自己观点的说服力。如例[1]中主持人使用的"……一位老先生反映说"就是为提供投诉信息来源而使用的言据标记语，显然这一元语用表达增强了主持人话语的可信度和针对性。

4.2.2 显性施为句

吴剑锋（2011）将"我+言说动词"的构式称为显性施为式，认为其重在表达在线自反的语用意义，属于元语用标记。笔者分析语料时发现，主持人在凸显提问者角色时使用了显性施为句式，对正在或即将实施的言语行为解释说明，其指向内容多紧随其后，表明说话人意欲强调此时传递的信息内容，把注意力转向言说活动本身，并不影响话语实际要传达的意义。举例如下：

[6] 投诉人：就上面写着不检免检。我们哪知道车辆需要检测不需要检测，我就知道。
主持人：<u>我来问一下</u>，丁站长这种不检免检算检测报告吗？

从语义角度看，如果去掉例[6]中的"我来问一下"，并不影响后面话语的内容。但从语用角度看，它具有施为性，标志着主持人要实施"问"的言语行为，其使用可以起到提醒或强调的作用。同样，例[2]中的"我就想问一问"也是显性施为句。

4.2.3 重述标记语

主持人在凸显会话重述者角色时使用了重述标记语或信息释义语。在言语交际中，说话人为了更加准确地表达交际意图，对他人话语在形式、意义或会话含义等方面进行重新表述，就是重述行为，明示重述行为的显性标记语就是重述标记语（陈新仁、任育新，2007；任育新、陈新仁，2012；刘平，2015）。当然重述标记语是以发话人为中心的，因此所承载的信息是发话人的主观性判断，但是重述以后的信息往往更加清晰、明确、易于理解。例如：

[7] 陆副站长：首先江苏的荣誉证它不是针对献血量来办的，江苏的荣誉证只是认可了国家的无偿献血奉献奖，只要获得了国家无偿献血奉献奖，所有的献血量累计达到金银铜分别是 8 000，6 000 和 4 000。
主持人：<u>那也就是说</u>省外的献血量我们也会认对吗？
陆副站长：都承认的。然后现在他要做的第一步就是我们来帮他申请国家级的无偿献血奉献奖，目前这块工作……这位如皋的无偿献血者应该是还没有申报。

例[7]中的"那也就是说"就是重述标记语，该例中，陆副站长在主持人的要求下为大家解读国家无偿献血奉献奖的标准，但由于较为专业，听众很有可能无法明白其真实含义，因此，主持人使用这一重述标记语进一步解释说明陆副站长的会话含义，直接明示"省外的献血量我们也会认"这一重要信息，而这也恰恰是投诉人真正关注的问题，即省外的无偿献血是否可以纳入国家无偿献血奉献奖。与此同时，主持人还使用"对吗"来询问陆副站长自己的解读是否正确,以避免重述可能带有的重述者的主观判断,充分体现了主持人话语的严谨性。

4.2.4 元语用评论语

主持人在凸显评述者角色时使用了元语用评论语。比如例[4]中"值得肯定""比较认真比较负责"和"有针对性"是主持人对开发商负责人应对投诉态度进行积极评价所使用的元语用评论语,肯定了王经理的做法,表达出赞赏的态度,同时督促对方能够切实履行自己的承诺。

4.2.5 话题结束语

主持人在凸显控场者角色时使用了话题结束语。如在例[5]的对话中,主持人为了使结束本轮连线对话更加流畅自然而不显突兀,选择了"那这样"这一话题结束语引出结束该话题的话语。

4.3 主持人自我角色凸显的语用功能

4.3.1 推进节目进程

在投诉类节目中,主持人在有限的时间内需要面对不同的投诉者,处理不同投诉案件,因此在话轮转换和时间管理上需做到合理的把控。主持人通过使用话题结束语凸显自己作为控场者这一角色时,显然能对节目进程起到积极的推动作用。例[5]中主持人选择的"那这样"自然地结束了本次投诉话题,顺利实现了对节目进程的把控。同样,"好"这个词在特定语境下也有话题结束语的功能。例如:

> [8] 主持人:那么在建筑施工过程当中对于水电到底有没有规范对吧,比如说其他开发商,我们正常的都应该是如何操作的像这种水电同槽到底有没有问题,有多大的问题,我觉得这个问题其实今天在现场没有回答,但这个问题也非常的关键。所以说节目之后我们会和质监站做进一步的沟通。<u>好</u>,这个问题我们今天跟大家就先说到这儿。

例[8]中,我们可以看到投诉人反映的水电同槽的问题在当天的节目连线中其实并没有得到真正解决,还需在节目之后做进一步沟通,但主持人考虑到还有下一个投诉问题等待接听,因此主持人直接表明"这个问题我们今天跟大家就先说到这儿",但在此之前使用了"好"字来引出这句话。换言之,这里的"好"字一方面暗示当前话题的结束,另一方面自然衔接后续话题,确保节目进程顺利推进。

4.3.2 融洽交际氛围

一旦会话中产生交际多方,免不了产生争论和摩擦。在投诉类节目中这种现象尤为突出,往往大家各执一词,主持人恰当使用积极的元语用评论语凸显评论者角色时也许能够充当润滑剂,缓和投诉方和被投诉方之间的矛盾,减少或避免节目中出现激烈冲突和对抗性,推进交际平和进行,从而有助于推动事件的顺利解决,如前面的例[4]。又如:

[9] 丁站长：他哪是免检啊，我跟你讲啊。
投诉人：上面有啊，不检免检，有人签字的。
丁站长：车子来，车主要求检测站检测，那检测站就要给他检测，是不是这个道理？
投诉人：我没要求检测，有哪个下面的农村人到你们那边能知道要检测，要怎么办？
主持人：好，二位在这儿应该说各执一词，每个人说得都好像有道理。问一下看看你这车辆到底有没有经过检测，对吧？

例[9]中，可以看到投诉人和检测站负责人的语气已经有点激烈，丁站长坚持是车主自己要求检测，而车主表示自己是农村人不懂章程，两个人火药味十足，这时主持人先用"好"这一个字来终止双方的发言，紧接着使用"二位在这儿应该说各执一词，每个人说得都好像有道理"这样积极的元语用评论语来肯定双方话语的合理性，这一评论者角色的凸显确实让双方冷静了下来，实现了缓和交际双方冲突、融洽交际氛围的语用功能。

4.3.3 解决投诉问题

主持人使用显性施为句凸显提问者角色在承接投诉初始阶段向投诉人提问或是在交际过程中向交际各方追问是推动投诉问题解决必不可少的环节，如前面的例[2]和例[6]。另一方面，主持人使用重述标记语凸显会话重述者角色也许有助于进一步明晰和澄清交际各方会话意图从而推动投诉问题的顺利解决，如前面的例[3]和例[7]。此外，凸显信源提供者的自我角色，如前面的例[1]，会增加可信度，同样也可能有助于投诉问题的解决。例如：

[10] 主持人：刚刚你们业主反映说你们开发的南京夕月的楼盘在这个江宁，他呢是业主，他说他发现一个问题就是你们在装修过程当中水电同槽，我们想问问情况是这样吗？

在例[10]中，主持人同时凸显了提问者和信源提供者两种自我角色来推动投诉问题顺利解决。显性施为句"我们想问问情况"是主持人向住房开发商进行提问，顺利推动交际活动的展开，为解决投诉问题做铺垫。同时，主持人向开发商提问之前，还使用了言据标记语"刚刚你们业主反映说"和"他说他发现一个问题"，向开发商简洁明了地表明自己所讲的问题是有根有据的，开发商应该正视并迅速回应投诉人的诉求，从而有助于推动投诉问题的解决。

❺ 结语

投诉类广播节目主持人在处理投诉过程中受到机构语境的制约，凸显了较强的自我监控意识，体现为使用特定话语实现交际意图，同时凸显了一定的自我角色。本研究基于陈新仁（2020）提出发话人关于自我角色的元语用意识，以江苏综合新闻广播中的《政风热线》节目为语料来源，结合现有文献关于元语用话语及其语用功能的研究，定性分析主持人承接投诉并与相关各方连线互动过程中凸显的自我角色类型、元语用表达及其语用功能。研究发现主持人通过使用言据标记语、显性施为句、重述标记语、元语用评论语和话题结束语分别凸显信源提供者、提问者、会话重述者、评论者和控场者五种自我角色，有效实现了推进节目进程、融洽交际氛围和解决投诉问题的语用功能。研究结果对于投诉类节目主持人恰当使用元语用话语凸显得体的自我角色以达成特定交际目标和交际效果具有一定的借鉴意义。

由于语料的限制，本文对于主持人自我角色的归纳与分析也许并不彻底，对自我角色凸显的语用功能解读也许缺乏主持人自身反思数据的支撑，难免具有主观色彩，也难免挂一漏万。此外，本研究也未考虑不同话题、交际对象等因素对主持人自我角色凸显的影响。这些问题未来可以进一步探讨。

- Culpeper, J. & Haugh, M. 2014. *Pragmatics and the English Language*. Basingstoke: Palgrave McMillan.
- Kádár, D. Z. & Haugh, M. 2013. *Understanding Politeness*. Cambridge: Cambridge University Press.
- Hyland, K. 2017. Metadiscourse: What is it and where is it going? *Journal of Pragmatics* 113: 16–29.
- Liu, P. & Liu, H. Y. 2017. Creating common ground: The role of metapragmatic expressions in BELF meeting interactions. *Journal of Pragmatics* 107: 1–15.
- Liu, P. & Ran, Y. P. 2016a. The role of metapragamatic expressions as pragmatic manipulation in a TV panel discussion program. *Pragmatics and Society* 3: 463–481.
- Liu, P. & Ran, Y. P. 2016b. Creating meso-contexts: The functions of metapragmatic expressions in argumentative TV talk shows. *Intercultural Pragmatics* 2: 283–307.
- Overstreet, M. 2015. Metapragmatics. In A. Carol (eds.), *The Encyclopedia of Applied Linguistics*. Hoboken: John Wiley & Sons. 1–6.
- Ren, W. 2017. Identity construction in radio-mediated responses to call in complaints. In X. R. Chen (ed.), *Politeness Phenomena across Chinese Genres: A Variationist Approach*. Equinox. 99–117.
- Unuabonah, O. 2014. Contextual beliefs in a Nigerian quasi-judicial public hearing. *Journal of Asian and African Studies* 5: 619–633.

- Yuan, Z. M. 2020. Identity rhetoric in Chinese radio-mediated medical consultation. *East Asian Pragmatics* 5: 41–65.
- 陈新仁，2020，基于元语用的元话语分类新拟。《外语与外语教学》（4）：1–10, 24。
- 陈新仁、李梦欣，2016，学术语境下的身份冲突及话语策略——基于学术会议主持人话语的分析。《外语研究》（2）：16–22。
- 陈新仁、任育新，2007，中国高水平英语学习者对重述标记语的使用情况调查与分析。《外语教学与研究》（4）：294–300。
- 代树兰，2010，电视访谈叙事性话语中主持人与嘉宾的话语角色。《江西社会科学》（1）：43–47。
- 姜晖，2013，语言学中的meta术语及其相关性研究。《外国语文》（6）：100–104。
- 姜晖，2019，元语用研究：概念、应用与展望。《天津外国语大学学报》（4）：138–150。
- 李春姬、魏立，2010，主体话语结构中主持人的提问策略分析。《外语学刊》（3）：106–109。
- 刘君红，2016，第一人称代词标记性话语策略及其文化身份建构差异——基于中美电视访谈节目主持人语料。《中国外语》（5）：36–42。
- 刘平，2010，会话冲突中元语用话语的语言表征及语用功能分析。《外语教学》（6）：24–28。
- 刘平，2012a，机构性会话冲突中元语用话语的积极语用调节功能。《外语教学》（1）：34–37。
- 刘平，2012b，元语用话语意义表征与意图表达的语用学分析。《广东外语外贸大学学报》（1）：33–36。
- 刘平，2014a，元语用评论语的语用调节性及其积极语用效应——争辩性电视节目中主持人话语分析。《外语教学》（1）：26–30。
- 刘平，2014b，机构语篇中的元语用表达及其语用管理。《现代外语》（5）：638–644。
- 刘平，2015，争辩性电视节目中重述标记语的语用操控功能。《广东外语外贸大学学报》（3）：90–94。
- 刘平，2016，机构权力制约下媒体话语中元语用评论语的功能。《西安外国语大学学报》（4）：25–29。
- 任育新、陈新仁，2012，英语话语重述现象的语用分析。《东北大学学报》（6）：549–554。
- 孙莉，2014，语用学研究中的定性分析法探究。《外语教学理论与实践》（2）：9–14。
- 吴剑锋，2011，显性施为式"我＋言说动词"的构式分析。《现代外语》（2）：127–134，218。
- 应天常，2001，《节目主持语用学》。北京：北京广播学院出版社。

A Metapragmatic Study on Self-role Highlighting by Radio Hosts of Complaint Program

Abstract: Broadcasting hosts' discourse is a hot topic in research literature, but few studies have paid attention to the response discourse of the host as the complaint receiver. Based on Chen Xinren's (2020) classification of metapragmatic awareness and taking Zhengfeng Hotline (a radio-mediated call-in program in Jiangsu Province) as the data source, this study examines the host's metapragmatic awareness of highlighting self-role and analyzes the types of self-role construction, metapragmatic expressions and pragmatic functions in the process of handling complaints and interacting with the audience. It is found that the host highlights five types of self-role — information source provider, questioner, conversation reformulator, commentator and program regulator — through the use of evidentials, explicit performatives, reformulation markers, commentaries and closing markers. The pragmatic functions to be achieved include promoting the program process, harmonizing communicative atmosphere and solving complaints.

Key words: metapragmatics; metapragmatic awareness; complaint handling; radio program host

（责任编辑：高一虹）

发话人元话语的形象管理功能
——学术场景中专家自我表述的元语用分析

铜陵学院/南京大学　金颖哲*

[提　要]　元话语影响或调节话语的理解方式,进而会在交际语境中产生特定的交际效果。当前的元话语研究中涉及的语用功能主要包括身份建构、立场表达、语用调节等,但鲜有研究关注其潜在的形象管理功能。本文采用定性分析法,探讨学术场景中专家自我表述时使用的发话人元话语,剖析其运用相关元话语背后的形象管理及其可能动因。本研究不仅可以拓展元话语的功能范围,而且可以深化交际者形象管理的话语研究。

[关键词]　发话人元话语;形象管理;自我形象;学术场景

❶ 引言

根据 Hyland(2017)的统计,现有的研究中,以元话语为研究对象的探讨大多仍以面向书面语的研究居多,对口语体裁中的元话语研究较少。与此相应的是,学术汇报作为学术体裁语体的重要部分,相关讨论较少,这与其发挥的学术功能是不相称的。仅有的相关研究也大多关注学术口语中元话语的使用现状描述以及元话语对信息功能达成的影响(如郭红伟、卢加伟,2020)。元话语的使用体现了说话者或作者的元语用意识,这在目前不少研究中都有提及(如 Haugh,2016),但是正如 Hyland(2005: 3)所提出的,元话语说明交际除了涉及"信息、物品或服务的交换"之外,还涉及"交际者的个性、态度和假定";此外,Lakoff(1989)也曾提到,交际中交际者在传递信息的同时也在建构自我形象,注重自己在交际中所呈现出来的身份属性。因此,元话语的使用除了反映发话人对话题内容或交际效果的元语用意识外,有时也体现了关于使用者自身的自反意识。然而,在当前元话语的元语用研究中,相关内容探索不多,这不利于深化对元话语本质的认识。

---

*　作者简介:金颖哲,铜陵学院讲师,南京大学博士生,研究方向:语用学。Email: jinyz0303@163.com。通信地址: 210023 江苏省南京市栖霞区仙林大道163号。
本文为国家语委"十三五"2019年度重点项目"新时代城市语言文明建设研究"(ZDI135-100)的阶段性成果。

基于此，本研究以学术报告为语料来源，关注自我表述类话语中"发话人元话语"（陈新仁，2020a）的使用中体现的发话人元语用意识，以及对于自我形象的管理作用。研究将主要回答以下两个问题：1）报告人如何使用发话人元话语进行自我形象管理？ 2）报告人为何通过元话语进行自我形象管理？

❷ 研究背景

2.1 发话人元话语

元话语就是关于话语的话语（Crismore et al., 1993；Hyland, 2005）。早期的研究对于元话语的具体定义呈现为两分法，将元话语视作底层语义，与作为上层语义的命题内容相对，不会对命题内容带来内容变化，但能够帮助受话人理解或评价信息（Crismore et al., 1993）。然而，正如Hyland和Tse(2004: 160)所提到的，话语（文本）的语义其实是各个部分的结合，不能够完全地将某一部分语义单独区分开来，因此将元话语与命题内容绝对区分开的二分法也存在一定问题。Hyland(2005, 2017)对元话语作出重新定义，将元话语看作一种人际资源，能够用来组织语篇或者用来表达作者对于篇章或读者的立场；作为一个自我反映类表达的总称术语，元话语能够帮助协商篇章的交际意义，协助作者（或说话人）表达观点立场，并实现与某一特定社区的读者之间的互动。

与元话语相关的另一个定义则是元语用。元语用是关乎语言使用的语言使用（Culpeper & Haugh, 2014），关系到的是"表达自己做了什么的能力"（Caffi, 2006: 82）。不少研究也说明元话语的使用体现了元语用意识（如Haugh, 2016），因此，陈新仁（2020a）结合元语用的定义，指出元话语是元语用的产物，元语用体现了交际者的元语用意识；元话语作为实施元语用目的的语言手段，不仅包括狭义的元话语，也包括各种元语用说明或评价。基于元语用，陈新仁（2020a）重新拟定元话语的类别，本文主要关注其中的"发话人元话语"范畴。

所谓发话人元话语，是"提示关于自身的元语用意识"的话语成分，其目的是帮助发话人"凸显自我"，反映发话人"所拥有的关于自己的角色、观念等的自反意识"，也即"发话人元语用意识"（陈新仁，2020a）。例如：

[1] On behalf of the American people, I conveyed our deepest condolences, especially to the victims and their families.（我谨代表美国人民向受难者及其家人表达我们深切的慰问。）

例[1]是2011年日本发生大地震时，当时的美国总统奥巴马发表的演讲，其中"on behalf of the American people"（代表美国人民）表达了奥巴马的立场及身份，从而达到凸显其当下语境中自我身份的作用。

2.2 形象及其管理

形象研究最初在文学及比较文学领域中受到关注。在后来的社会学、社会心理学及语言学的研究中，形象作为"被感知到的名声"（perceived reputation）（Williams, 2015）而受到关注，其中最为主流的两大观点分别将形象与面子和身份结合讨论。

早期西方对于面子的研究大多直接将面子与自我形象关联，甚至直接等同，而所谓"自我形象"，该术语在心理学领域被定义为行为人"对自身看法"的集合（Matsumoto, 2009）。如Goffman（1967: 5）将面子定义为"（个体）根据认可的社会属性塑造的自我形象"，Brown和Levinson（1987）将其定义为"每一个个体希望自己能够在公共场合保有的自我形象"，又叫"公共自我形象"。中国人的面子观则复杂得多：一部分中国学者将"脸"与"面"的概念分开，其中"脸"体现了交际个体的自身形象或在社会相应团体中的个体行为表现（翟学伟，2001）。但也有学者认为不应将"脸""面"完全割离，如周凌（2015）认为面子应涵盖社会、文化及认知等一系列维度的概念，如公共自我形象、自尊、虚荣心。因此，形象作为"被感知到的名声"，关系荣誉及声望，与中国文化中的面子观联系紧密。

然而，正如不少学者（如Hall & Bucholtz, 2013: 130）提出的，面子与身份关系密切，"面子是身份建构的基础"，而面子与身份之间的联系则部分是由于"二者都与'自我'形象（含个体自我、关系自我及集体自我）的概念相关，且都由多种自我特征构成"（Spencer-Oatey, 2007: 644）。因此，也有学者从身份的视角定义形象，如Beller和Leerssen（2007: 342）提出形象是个人、团体、民族或国家在交际者脑海中的或者话语上的呈现。陈新仁（2020b）指出形象是身份的一个维度，关注"在他人眼里'我是谁'的问题"，是"个体在交际互动中呈现出来的符合或违背他人所期望的身份特征"。当形象被视作身份特征时，形象便与个人身份（Tracy, 2002）或自我特征（Simon, 2004）相似，指依附于主体身份和交际身份的自我相对稳定的特征。

随着建构主义思潮的流行，越来越多的学者将面子、身份看作是交际者在互动语境中动态话语构建的结果（如Arundale, 2009；陈新仁，2018）。本研究同样秉持建构主义观点，将形象看作是一个由交际者（有意识或无意识地）通过话语呈现，符合交际特定文化背景下的面子需求或身份需求的个体特征或属性。笔者认为，形象进一步分为面子形象和身份形象两部分：面子形象主要体现为交际者在涉及他人或自我时呈现出的满足或不满足（自我或他人）面子需求的个体属性；身份形象指交际者"在交际互动中呈现出来的符合或违背他人所期望的身份特征"（陈新仁，2020b）的个体属性。

基于上述对形象的定义，本文参照Spencer-Oatey（2000）的做法，使用"形象管理"的说法，用来指交际者对于形象的具体呈现做出的话语努力，反映了个体在"自我呈现"时对于（自我或他人）面子或（自我）语用身份的元语用意识。

目前对于该方面讨论较少，仅有Chen和Jin（forthcoming）研究了名人在访谈语境下使用的"说实话""老实说"等"真诚"语用标记语的形象管理功能。本研究从发话人元话语出发，聚焦发话人对于自身的元语用意识，探讨发话人对于自我形象（即涉及自我的形象）的管理。

❸ 语料与方法

本研究以偶遇抽样方式收集了以中文为工作语言的学术场景中自我表述类话语（含大会主旨发言、学术讲座以及问答环节的报告人话语）录音共20则，转写字数约24万字。由于发话人元话语反映了发话人对于自我的元语用意识，笔者以"我"为关键词在转写语料中进行关键词检索，并根据元话语的定义进行筛选。本研究采用陈新仁（2020a）提出的元话语定义及基于元语用的元话语表征分类，将实施元语用目的的话语看作元话语，包括语用标记及元语用评价。最终，获得能够反映发话人对于自我（含想法、知识、身份等维度）呈现的元话语（如语用标记、元语用评价）共计189条。

结合上述"形象"定义，笔者再对于以上语料进行进一步筛选，以期获得能够反映交际者对自我属性或特征的呈现状态加以管理的元语用意识的语料。如下例：

[2] 很高兴可以和大家分享一下我在IPRA（国际语用学会议）的见闻。这个……<u>我是替补的</u>哈哈哈，然后我不会占据大家太多的时间。

[3] 我认为应该从课堂教学，把语用学运用到课堂中去，……（省略，下同）打个比方说，比如研究我们机器翻译的问题，其实和我们教学也有关系……（穿插提问：专家讲的这个机器翻译啊，其实我们现在的好多大学生啊，他们翻译可能还没有机器翻译的好）……机器翻译确实给我们带来一些变化，有些东西确实可以利用机器来翻译，有些东西必须是人工来翻译……。<u>我的意思是</u>搞学术研究，搞教学，没有固定的通识，前面搞的都是相似相同的一个理论，就看我们怎么去结合了。

例[2]发生的背景是某学会的国际会议参会经验分享会，参加当日经验分享的发话人主要为该学会的主要领导成员，此刻的发话人是一名80后年轻有为的专家。"我是替补的"作为元语用评价，是发话人对于自己当下语境中自我属性（在该语境中，主要为身份属性）呈现方式的元语用意识。例[3]的发话人其实是希望借"机器翻译"来阐释自己前文的观点，但是由于提问者的插话，发话人拓展了机器翻译的讨论。之后，该名发话人可能意识到内容偏离了原本的话题，便通过元话语"我的意思是"将自己举例的意图和主要观点重申明确。相比[2]而言，例[3]的发话人元话语主要体现了发话人对自己观点呈现状态的元语用意识，而非对自我特征的呈现。因此，诸如此类并未明确体现发话人对自我呈现的元语用意识的语料不包含在研究范围之内。

经过对上述189条含发话人元话语的语料逐一分析，最终，笔者获得满足形象管理的语料共计75条。在后续的研究及分析中，笔者将根据形象管理的类别逐一呈现。

❹ 结果与讨论

4.1 发话人元话语的形象管理功能

形象作为发话人在交际中呈现的自我属性或特征，是发话人元话语管理的维度之一。当发话人元话语管理的话语内容涉及自我或他人的面子及身份呈现时，发话人元话语便具备了形象管理的功能，涉及面子形象管理和身份形象管理。此外，根据语料我们发现，形象管理可以进一步区分为策略型自我形象管理和目标型自我形象管理，其中策略型形象管理涉及发话人将形象管理作为达成某一特定交际目标（如维护对方或他人面子或建构身份）的话语策略，目标型形象管理涉及发话人将形象管理本身作为交际目标加以实现。

4.1.1 策略型自我面子形象管理

面子形象指在交际过程中呈现出的满足或不满足交际过程中面子需求的个人属性或特征。本研究只关注自我面子形象，即交际过程中呈现出的个人属性是否满足交际者自我的面子需求。策略型自我面子形象管理指在交际活动中，交际者通过对自我属性或特征的呈现，达到维护他人面子的目的。具体而言，在本研究中，报告人的策略型自我面子形象管理表现为报告人通过发话人元话语呈现自我积极或消极形象，进行自我面子形象的管理，以维护自我或他人的面子。例如，在某一次"与专家面对面"的会场，参会人员面对面向资深专家请教。一位参会者向专家们咨询自己关于某一话题的研究是否有价值。Z专家认为该类话题已经得到了大量研究，很难出新，因此不建议该参会者继续该话题的研究。听到这，另外一位专家跟上回答：

[4]   Z老师这个人态度非常明确的，<u>我这个人经常有点爱变</u>，"除非"，加个条件是吧，"除非"你真的能找到很好的问题。

可见，第二位专家并不完全赞同Z老师的建议，认为如果找到更好的研究问题是可以继续研究那个话题的。他通过使用关于自己的元语用评价"我这个人经常有点爱变"，就自己的面子形象进行负向管理（因为爱变有时是一个消极的性格），使其作为一种话语策略达到了在交际过程中缓和反对行为的力度以及维护Z专家面子的交际目的。

有时，自我面子形象管理也会作为维护自我身份形象的一种策略，例如：

[5]   最主要的还是我们要保证我们研究的严谨性，比方说变量分析啊，<u>我对这个变量不熟</u>，就不会多说一些非常基本的一些东西，比方说信度效度啊或者使用的分析方法啊，定性分析、质性分析需要分析步骤很明确啊，要对自己熟悉的东西批判性思考啊。（某观众轻声评价：说得好皮毛啊）这个我就不多说了，可能时间不够。

在该例中，报告人在用"变量分析"举例说明"研究的严谨性"时，使用了"我对这个变量不熟"这个关于自我的元语用评价，承认了自己在该方面知识储存的不足，然而对于一名专家而言，在学术报告语境下承认对自己所要评论的内容并不熟悉的说法不符合其面子需求，表面上看可能会给其建构负面的自我面子形象，但其实不然。此举可以看作是该专家的一种预防性自保措施，为自己可能讲出外行话而引发其他参与者的负面评价打伏笔，也体现了专家努力避免对自己其他形象（如负责任的/毫无保留的报告人形象）产生威胁的元语用意识。

4.1.2 策略型自我身份形象管理

陈新仁（2018）提出交际者在交际中会根据不同交际需求选择相应的身份，涉及在交际中发出或理解话语时"我是谁"。本研究关注的发话人在学术报告场景中的核心身份为"专家学者"，在语境中还会涉及其他语用身份如报告人、建议者等。当发话人元话语管理其身份形象时，发话人通过对表述内容的管理，进一步管理该内容对自己身份特征呈现的影响，以符合受众对自己身份不同维度的期待。上文例[2]中提到该发话人参加了某学会主办的经验分享会，在同一学术场景下，该年轻专家与其他报告人都被赋予了同一个语用身份，即报告人/经验分享者。然而，她使用元语用评价"我是替补的"，对自己的上述语用身份特征作出重构，建构了"替补"的报告人/分享人特征。在学术场景中，建立该形象并与其分享经验的核心交际目标无关，似乎也不符合其他参会人对经验分享者的身份期待，然而，该自我身份形象的构建可以充当话语策略，帮助她达成其他交际目标，建构个人谦虚、低调的形象。

4.1.3 目标型自我面子形象管理

在这种情形中，自我面子形象建构本身是交际目标。专家通过使用发话人元话语达到实现自我面子形象建构的目的。例如：

[6] 我的文章主要讲的是一个日语学习者，中国日语学习者的学习动机的，而那个期刊名字叫International Journal of Bilingual Education & Bilingualism（作者译：《国际双语及双语教育期刊》），我后来想了想为什么会直接被拒呢，<u>我相信</u>这个主编也很忙，他在看什么样的关键词呢，他在看这个bilingual、multi-lingual这样的字，而我通篇都没有提到。

在[6]中，报告人谈及自己一篇被拒的文章，总结认为原因是主编想要看的关键词并未在其文章中出现。所使用的发话人元话语"我相信"能够表达自己具有充分的证据（Fetzer，2014），暗示主编很忙、没有细看自己的文章就拒稿，间接维护了自己的面子，实现了自我面子形象管理的交际目标。

4.1.4 目标型自我身份形象管理

在这一情形下，专家通过使用特定的元话语，构建某种自我身份形象。例如：

[7] （提问：老师您好，我想做一个工程类英语和海事法律英语当中概念隐喻的使用情况，但是……我把概念隐喻分成几类，然后剖析语料，分析它的使用频率和功能，能不能从语用学的角度切入一下？）
<u>我不建议你做这方面研究</u>，因为好多人做这个 metaphor，我的学生选这个，我让他不要选 metaphor，metaphor 太多了。

[8] <u>我非常同情你</u>，虽然 Z 老师已经建议你说不要做了。因为确实如果一个话题做的人太多，很容易给评委产生疲倦感。

[9] <u>据我所知</u>好像没有一个完整的东西去涵盖一个人所有的语用能力。因为严格意义来讲，语用能力我们觉得人人都是相同的，但是大家也知道你的英语语用能力也不是相同的。

　　上述三例中，专家皆通过发话人元话语达成了建构自我身份形象的目的。例[7]、[8] 与例[4] 发生在同一语境中，皆为某一次"专家面对面"中三位不同的专家对某一位参会者提出的问题的回答。其中，从例[7] 可以看到提问者已经详细表达自己的研究意愿以及具体方案，但该专家直接干涉了对方的意志，提出"我不建议"，否定了对方的选题。在当前语境中，该专家的交际需求是给对方提供恰当的建议，元话语"我不建议"的使用凸显了其希望给予对方切实建议的元语用意识，从而进一步构建了自己"权威"的学者形象。在例[8] 中，在 Z 专家明确对提问者的研究计划作出干涉后，该专家通过元语用评价"我非常同情你"表现出对提问者（可能的）情感的照顾，建构了其照顾他人感受的"亲和型"学者形象。例[9] 的发话人是语用能力领域的权威学者，但是在作出断言时仍然使用了言据类标记"据我所知"表达自己断言的内容是根据目前掌握的知识而作出的。通过标记语的使用，该专家表现出对自己要求言必有据的自反意识，建构了其"严谨型"的学者形象，以避免断言可能带来的其他负面形象（如武断、过度断言等），达到了形象管理的作用。可见，在上述三例中，不同的专家通过诉诸不同的话语策略，实施了面向自我身份形象的管理，因而属于目标型自我身份形象管理。

4.2 报告人通过发话人元话语管理形象的动因

　　根据上文中的总结，我们可以发现专家在学术报告语境中，通过发话人元话语对不同内容进行管理的同时，也对自身形象进行了管理。那么，就策略型形象而言，为什么在学术报告场景中报告人需要通过建构自我以上形象来达成其他交际目标的实现呢？就目标型形象而言，为什么在学术报告场景中专家要建构这些形象呢？

　　考虑到发话人元话语指的是涉及发话人自身各个维度的元话语，凸显的是关于发话人自我的元语用意识，而元语用意识涉及交际者对自己语言使用的考量，不仅关乎语言本身也关系到交际者依据各语境因素而做出的语言或话语策略选择。笔者将借鉴 Verschueren（2000）对于语境因素的分类，从社交世界因素和心理世界因素两个方面分析专家采用发话人元话语管理形象的可能动因①。

4.2.1 策略型形象管理的动因

从上述的三例策略型形象管理的例子中可以看出，尽管专家管理的形象类型不同，但是无一例外地都建构了负向的自我形象。通过对上述三例的对比，笔者发现专家在实施交际行为的过程中都不同程度地与相关语境因素形成冲突。

交际行为与社交语境中的权势关系产生冲突。以例[2]为例，该专家在该学术报告语境中被赋予了与参与人同样的语用身份。然而，她的资历相对其他报告人稍浅。因此，在该语境中，如果她理所应当地接受与其他专家同样的语用身份分享经验，可能与其稍浅的资历有冲突。因此，她通过元话语"我是替补的"进行负向的身份形象管理，可以缓解该冲突。

交际行为与社交语境中的文化价值产生冲突。Schlenker 和 Pontari（2000）曾提出自我形象的建构会受到价值因素的影响，Schwartz（1992）通过对不同文化进行跨文化研究后，也提出交际者的自我价值中包含保守取向价值，关注对于传统的尊重和遵从。中国作为礼仪之邦，向来推崇"和为贵"的文化价值观，该价值观使发话人最大程度地以和谐关系为取向关注他人的面子。以例[4]中的发话人为例，就权势关系而言，该专家与前一位专家Z处于平等的权势关系。因此，不带修饰地直接实施反对行为便与"和"的价值观产生了冲突，伤害对方的面子。该发话人使用了具有负面倾向的自我评价"我这个人经常有点爱变"，不但从内容上弱化了后续的反对行为，从关系上也最大程度地顺应了文化价值观维系他人的面子。

交际行为与心理语境中的受众期盼产生冲突。Schlenker 和 Pontari（2000）在对自我形象做出讨论时，提出自我形象除了会受到价值的影响之外，也会受到期待的影响。陈新仁（2020b）也指出形象涉及的是他人眼中"我是谁"，因此发话人对于形象的管理不可避免地涉及发话人对受话人期待的估测。以例[5]中的专家为例，该名发话人出于对话题内容不够熟悉的考量，并不打算就话题延展讨论。但是在学术报告语境中，观众对报告人给予的信息量抱有期待，希望有价值的"干货"越多越好，这种期待也可以从某位观众的评价"说得好皮毛啊"中看出。因此，在这个语境下，发话人对于内容的表述与受众期盼产生了一定程度的冲突，如不加以管理便会对其当下的专家身份形象造成威胁。通过对负向面子形象的建构，提前说明不深入探讨是因为自己对该方面知识储备不足，达到对身份形象加以管理的目标。

4.2.2 目标型形象管理的动因

除了策略型形象管理之外，专家通过发话人元话语还进行了目标型形象管理，即将形象管理本身作为交际目标。正如上文中提到的，交际者会根据价值和期待建构自我形象（Schlenker & Pontari, 2000）。因此，专家通过发话人元话语建构特定自

---

① Verschueren（2000）还提出了物理世界语境因素，在学术报告场景中表现为报告人对PPT等物理世界的关注，在语料中并未发现形象管理相关的元话语与物理世界的联系，从而在此未列入考量。

我形象会出于以上两个方面的考量：

首先，自我价值方面，除了上文中的保守取向价值外，还包含了自我增强取向和自我超越取向价值：

保守取向价值除了体现为对文化传统的遵守，还体现为对于自身安全感和确定性的关注。以例[9]的发话人为例，该名发话人是语用能力方向的专家，但是对该话题进行断言时，仍然使用了言据类话语标记"据我所知"，以示自己接下来所做的断言是依据自己现有知识储备所作出的，并非凭空断言，因此通过建构"谨慎"的形象，增加观点表达的自我安全性。

自我增强取向价值表现为对自我能力和成就的关注。在学术报告这种公共场景中，报告人作为业界权威学者，自我增强取向价值使报告人希望建构符合当下面子需求和身份需求的自我形象。如例[6]的发话人向观众传递自己某次被拒稿的经历，该经历以及后续的原因推断都对其面子构成了一定威胁，因此通过"我相信对方很忙"更符合当下面子需求，维持自己"有能力的"自我面子形象。

最后，自我超越取向价值为交际者对他人利益的关注。例[7]中的提问者向专家咨询自己研究的可行度，而在该例中发话人对其计划进行了直接干预，虽然可能会伤害提问者的面子，但是当对方寻求建议，给予对方诚恳的建议更符合对方的利益和交际需求。因此，通过对自己权威的学者身份形象的建构，该专家呈现了自己判断和建议的权威性。

除了价值之外，专家也会出于对受众情绪的考量建构特定形象。上文中提到例[8]的发话人根据Z专家的建议对提问者可能产生的负面情绪效果作出预判，并通过元话语"我非常同情你"呈现出自己对对方的照顾，从而对自身身份形象做出影响。

❺ 结语

本研究以学术场景中专家使用的发话人元话语为研究对象，研究了发话人元话语的形象管理功能，并结合对报告人通过发话人元话语管理自我形象的动因作出阐释。通过对于语料的定性分析，发现专家通过发话人元话语实施了四种类型的形象管理，分别将自我面子或身份形象的建构作为交际目标本身以及作为一种话语策略来实施其他交际目标。通过对动因的讨论，本研究认为：专家实施策略型形象管理的原因主要为当下的交际行为与相关语境因素出现了一定程度的冲突，而自我形象的建构能够解决以上冲突；实施目标型形象管理则是关乎专家出于不同价值取向和受众期待的考量，从而更好地满足当下语境中对其面子需求和身份需求。

本研究通过自然语料对发话人元话语的关注丰富了对发话人元话语的功能研究；研究也说明交际者的形象管理意识作为元语用意识的一部分，体现了交际者在交际中对于自我特征或属性呈现的关注，从而从元语用视角丰富了形象研究。此外，本研究对学术口语话语体裁的研究也做出了一定的贡献。但是由于篇幅限制，本研究中部分内容（如形象管理与话语涉及对象的关联）并没有展开讨论，希望在未来的研究中能加以补充。

- Arundale, R. B. 2009. Constituting face in conversation: Face, facework, and interactional achievement. *Journal of Pragmatics* 8: 2078–2105.
- Beller, M. & Leerseen, J. (eds.). 2007. *Imagology — The Cultural Construction and Literary Representation of National Character.* Amsterdam & New York: Rodopi.
- Brown, P. & Levinson, S. C. 1987. *Politeness. Some Universals in Language Usage.* Cambridge: Cambridge University Press.
- Caffi, G. 2006. Metapragmatics. In K. Brown (ed.), *Encyclopedia of Language & Linguistics* (2nd Edition). Amsterdam: Elsevier. 83–88.
- Chen, X. R. & Jin, Y. Z. Forthcoming. "Shuoshihua, …" : Chinese celebrities' metapragmatic management of rapport and impression in an interview setting. *Journal of Politeness Research.*
- Crismore, A., Markkanen, R. & Steffensen, M. 1993. Metadiscourse in persuasive writing: A study of texts written by American and Finnish university students. *Written Communication* 10: 39–71.
- Culpeper, J. & Haugh, M. 2014. *Pragmatics and the English Language.* Basingstoke: Palgrave McMillan.
- Fetzer, A. 2014. *I think*, *I mean* and *I believe* in political discourse: Collocates, functions and distribution. *Functions of Language* 21 (1): 67–94.
- Goffman, E. 1967. *Interaction Ritual: Essays on Face-to-Face Behavior.* New York: Anchor Books.
- Hall, K. & Bucholtz, M. 2013. Epilogue: Facing identity. *Journal of Politeness Research* 9 (1): 123–132.
- Haugh, M. 2016. The role of English as a scientific metalanguage for research in pragmatics: Reflections on the metapragmatics of "politeness" in Japanese. *East Asian Pragmatics* 1 (1): 39–71.
- Hyland, K. 2005. *Metadiscourse.* London: Continuum.
- Hyland, K. 2017. Metadiscourse: What is it and where is it going?. *Journal of Pragmatics* 113: 16–29.
- Hyland, K. & Tse, P. 2004. Metadiscourse in scholastic writing: A reappraisal. *Applied Linguistics* 25 (2): 156–177.
- Lakoff, R. 1989. The limits of politeness: Therapeutic and courtroom discourse.

Multilingua 8 (2/3): 101–129.

Matsumoto, D. (ed.). 2009. *The Cambridge Dictionary of Psychology.* Cambridge: Cambridge University Press.

Schlenker, B. & Pontari, B. 2000. The strategic control of information: Impression management and self-presentationin daily life. In A. Tesser, R. B. Felson, & J. M. Suls (eds.), *Psychological Perspectives on Self and Identity.* Washington: American Psychological Association. 199–232.

Schwartz, S. H. 1992. Universals in the content and structure of values: Theoretical advances and empirical tests in 20 countries. In M. P. Zanna (ed.), *Advances in Experimental Social Psychology* (Vol. 25). San Diego: Academic Press. 1–65.

Simon, B. 2004. *Identity in Modern Society: A Social Psychological Perspective.* Oxford: Blackwell.

Spencer-Oatey, H. 2000. Rapport management: a framework for analysis. In H. Spencer-Oatey (ed.), *Culturally Speaking: Managing Rapport through Talk across Cultures.* London: Continuum. 11–46.

Spencer-Oatey, H. 2007. Theories of identity and the analysis of face. *Journal of Pragmatics* 39: 639–656.

Tracy, K. 2002. *Everyday Talk: Building and Reflecting Identities.* London: The Guilford Press.

Verschueren, J. 2000. *Understanding Pragmatics.* Beijing: Foreign Language Teaching and Research Press.

Williams, R. 2015. *Keywords: A Vocabulary of Culture and Society* (new edition). Oxford: Oxford University Press.

陈新仁，2018，《语用身份论——如何用身份话语做事》。北京：北京师范大学出版社。

陈新仁，2020a，基于元语用的元话语分类新拟。《外语与外语教学》（4）：1–10, 24。

陈新仁，2020b，身份工作与礼貌评价。《解放军外国语学院学报》（2）：1–10, 159。

郭红伟、卢加伟，2020，教师课堂元话语多维功能对比研究。《现代外语》（2）：248–259。

翟学伟，2001，《中国人行动的逻辑》。北京：社会科学文献出版社。

周凌，2015，《汉语文化特性的面子表征语用研究》。东北师范大学博士学位论文。

The Image Management Function of Addresser Metadiscourse:
A Metapragmatic Analysis of Experts'
Self-representation in Academic Setting

Abstract: Metadiscourse influences or regulates the interpretation on discourse and generates certain communicative effects in the interactional contexts. While previous studies on the pragmatic functions of metadiscourse involve identity construction, stance presentation, pragmatic regulation, etc., few have attempted to discuss its potential function of image management. By conducting a qualitative analysis of addresser metadiscourse used by experts for self-representation in academic setting, this study aims at analyzing its image management function and revealing the possible motivations behind. It could not only extend research on the functions of metadiscourse, but also enrich discourse studies on interlocutors' image management.

Key words: addresser metadiscourse; image management; self-image; academic setting

（责任编辑：高一虹）

网店店主自我身份建构的元语用意识探究
——以淘宝商品描述语为例

西南大学　何　荷　江苏第二师范学院　李梦欣*

[提　要]　本研究在语用身份论和元语用理论的指导下，分析了淘宝店主在商品描述中自我身份建构的元语用意识。结果显示，店主通过身份元话语在多个维度凸显了自我身份，借此可以实现对自身积极身份的凸显，对交际对象消极身份的弱化，以及对双方潜在积极关系的建构或强化。本文通过考察网络非实时单向交际，丰富了关于身份元话语形态和功能的研究；通过纳入元语用理论，在一定程度上减少以往身份研究中对于身份判断相对主观的问题。

[关键词]　网店店主身份；身份建构；元语用意识；商品描述语

❶ 引言

网店商品描述具有公开性，且随时可供所有人浏览，存在无数潜在的交际对象。与传统面对面交际不同，在基于文本的网络交际中，人们并非凭借生理外貌特征，而是通过话语行为呈现自我(Wood & Smith, 2005)。网店店主选择建构或凸显什么样的身份或关系对交易成功与否有很大的影响。从该意义上说，网络环境中的身份构建对话语的依赖性更强，交际者是否、如何通过元话语建构或调控身份甚至显得比其他媒介中更有研究意义。

近年来，语用身份研究和元语用研究作为语用学新兴研究领域受到了越来越多的关注，收获颇丰。元语用研究关注语言使用的"元层面"，涉及交际者对语言使用各方面的反思意识(Verschueren, 2000)，是交际者通过话语管理形象、维持人际关系

---

* 作者简介：何荷，西南大学讲师，研究方向：语用学。Email: hhselma@hotmail.com。通信地址：400715 重庆市北碚区天生路2号西南大学外国语学院。李梦欣，江苏第二师范学院讲师，研究方向：语用学。Email: kay3033@163.com。通信地址：210000 江苏省南京市北京西路77号江苏第二师范学院外国语学院。
本文为"中央高校基本科研业务费专项资金资助"的成果（项目号SWU1709637）。

的能力(Hyland, 2017)。事实上，形象和关系本身就是身份研究的重要课题。交际者如何根据交际需求有意识地通过话语管理与调控自己或对方的身份从本质上也应获得元语用研究的关注。其次，根据语用身份论（陈新仁，2018），交际者一旦使用语言便建构了身份，只是意识程度存在差别。语用身份的选择可以是在几乎毫无意识的情况下完成的，也可以是意识程度很高的过程（陈新仁，2014）。考虑到以往关于交际者通过话语有意识地建构特定身份的研究难免存在主观判断的问题，笔者认为，从元语用角度切入，研究交际者语用身份的话语建构不失为一个较好的选择。可惜的是，现有研究鲜少系统地将身份和元语用结合起来。为此，本研究从元语用角度出发，关注网店店主作为交际者是否、如何以及为何在网店商品描述中通过元话语实践凸显自我身份。

❷ 研究背景

2.1 语用身份研究

语用身份（陈新仁，2013）是特定社会身份在语言交际中的实际体现、运用甚至虚构，并将语用身份定义为在语境中语言使用者有意或无意选择的自我、对方及他者身份，具有临时性和交际依赖性、临时性、多样性、情景性和资源型。在交际过程中，交际者为了满足特定的交际需要，会作出各种语用努力，表现为对各类语用资源的调用，而身份可作为语用资源的一部分来促成交际需要的实现（Yuan, 2020; 陈新仁等，2013）。在具体的交际时刻，交际者会选择最符合当前交际需要的身份，通过话语激活或建构，转化为语用身份（陈新仁，2013，2018）。语用身份既包括宏观维度的属性、归属、认同、角色、地位等特征，也包括与具体交际中的立场和行动者维度，以及微观层面的形象、个性等（陈新仁，2020a）。从元语用角度切入，我们可以发现交际者做出这种选择的直接证据。

随着网络交际对于生活的影响日益增大，研究网络虚拟交际中的身份建构也显得越来越重要。研究发现，交际者在网络虚拟空间中管理身份时受到的束缚更小、自由度更大。Rosie (2004)认为，网络环境中人们选择身份时面临的束缚较少。原有权力关系消失、重构，新的身份建立。现今网络丰富的信息资源为个人身份增加了无数可能性，也增加了网络人际关系的无数可能(Mesch & Beker, 2010)。这使得身份的变动性、可实施性以及流动性变得更强(Benwell & Stokoe, 2006)。在基于文字的网络交际中，话语是身份特征的载体(Yus, 2011: 29)。一般情况下，话语反映的身份是一种自然的、文化的呈现，但有时可能是目的明确的，导向清晰的刻意构建（陈新仁，2018）。在基于文字的网络交际中，交际者可以根据交际需求较自由地通过话语建构甚至虚构身份。身份的话语建构既可以是隐性的，也可以是显性的，例如通过"身份元话语"明示身份。这种身份的显性建构可以帮助交际者克服隐匿性，确保交际对象能够识别其想要传达的身份特征，促成交际目标的完成。这也使得从元语用角度切入研究网络交际中交际者的身份建构显得更有意义。

2.2 元语用意识研究

微观层面的元语用研究关注交际者监控交际参与者互动和谈论互动的能力(Caffi, 1994, 2006; Culpeper & Haugh, 2014; Verschueren, 2000)，考察交际者具体的话语选择，且多关注日常话语或教育话语中的元语用现象。随着机介交际语用学的兴起，近年来，逐渐有学者（如Kleinke & Bös, 2015; Liu & You, 2019）开始关注网络媒体中的元语用现象。

提到元语用研究，离不开对元语用意识的讨论。简单来说，元语用意识指的就是交际者对语言使用的自反意识，是对言语互动中不同层面的解读和评价。近来的元语用研究多关注语用过程的意识及话语表征，研究交际者对话语的管理和调控意识(Caffi, 1994, 2006)。为了实现特定的交际意图，交际者就会有意识地使用语言的自反功能来完成意图的实现，这种意识反映在语言使用中就是元语用意识（姜晖，2019）。

身份建构的元语用意识是指交际者在身份层面的自反意识，涉及交际者对语用身份层面的解读和评价，在语言层面反映为身份的元语用表达。陈新仁（2020b）指出，元语用意识包括对发话人、受话人以及双方或多方关系的元语用意识。这几类元语用意识又包含关于发话人自身、对交际对象乃至第三方身份的以及对彼此身份关系的元语用意识。古小娟、李艺（2007）指出，在影响语言选择的诸多因素中，身份感居于首位。因此，交际中的身份管理理应也属于元语用研究的范围，但现有研究鲜少将元语用和身份结合起来系统考察。当交际者在交际中显性地通过话语凸显身份时就体现出了交际者身份建构的元语用意识。所谓显性，是明确、直接地表述交际中的自我身份。本研究考察的就是在网页商品描述中店主自我身份的元语用意识。

❸ 研究方法

3.1 研究问题

本研究尝试挖掘网店店主作为交际者在商品描述中自我身份建构的元语用意识，具体包括以下两个研究问题：

1) 淘宝店主在商品描述语中是否凸显了自我身份？凸显了哪些自我身份？通过哪些话语方式凸显？

2) 淘宝店主为什么要凸显这些自我身份？

3.2 语料收集

本研究语料选自淘宝销售化妆护肤品、衣服（包括男装和女装）、日用百货、手机数码及充值服务的C2C店铺中商品页面"宝贝详情"一栏下的商品描述。C2C网店销售者与销售对象均为个人，由个人借购物网站平台，自主地通过网络向其他个人提供商品或服务。这样的网店店主通常既非网站经营者，也非商品生产者，只是单纯的商品经营者。其销售的成功与否，依靠的并不是像天猫一样在开设网店之前已经积累下的品牌价值或企业形象。顾客只能凭借浏览网页商品描述等内容建立对网店和店主的了解,因此,店主介绍商品时提供的信息及相应的话语策略显得尤其重要。语料共涉及60家店铺中的180篇商品描述①,共256 151字。其中,最短的描述76字,最长的23 002字,平均每篇字数为1 423.06字。

3.3 语料分析

关于元语用意识及其话语表征的识别,本研究采用陈新仁(2020a,2020b)提出的身份概念的各种意义和维度、基于语言交际事件核心要素提出的元语用意识分类模式和基于元语用的元话语分类新拟。

陈新仁(2020a)将身份工作定义为指交际者为实现特定的交际需求而对语用身份加以管理的话语努力,包括属性管理、归属管理、认同管理、角色管理、行动者管理、地位管理、立场管理、形象管理、个性管理等路径,通过建构、凸显、磋商、挑战甚至解构特定身份维度的话语策略来实现。根据该框架,交际者身份的元语用意识指的是交际者对于参与交际的自我身份的自反意识,包括交际者关于自身属性、归属、认同、角色、行动者、地位、立场、形象、个性等的自反意识。其话语表征则是身份元话语,也就是可以显性呈现以上身份特征的元话语。

陈新仁指出,身份元话语是相对身份信息话语而言的,非自述或回复有关自身特定身份信息或询问对方(第三方)身份信息的话语,是刻意凸显、质疑、否认或解构的自身、对方(他人)的(此前往往共享的)身份或关系话语。需要说明的是,本研究考察的是网页商品描述,究其本质,是一种非实时的单向交际。此外,该交际的另一特点是,交际双方除互为买卖双方这一确定的关系外,彼此其他身份信息未知。这种未知性甚至包括在现实生活中无法隐藏的种族、性别或年龄等身份特征。考虑到这种虚拟性和未知性,本研究考虑将店主应客户询问而作答时提供的客观身份信息(如店名、店主姓名、性别等)视为一般身份信息。与之相对,店主如果在没有客户要求的情况下通过自我陈述主动明示其当前参与交际的特定身份信息(属性、形象、角色等),就是在主观地凸显其语用身份,相应的话语就是身份元话语。后者属于本研究的考察对象。

❹ 结果与讨论

4.1 网店店主凸显的自我身份及其话语表征

研究发现,网店店主确实在其商品描述中凸显自我身份,通过各种身份元话语凸显的身份维度主要包括归属、认同、角色、地位、立场、形象、个性等。

---

① 店铺的选定通过"社会关系网络"的方法(李慧、李经伟,2013),在2016年3月至2017年9月间共获得女装61家、男装39家、化妆护肤73家、日用百货52家、手机数码32家、虚拟充值31家,共288家。对每类店铺分别编号后,通过抽签的方式每类选取10家。随后,依次进入店铺页面,在推荐板块下选择销量前3的作为语料来源商品,共收集商品描述180篇。

4.1.1 归属维度+地位维度

根据陈新仁（2020a），归属维度的身份指的是个体属于群体、组织或社区等拥有的成员身份；而地位维度则涉及交际者在社会等级中的位置。本研究发现，店主在商品描述中凸显其归属于销售特定商品的职业群体身份时，总是会同时凸显自己在该群体中的地位。这两维度的身份通过归属+地位陈述语"店名+是+最大/高+归属群体"建构，如例[1]所示。

[1] 高评分，高品牌，高服务，淘宝动态DSR三项评分均高于同行60%以上，这都是购买过的顾客累计起来的结果，是对我们最大的鼓励和支持！<u>三伟科技是全网最大的苹果卖家，</u>从不吹嘘，有图有真相！三皇冠信誉，只为给你更多信任与安心！<u>三伟科技从5S首发预定至今一直是全网回头率最大的苹果商家！</u>最近一月销售量就高达599件，在苹果卖家中深受消费者喜爱。原装品质和优质服务让<u>我们一直都是全网回头率最高的苹果商家！</u>

例[1]中，店主因深知潜在买家在购买手机这一类高价商品时会格外谨慎，货比三家，因此首先通过陈述各项数据是"购买过的顾客累计起来的结果""高于同行60%以上"，隐性地建构其地位身份，通过"全网回头率最高""全网最大的苹果卖家"显性建构其地位身份。可见，店家不仅凸显了其"苹果卖家"这一归属身份，而且凸显自己在该群体中的地位，是对交际对象认知中该身份信息的强化，反映了店主强调自身归属和地位的元语用意识。

4.1.2 属性维度+认同维度

根据陈新仁（2020a），属性维度的身份指的是个体的社会属性，如性别、年龄等，而身份作为认同则强调的是个体通过认同感和属性感管理特定身份与特定交际对象的亲疏关系。在语料中，店主主要是通过认同表述语"我们+属性"凸显这两个维度的自我身份，如例[2]所示。

[2] 版型没得说了，修身款，<u>我们年轻人</u>最爱，更重要的是不会臃肿，外观感觉与普通牛仔裤没有区别，穿起来都比较精神，有型，一般来说，秋冬是可以随意搭配的！

例[2]中，店主通过"我们年轻人"凸显了自己对与潜在买家同属于"年轻人"这一年龄属性的归属感和认同感。语料中另有一例店主通过"我们三四十岁的女人"凸显了自己与交际对象同属"三四十"这一年龄属性和"女人"这一性别人群的认同感。

4.1.3 角色维度

根据陈新仁（2020a），角色维度的身份指的是个体在社会结构或社会关系里的定位。在本研究中店主除了凸显自己在买卖关系中的卖家身份外，有时也会通过角色提示语"……作为+角色""……是个+角色"凸显自己与买家的"姐妹"关系，如例[3]和[4]。

[3] <u>阿米今天作为大姐姐</u>教教初涉彩妆界的小妹妹们基础眼线的几个小TIPS~菜鸟们再也不怕画不好眼线！

[4] 现在容量趋于正常了，里面会有大概1/4的空隙，但肯定70g足量的，我挖出来称过（<u>婷婷是个比较较真的掌柜</u>），所以有时候运输会有倒置后中空的情况产生，希望各位理解哦~

例[3]中，店主通过"作为大姐姐"凸显自己在化妆熟练程度和专业度上相对"初涉彩妆界的小妹妹们"的"姐姐"角色。例[4]中店主担心顾客怀疑自己所售商品容量不足，便声称自己曾经称过面霜，并明示自己这么做是因为个性"较真"。但"较真"并非在任何关系中都是积极的身份特质，例如在朋友、夫妻关系中，较真反而可能是缺点，因此店主凸显了自己体现出较真个性时的角色是"掌柜"，凸显自己的认真负责。

4.1.4 立场维度

立场维度的身份指的是个体在特定话题上所表现出来的态度或倾向（陈新仁，2020a），通过立场指示语"站在……的角度""对于一个……""出于一个……""出于……的态度"实现，如例[5]所示。

[5] 坦白讲，以前的我追求品牌，看重包装，注重卖点。我同大家一样，一开始并不看好韩国产品，无身份无名气而且不停地出新品，似乎始终没有经典的存在，<u>站在销售的角度讲卖得很累</u>。

例[5]中店主因了解潜在买家"追求品牌，看重包装"的心态以及"不看好韩国产品"的观念，建构了"以前的""同大家一样"的"我"，并凸显了自己在销售韩国品牌这一话题上，"站在销售的角度"知道不好卖，通常不愿意销售和推荐的态度，为后续介绍和推销所售商品做好铺垫，因为该商品突破了大家的期待，"站在销售的角度"应该推荐给大家。

4.1.5 形象维度

形象维度的自我身份指的是个体在交际中呈现的符合或违背他人期望的身体特征（陈新仁，2020a）。这一维度的自我身份主要通过"生来+形象+我""像我这种+形象""形象+自称语"等形象描述语实现，主要呈现的形象要么是自嘲的形象特征，要么凸显的是店主获得大家信任的形象。例如：

[6] 大家知道，<u>生来一张大饼脸的我</u>向来对高光修容之类的东西一直都很长草啊，尝试过无数粉、液、膏后，终于得到了精髓，在此分享给各位亲们，

可以走捷径是不是很感动~~

[7] 我本不想说太多别人家的事情，因为活在当下不想与人冤家路窄。但<u>自牟女自身的正义感对于一个一路走来以正品谋生被大家信任的小店主来讲</u>，还是拍图以示真假，大家请擦亮眼睛购买。

语料中店主经常会自嘲般凸显自己的"负面"形象。如例[6]中的"大饼脸"或者其他例子中的"吃货"等。相反，例[7]凸显的则是积极的形象特征，即"被大家信任"。有趣的是，该例中，店主伴随身份元话语还使用了"大家知道"和"向来"这样的元话语强调在前边或以往的商品描述中已经为自己建构了该身份特征，这也可以作为该身份信息是双方共享信息的佐证。

4.1.6 个性维度

身份的个性维度强调的是个体的独特性，如性格、特长等（陈新仁，2020a）。在商品描述中既可以通过单独的性格描述语"性格+自称语"实现，如例[8]，也可以通过包含性格特征的其他身份元话语如"性格+角色"实现，如例[4]。

[8] 她薄，但比蚕丝的韧性好，可以拉伸调整适合各种长脸方脸国字脸，又不会像蚕丝那么娇贵容易破，别看她薄薄一张，同样能把近30ml的精华液牢牢吸住，精华液残留很少，<u>小农的我就喜欢这种用得干干净净不浪费的好菇凉</u>！

例[8]中，店主通过"小农"这一性格特征的描述语+自称代词"我"，凸显了自己节约的个性。

4.2 店主凸显自我身份的动因

上一节呈现了店主在商品描述中在各维度凸显的自我身份及其话语表征。研究发现，店主在各维度凸显的这些身份特质并非随意选择的结果，而是体现了店主作为交际者为实现交际目标对身份的管理和调控意识。本小节就简要汇报店主凸显自我身份的可能动因。

4.2.1 对自身积极身份特质的凸显

如前文所言，在基于文字的网络交际中，交际者能够隐藏自身的很多身份特质，如性别、年龄、种族等。这在现实生活中是很难做到的。换句话说，在基于文字的网络交际中，交际者在是否凸显以及凸显什么样的身份（特质）方面，具有较高自由度和意识程度。在本研究中，店主凸显的自身的身份（特质）往往是对交际目标有积极意义的，包括在同行中的地位（地位维度）、较真的、销售正品的、正直的（个性维度），总而言之就是值得交际对象信任的身份特质（形象维度）。

在无法直接接触商品、面对面与店主对话的情况下，能够让潜在顾客相信自己对实现销售商品及维持买家忠诚度的交际目标显得尤为重要。以往研究（如Sweeney et al., 1999）发现，消费者关于风险的感知对于他们的购买意愿具有重要影响。电子商务最显著的弊端就在于买卖双方在时空上分离。因此，与传统购物相比，网络购物因消费者面临的不确定因素更多而被认为风险更大，往往会更加恐慌(Forsythe et al., 2006)。Harridge-March (2006)认为，顾客即便在考量商品的价值后考虑购买，也有可能因为对于风险的评估而放弃。也就是说，消费者在网上购物时对风险评估的考量甚至超过了对获益方面的考量 (Bhatnagar & Ghose, 2004)。出于这种考虑，例[7]中，店主就凸显了自身"一路走来以正品谋生""被大家信任"等身份特质。与之类似，例[4]中店主担心顾客怀疑自己缺斤少两，便声称自己称过面霜，保证足量，而之所以这么做是因为自己个性"较真"。

4.2.2 对交际对象消极身份特征的弱化

研究还发现，当推销商品不得不提及潜在买家一些消极的身份特征时，店主经常会通过将这些消极的身份特征附加给自身来弱化对对方面子的威胁，以促成交际目标（见例[6]、[8]）。例[6]选自销售高光的页面。高光的主要作用是视觉上帮助使用者调整轮廓。店主知道该商品的潜在买家多为有轮廓调整需求的"大饼脸"，也知道通常没有人愿意被直接点明缺点。但同时，为了实现销售该商品的交际需求，店主需要强调商品对"大饼脸"的修饰作用。店主此时选择不将该身份特征与交际对象挂钩，而是将其凸显为自身的特征，以促成交易。又如例[8]涉及的商品是价格低廉的面膜，店主知道该商品的潜在用户经济收入有限，在意面膜的精华液是否会被浪费。由于现在社会大多将财力看作积极的身份特质，囊中羞涩便难以启齿。因此，店主凸显自己"小农"这一个性特征，而未将其凸显为交际对象的身份特质，以此促成交易。

4.2.3 对潜在积极身份关系的建构和强化

店主可以通过身份元话语资源建构对于其交际目标有积极意义的双方关系。这种对积极关系的管理可以通过认同元话语（如例[3]所示）实现。心理学研究（如Aron et al., 1989）认为，兴趣、态度、价值、背景或人格因素上的匹配程度，即相似性是形成人际吸引、促进友谊和关系建立的重要因素。Montoya和Horton (2004)也指出相似或不相似的态度代表了陌生人对我们的积极或消极信息，意味着认同或不认同，通过引起情绪的变化，影响人际吸引。因此，通过使用认同元话语，店主凸显了交际双方拥有同种属性而产生的亲近关系。这种管理还经常通过形象和个性元话语实现，如例[9]：

> [9] 日期都是新鲜，刚从TW运过来，还没入库就赶着上架了，<u>谁让我是个藏不住事的人</u>，有点好东西就喜欢拿出来显摆，小时候妈妈就说过我这样的人以后发不了财！

例[9]中店主通过个性元话语凸显了自己"藏不住事"这一个性，评价"还没入库就赶着上架"这一行为，并戏称"小时候妈妈就说过我这样的人以后发不了财"。表面看该身份特征并不能像其他示例中凸显的可靠、正直等身份特质一样直接帮助店主实现销售的交际目标。但仔细看不难发现，这样看似自嘲的评价以及与商品非直接相关的信息更容易让交际对象忘记彼此的买卖关系，反而感觉更像是朋友之间的闲聊。Altman (1973)指出，自我表露，即与他人共享自我信息，是发展亲密关系的重要方法。与例[9]类似的对积极身份关系有建构和强化作用的身份元话语还包括描述商品质地很像黄油时的"身为吃货的小编"、描述产品用量时"贪心的我"以及描述产品气味时"对酷爱柑橘香味的我来说"等。

需要说明的是，基于文字的网络交际中交际者凸显的自我身份并不一定与交际者现实生活中的真实身份一致。这看似与身份元话语用意识定义中"共享信息"的定义有所出入。然而，在网络交际中情况并非如此。只要交际者有能力让交际对象认为某信息为真，那么作为受话人的交际对象便有可能将其视为共享信息。与面对面实时交际不同，在基于文字的单向非实时网络交际中，因为文字为身份的主要来源，个人的身份呈现是一种易于操纵的非实体存在(Davis, 1997; Mitchell, 1995)。元话语的规约性联系是某社会群体使用者在长期的社会生活中形成的（刘平，2012）。只要凸显的身份与其他话语（包括命题内容和话语方式）不冲突，潜在买家极大可能会将元话语指向的身份（特质）处理为共享信息。交际对象很可能下意识地将身份元话语指向的信息判定为真实的身份。事实上，本研究认为，在基于文字的网络交际中，交际者有时可以利用元话语的这种规约性来将某些利于其实现交际目标的新信息包装成为"共享信息"。

此外，不管被凸显的身份是否为真，店主为了实现特定交际目标而通过身份元话语凸显该身份本身也是其具有身份的元语用意识的一种体现。店主通常会通过多种话语策略建构同种身份。本研究认为，店主使用身份元话语实质上是对已通过其他话语策略隐性建构的语用身份的一种强化，可帮助交际对象识别其建构的身份，保证交际目标的完成。

❺ 结语

本研究在语用身份论和元语用理论的指导下，以身份元话语作为切入点，分析了店主在淘宝商品描述中显性建构的自我身份，其话语表征及相关原因。结果显示，店主在属性、归属、角色、认同、地位、形象和个性维度凸显了自我身份，通过相应维度的身份元话语实现。通过凸显以上维度的自我身份，店主强化了通过其他话语实践建构的语用身份，并实现了对自身积极身份的凸显，对交际对象消极身份的弱化，以及对双方潜在积极关系的建构或强化。

本研究通过考察网络非实时单向交际丰富了关于身份元话语形态和功能的研究，也通过纳入元语用理论在一定程度上解决了以往身份研究中对于建构身份判断相对主观的问题。

当然，体现交际者身份管理与元话语关系的研究并不囿于身份元话语。本研究受时间限制仅分析了淘宝店主自我身份的元语用意识，将来研究可考察店主对于交际对象和双方关系的元语用意识。此外，考虑到本研究是定性研究，未来研究也可以采用定量研究方法，考察不同身份维度的凸显差异。

- Altman, I. 1973. Reciprocity of interpersonal exchange. *Journal for the Theory of Social Behaviour* 3 (2): 249–261.
- Aron, A., Dutton, D., Aron, E. & Iverson, A. 1989. Experiences of falling in love. *Journal of Social and Personal Relationships* 6: 243–257.
- Benwell, B. & Stokoe, E. 2006. *Discourse and Identity*. Edinburg: Edinburg University Press.
- Bhatnagar, A. & Ghose, S. 2004. Segmenting consumers based on the benefits and risks of internet shopping. *Journal of Business Research* 57 (12): 1352–1360.
- Caffi, C. 1994. Metapragmatics. In R. E. Asher (ed.), *The Encyclopedia of Language and Linguistics*. Oxford: Pergamon Press. 2461–2466.
- Caffi, C. 2006. Metapragmatics. In K. Brown (ed.), *Encyclopedia of Language and Linguistics* (2nd *ed.*). Amsterdam: Elsevier. 82–88.
- Culpeper, J. & Haugh, M. 2014. *Pragmatics and the English Language*. Basingstoke: Palgrave McMillan.
- Davis, M. 1997. Fragmented by technologies: A community in cyberplace. *Electronic Computing and Technology* 5 (1-2): 7–18.
- Forsythe, S., Liu, C., Shannon, D. & Gardner, L. 2006. Development of a scale to measure the perceived benefits and risks of online shopping. *Journal of Interactive Marketing* 20 (2): 55–75.
- Harridge-March, S. 2006. Can the building of trust overcome consumer perceived risk online? *Marketing Intelligence & Planning* 24 (7): 746–761.
- Hyland, K. 2017. Metadiscourse: What is it and where is it going?. *Journal of Pragmatics* 113: 16–29.
- Kleinke, S. & Bös, B. 2015. Intergroup rudeness and the metapragmatics of its negotiationin online discussion fora. *Pragmatics* 25 (1): 47–71.
- Liu, P. & You, X. Y. 2019. Metapragmatic comments in web-based intercultural peer evaluation. *Intercultural Pragmatics* 16 (1): 57–83.
- Montoya, R. & Horton, R. 2004. On the importance of cognitive evaluation as a determinant of interpersonal attraction. *Journal of Personality and Social Psychology* 5: 696–712.

Mesch, G. & Beker, G. 2010. Are norms of disclosure of online and offline personal information associated with the disclosure of personal information online? *Human Communication Research* 36: 570–592.

Mitchell, W. 1995. *City of Bits*. Cambridge: MIT Press.

Rosie, A. 2004. Cyber identities. In G. Taylor & S. Spencer (eds.), *Social Identities: Multidisciplinary Approach*. London: Routledge. 235–252.

Sweeney, J., Soutar, G. & Johnson, L. 1999. The role of perceived risk in the quality-value relationship: A study in a retail environment. *Journal of Retail* 75 (1): 77–105.

Verschueren, J. 2000. Notes on the role of metapragmatic awareness in language use. *Pragmatics* 10 (4): 439–456.

Wood, A. & Smith, M. 2005. *Online Communication: Linking Technology, Identity, and Culture*(2nd ed.). London: Lawrence Erlbaum Associates, Publishers.

Yuan, Z. M. 2020. Identity rhetoric in Chinese radio-mediated medical consultation. *East Asian Pragmatics* 5: 41–65.

Yus, F. 2011. *Cyberpragmatics—Internet-mediated Communication in Context*. Amsterdam: John Benjamins Publishing Company.

陈新仁，2013，语用身份：动态选择与话语建构。《外语研究》（4）：27–32。

陈新仁，2014，语用学视角下的身份研究——关键问题与主要路径。《现代外语》（5）：702–710。

陈新仁，2018，《语用身份论——如何用身份话语做事》。北京：北京师范大学出版社。

陈新仁，2020a，身份工作与礼貌评价。《解放军外国语学院学报》（2）：1–10。

陈新仁，2020b，基于元语用的元话语分类新拟。《外语与外语教学》（4）：1–10, 24。

陈新仁等，2013，《语用学视角下的身份与交际研究》。北京：高等教育出版社。

古小娟、李艺，2007，语言与身份构建：相关文献回顾。《外语学刊》（6）：102–111。

姜晖，2019，元语用研究：概念、应用与展望。《天津外国语大学学报》（4）：138–150。

李慧、李经伟，2013，网络购物会话中的称呼语研究。《解放军外国语学院学报》（5）：11–15。

刘平，2012，元语用话语意义表征与意图表达的语用学分析。《广东外语外贸大学学报》（1）：33–36。

Online Shop Owners' Metapragmatic Awareness of Self-identity Construction: A Study on *Taobao* Merchandise Descriptions

Abstract: In light of pragmatic identity theory and metapragmatics, this study analyzes online shop owners' metapragmatic awareness of identity construction in *Taobao* merchandise descriptions. Through the adoption of identity-indexing metadiscourse, online shop owners highlight their identities on multiple dimensions. These constructed identities help the owners highlight positive features, obscure negative identity features of the buyers, and construct or strengthen the potential positive relations. Through analyzing the one-way asynchronous Internet communication, this study may enrich existing research on the form and function of metadiscourse about identities. It could also help pragmatic identity researchers reduce their subjectivity in identifying identities by incorporating metapragmatic theories.

Key words: identities of online shop owners; identity construction; metapragmatic awareness; merchandise descriptions

（责任编辑：高一虹）

语言学理论研究

"刻意隐喻"的本质与批评
　　——评 Gerard Steen 和 Raymond Gibbs 之辩

论心理空间体与祈使句标记
　　——以达拉特旗晋语"来"字祈使句为例

词汇化和语法化过程中的过渡现象分析
　　——以源于"前置词+名词间接格"形式的俄语副词为例

"刻意隐喻"的本质与批评
——评Gerard Steen和Raymond Gibbs之辩

哈尔滨工程大学 张建丽*

[提 要] 刻意隐喻理论被看作是隐喻研究"话语观"的典型代表,是对传统隐喻认知研究"体验观"的挑战。对此,近十年里这两派的代表人物荷兰阿姆斯特丹大学Gerard Steen教授和加州大学圣特科鲁兹分校Raymond Gibbs教授针对"刻意隐喻"的本质展开了三次针锋相对的辩论,暗示着隐喻研究进入了从概念隐喻理论主导到多元分析视角介入的综合性"生态转向"阶段,值得学界关注。文章结合论辩双方的基本内容,分别从研究对象、研究范式和研究方法三个方面梳理双方论点的主要分歧,然后从本体论、认识论和方法论三个维度予以评析,深入挖掘双方论辩的当代学术价值,以期为隐喻研究进入的"生态转向"提供参考。

[关键词] 刻意隐喻;刻意性;创新性;实验验证

❶ 引言

随着20世纪七八十年代语言研究迎来认知转向,隐喻研究开始跳出传统的辞格研究范式,转而进入思维认知研究的宏观视域。近来,随着多个学科介入到隐喻研究之中,隐喻研究日渐成为一门显学(束定芳,2000)。Steen(2017)在以往隐喻研究基础之上,着眼于隐喻使用所涉及的语言、概念和交际三个维度,把隐喻分为刻意隐喻和非刻意隐喻,并提出刻意隐喻理论(Deliberate Metaphor Theory),[①]这在认

---

* 作者简介:张建丽,哈尔滨工程大学外语系副教授,研究方向:隐喻学、应用语言学。Email: yujingzh2006@163.com。通信地址:150001 黑龙江哈尔滨市南岗区南通大街145号哈尔滨工程大学外语系。
本文得到2020年度教育部人文社科基金项目"美国媒体涉藏舆论的隐性话语蒙蔽机制研究:历时语料库视角"(20YJC740090)和北京外国语大学北京高校高精尖学科"外语教育学(2020SYLZDXM011)"建设项目的支持。

[①] 我们之所以把deliberate一词翻译成"刻意的",是因为Steen在论著中多次讨论了deliberate和deliberative的区别,前者强调有意识的元语用意识,后者侧重的是慎重地使用语言。因此,我们参照国内语用学专家对于deliberate一词的翻译[例如,何自然和申智奇(2004)将deliberate misinterpretation翻译为"刻意曲解"],将deliberate metaphor翻译为"刻意隐喻"。

知语言学、心理学、语用学等领域产生了强烈反响（孙毅、陈朗，2017）。例如，刻意隐喻理论能够解决概念隐喻理论范式所无法解决的隐喻在线使用问题（Gibbs & Chen，2017）以及隐喻使用中元语用意识同信息传递的有效性之间的关系问题。以往一些学者针对这些问题尝试其他的解释性出路，如关联理论（Relevance Theory）（Sperber & Wilson，2008）以及隐喻生涯理论（Career of Metaphor Theory）（Gentner & Bowdle，2008），但相关问题的解决并未在学界达成共识。

刻意隐喻理论的出现使人们意识到，并不是所有的隐喻使用都需要依靠概念跨域映射的解释机制，或许还应该涵盖交际维度。2011年《隐喻与社交世界》（*Metaphor and Social World*）第1卷第1期刊发了一组题为《推动刻意隐喻论辩》（Advancing *the Debate on Deliberate Metaphor*）的论文，包括Raymond Gibbs、Gerard Steen、Alice Deignan以及Cornelia Müller在内的国际知名隐喻研究学者以专题研讨的形式从多个角度深入地探讨了刻意隐喻现象，这可以看作是双方后续多个回合论辩的缘起。纵观整个语言学发展史，这种针对同一学术问题而展开的时间跨度长、话题针对性强、所属学科跨度大的学术梳理性论辩较为少见，而超越有关隐喻问题论辩本身的不同学科之间的多回合交流表明了隐喻研究中学科融合的可能性、可行性和必要性，因此具有里程碑意义。本文旨在审察上述三场辩论，梳理双方的辩论焦点，力求深化对于刻意隐喻的理论思辨和实证认识。

❷ 辩论缘起

概念隐喻理论的传统观点认为：隐喻运作是自动的无意识过程；隐喻研究的重心在概念层面而不是语言使用层面（Rasulić，2017）。Steen（2008）提出了截然不同的看法：隐喻的使用并非总是自动的或者无意识的；隐喻研究的重心不应只是关注概念层面，还应该兼顾隐喻使用中的刻意性。为此，Steen尝试从社会认知心理学的角度对隐喻使用提出全新的解释。他认为隐喻研究首先要区分刻意隐喻和非刻意隐喻两种：前者的解释机制是跨域映射，而后者的运作机制则是依靠语义消歧（Steen，2017）。因此，刻意隐喻才应该是隐喻研究应关注的重点。以Steen为代表的隐喻研究"话语派"不但将隐喻研究"体验派"的研究对象外延缩小到刻意隐喻上，还对于不同类型的隐喻运作机制予以区分。

Steen对于传统隐喻研究结论的否定很快遭到了Gibbs（2011a，2011b）及其合作者（Gibbs & Chen，2017）的质疑，而Steen对相关质疑也立即作出回应，相关几轮交锋成果分别发表在2011年《隐喻与社交世界》（*Metaphor and Social World*）第1卷第1期上。2015年，两位学者首次针对刻意隐喻理论的实证性验证进行了一场文辩，均发表在《语用学杂志》（*Journal of Pragmatics*）上；2017年，两位学者再次针对刻意隐喻理论的核心概念撰文辩论，均发表在《跨文化语用学》（*Intercultural Pragmatics*）上。三次论辩总共涉及8篇文章，第一次论辩3篇，第二次论辩3篇，第三次论辩2篇。2017年《隐喻与社交世界》（*Metaphor and Social World*）第1卷第1

期邀请Steen和Gibbs分别独立回答20个与隐喻研究有关的问题，二者的回答同样针锋相对，互不让步。Steen和Gibbs围绕隐喻使用的刻意性展开了激烈的辩论，这为揭示刻意隐喻的实质与理据提供了多元视角。

❸ 辩论焦点

概括来说，Steen和Gibbs两位学者有关刻意隐喻的辩论主要是围绕以下三个问题展开，分别对应了隐喻研究"体验观"和"话语观"在研究对象、研究范式和研究方法上的明显差异。

第一，就研究对象而言，刻意隐喻理论是否有必要区分刻意隐喻和非刻意隐喻？

基于隐喻使用所涉及的元语用意识、意向性分层以及焦点域切换等特点，Steen（2011a，2011b）认为有必要把隐喻划分为刻意隐喻和非刻意隐喻。首先，Steen对于传统隐喻研究观点"隐喻运作的基本前提是一个无意识的自动化过程"表示质疑，并批评性地指出并非所有的隐喻使用都是如此。例如，与一般性隐喻用法不同，当隐喻被明显地作为隐喻来使用时就会表现出明显的元语用意识倾向。例如，数学教师向学生介绍合并同类项时，将"项"比喻成"包子"和"油条"：某人请好友吃早点，自己吃了1根油条和2个包子，好友吃了2根油条和1个包子。结账的时候会说："我们吃了3根油条和3个包子"而不是"吃了1根油条和2个包子，2根油条和1个包子"。此时"包子"和"油条"就是数学老师为了让学生容易理解合并同类项概念所刻意采取的说法，就导致了刻意隐喻现象。与之相比，非刻意隐喻则不具备这种明显的元语用意识特征。其次，鉴于包括一般隐喻在内的语言使用都具有意向性，那么具有元语用意识凸显特点的刻意隐喻使用则具有双重意向性。再次，隐喻的刻意用法不断关注命题表征的同时也在监控源域作为独立域的运作过程。因此，当语言使用者以"战争"的隐喻方式来谈论"争论"的时候，他们会把战争的源域作为单独的所指域予以关注，而非刻意隐喻则不具备这样的焦点域切换特征。基于上述几点，Steen认为刻意隐喻同非刻意隐喻之间存在着本质性区别，值得学界充分关注。与此同时，Steen提醒注意"刻意的（deliberate）"和"审慎的（deliberative）"以及"非刻意隐喻（non-deliberate metaphor）"和"规约隐喻（conventional metaphor）"这几个术语之间的区别，并认为对于上述几个术语的误解是Gibbs（2015）以及Gibbs和Chen（2017）对刻意隐喻理论存在误读的重要原因。

Gibbs（2015：117）以及Gibbs和Chen（2017：77）则从隐喻的修辞性、普遍性与可识别性角度出发，质疑Steen针对刻意隐喻和非刻意隐喻的二分法。首先，Gibbs强调，隐喻使用的刻意性同以往修辞学领域的隐喻创新性与诗性功能并无区别，Steen的上述刻意区分只是一种徒劳的复古性尝试。刻意隐喻理论容易误入多年前一些语言学家认为隐喻使用具有独特属性的老路，因此不具有任何的理论创新性与方法论价值。其次，就普遍性而言，刻意隐喻的数量十分稀少，并不具有研究的普遍性意义；加之许多刻意隐喻标记词往往也同非刻意隐喻一起出现，因此刻意隐喻的普遍性值得商榷。再次，Gibbs 和 Chen（2017）提出，Steen 对刻意隐喻与非刻意隐喻的区分十分武断：一方面，即便有文本语境作为支撑，语言研究者也很难确定语言使用者使用隐喻时是否具有刻意性；另一方面，虽然 Steen 给出了刻意隐喻判断的五步分析法，但其隐喻刻意性判定忽略了人类认知的复杂性。例如，刻意性的出现可能源自沿着时间轴而展开的多个交互力量的互动（Gibbs & Chen, 2017），并且刻意隐喻理论对于隐喻使用中的心理过程、交际效果以及此间的复杂性之间的关系始终交代不清。

第二，就研究范式而言，刻意隐喻理论引入交际维度是否具有创新性？

Steen 认为当代隐喻研究普遍忽视了隐喻使用所涉及的交际维度。因此，他颇具创新性地将交际维度引入刻意隐喻理论之中。Steen（2017）指出，隐喻不仅仅是思维的问题（概念结构桥接不同的概念域或心理空间），还是语言的问题（语境中的语言结构至少表达思维当中跨域映射的一个方面），更是一个交际的问题（语言结构背后的语境信息分析表明隐喻作为一种独特的交际工具具有特殊的交际价值）。正如前文所举的数学老师用"包子"和"油条"来比喻同类项的例子中所见，元语用维度的凸显可以看作是刻意隐喻理论的一个重要创新点。在此基础之上，Steen（2008，2017）建构了隐喻研究的三维模型，并强调刻意隐喻理论把隐喻使用的刻意性作为交际的起点可以为隐喻研究提供全新的解释。其一，与传统隐喻认知理论不同，刻意隐喻理论认为并非所有的隐喻运作都是参照概念跨域映射而生成，刻意隐喻依靠的是概念跨域映射，而非刻意隐喻依靠的则是语义消歧；其二，当隐喻具有特殊的交际策略性时，它是一种应对当前交际语境的特定话语选择，此时的刻意性不能用单纯的认知语言学思想加以解释，需要话语分析思想的介入才能还原隐喻运作的全貌。通过进一步追问"隐喻通过比较或跨域映射而得以处理的条件、功能与意义"等问题，Steen（2017）认为刻意隐喻理论并未像 Gibbs 所说的那样忽略了概念隐喻理论，更未全盘予以否定，而是批评性地继承并推进了概念隐喻理论的发展。

Gibbs（2015）却认为刻意隐喻理论不具有创新性，其所倡导的三维模型根本没有实际意义。原因有三：第一，尽管刻意隐喻理论表面上强调在隐喻分析中引入了交际维度，但是刻意隐喻理论研究学者却陷入一个二元的思维困境当中，并且忽略了交际维度的动态复杂性。大多数情况下，隐喻性是存在于解读者的思维当中，并且是一种不同动态限制条件协调共变而涌现的结果，而不是人们如何以隐喻方式说话或者做事的起点（Gibbs, 2011a）。第二，Gibbs 认为刻意隐喻理论的所谓创新性，是建立在忽视大量过往隐喻心理认知文献之上的一种吹嘘，坚持摈弃概念跨域映射的思想有一刀切之嫌。隐喻理解中跨域映射绝对不是刻意隐喻理论所认为的"要么是 0，要么是 1"的二元切分关系，而是一个具有连续性变化的程度关系。第三，由于刻意隐喻理论在刻意隐喻识别的程序性、心理现实性以及意识性处理上存在描述充分性与解释充分性缺陷，因此，一方面，它不能很好地解释隐喻阐释的即时动态过程的条件刻意性与方式；另一方面，在刻意隐喻理论研究团体内部，对于刻意隐喻标记集合也有不同声音，并且从来没有澄清为什么这些刻意隐喻标记同非隐喻语言会一起出现。基于以上几点，Gibbs 和 Chen（2017）认为刻意隐喻理论谈不上是对概念隐喻理论的改进与兼容，而是对概念隐喻理论的彻底否定。加之自身矛盾重重，刻意隐喻理论很难名副其实地做到该派学者所说的为当代隐喻研究提供一个全新改进的"研究方法"（Steen，2008）。

第三，就研究方法而言，刻意隐喻理论是否支持理论假设的实证检验？

Steen 认为刻意隐喻理论完全支持理论假设的实证检验，具体表现为过往实证研究和一手实证研究两个方面。就以往实证研究而言，一方面表现为过往实证研究对于刻意隐喻理论的支持，例如 Musolff（2004）成功地应用刻意隐喻理论来阐释隐喻的跨文化变异；另一方面表现为刻意隐喻理论批评研究中使用了刻意隐喻作为刺激项而不自知（如 Gibbs，2011b）。就一手实证研究而言，刻意隐喻理论所驱动的实证研究可以分为两类：基于语料库的量化研究和心理语言学的实验研究。就前者而言，基于刻意隐喻识别法和五步分析法（Reijnierse et al.，2015），以 Steen 为首的荷兰隐喻实验室研究团队针对阿姆斯特丹自由大学隐喻语料库系统地呈现了刻意隐喻和非刻意隐喻在四种不同语域以及主要词类中的分布特点。就实验研究而言，刻意隐喻理论主要采取心理语言学的实验法来检验刻意隐喻的特定语言形式是否在理解维度上产生不同效果，并且得到了具有创新性的研究结论（Krennmayr et al.，2014；Reijnierse et al.，2015）。与此同时，Steen（参见 Rasulić，2017）强调：刻意隐喻理论一直特别珍视实证研究的重要性并且已经着手展开相关探讨。Steen 坦言，心理实验检验的确十分必要（Steen，2008），但是这需要建立在夯实的理论模型与预测之上，否则就会导致仓促的实验检验（例如，Gibbs 2015 年的研究设计过于仓促，研究材料过于粗糙，研究样本量根本不具有统计学意义），其粗糙的结论不但误导后续研究者，而且对于科学客观地认识刻意隐喻理论毫无益处。有关刻意隐喻理论和实证研究的关系，Steen（2008，2017）着重指出：刻意隐喻理论需要时间来完成实验研究，以便更好地验证理论建模与基本假设。例如，认知语言学的隐喻实验研究花了 10 年才起步；基于关联理论以及系统动态方法而展开的隐喻实验研究和刻意隐喻理论一样凤毛麟角（Tendahl & Gibbs，2008）。因此，如果因为刻意隐喻理论在短时间内不能解决所有问题就否定它，这既不现实，也有失公允。

Gibbs（参见 Rasulić，2017）则从基本假设的文献支撑和实证检验等方面坚持认为刻意隐喻理论不具有实证性。第一，大量的语言隐喻研究文献和非语言隐喻研究文献显然很难认同刻意隐喻理论所坚持的观点；第二，刻意隐喻理论所倡导的词汇消歧解释，从未表明体验性隐喻知识在人们处理在线隐喻识解的过程中予以激活。这样的话，词汇消歧论不能用来反驳大多数过往文献——即隐喻源域的体验性基础常常作为语言使用者揭示隐喻话语的常规部分而被激活；第三，参照刻意隐喻理论的基本理论框架，Gibbs（2015）通过检验规约隐喻与不同语用标记语（它们被看作是刻意隐喻的标记）（不）共现情况下，语言使用者有意识地理解的情况来证伪刻意隐喻理论。结果发现：大多数据并未确认刻意隐喻理论的主要实证推测，有关语用标记语可以提高语言使用者对于规约隐喻背后跨域映射的解读这一观点，有待进一步验证。因此，Gibbs（2011a, 2015）一直对于刻意隐喻理论心理现实性深表怀疑。综上所述，刻意隐喻理论在实证研究的问题上任重道远：一方面，刻意隐喻理论必须对于规约隐喻理解提供实验研究证据；另一方面，刻意隐喻理论必须从实证上展示语用标记语的确可以在隐喻语言产出与解释的过程中导致隐喻性和跨域映射的刻意性判断。否则，Gibbs认为刻意隐喻理论很难摆脱草率的"空谈"之嫌。

❹ 几点评价

综合考察Steen和Gibbs的几番辩论，双方的根本分歧主要源于两人的不同分析视角。

Steen的研究基于语言学所倡导的"结构—功能"视角。根据这一研究视角，语言结构被看作是与语言功能相互适应以便满足具体交际需要的结果。其中，一个重要的表现就是语言结构被看作是语言使用者实现既定交际目的的一种策略性选择。因此，当隐喻常被描述成人们进行交际的工具时，就不再独立于语言使用者，也不是一成不变的。首先，它需要始终不断地顺应不同的交际意图和使用环境。Steen发现，在描述语言隐喻的意义、解释其形式时，我们经常需要参照其得体使用的条件。由于隐喻使用具有不同的突显程度，它们在人类"社会心智"（minds in society）这一加工媒介中的处理方式并不相同，这与元语用学（metapragmatics）的观点基本一致（Liu & Ran, 2016）。正是出于这样的观察视角，Steen将刻意隐喻的使用视为语言使用者为了适应环境需要而提取出来的一种语言策略，其具体使用过程可以看作是隐喻所表征的话语焦点在源域和标域之间映射与切换的功能聚焦过程。

与Steen不同，Gibbs的研究植根于心理学所主张的"过程—结果"视角，侧重隐喻的概念信息传递和心理效度检验，而非与现实交际推进相关的话语动机。依据隐喻的心理学研究，语言使用者遇到话语中的规约隐喻与新奇隐喻时所做出的某些特定意义推理之间存在着紧密的联系（Gibbs, 1994）。据此，Gibbs认为：当语言使用者遇到规约隐喻和反映有关不同源域和标域互动方式的新奇隐喻推理的时候，他们会做出详细的隐喻推理，并非只有特殊的所谓刻意隐喻理解才传递隐喻信息。因此，刻意隐喻理论如果想要获得学术界的认可，必须明细确定刻意隐喻的具体标记，限定其解释范畴，同时澄清刻意隐喻判断的时机以及这种判断如何影响在线隐喻处理。

由上可见，两位学者都十分关注刻意隐喻的本质，其研究对象从以往的意识层面转移到元语用意识上来，特别是言者意图建构和听者理解引导过程中刻意隐喻的使用和效用之间的关系。Steen和Gibbs之间的分歧比较明显，源自他们对于刻意隐喻的不同视角与焦点差异。Steen（2017）尝试从话语建构的角度出发，自然更加关注刻意隐喻的话语动机以及它对交际活动推进的历时影响；Gibbs（2015）以及Gibbs和Chen（2017）则侧重从共时的概念表征与加工本身出发，关注信息传递的认知属性与隐喻理解的解释机制。两位学者选取的实例反映了他们研究切入视角的差异。Gibbs(2015)以及Gibbs和Chen(2017)的例子大多与论辩语篇相关,如医学阐释与学术论辩。在这样的例子中,语言使用者的目的性明确,说话人必须注意话语措辞以便更好地传递交际信息,以便实现"劝说"的目的。因此,Steen认为:刻意隐喻具有充分的交际理据性,其存在意义在于帮助语言使用者实现既定的交际目的。与Steen不同,Gibbs(2015)和Rasulić(2017)所举出的例子大多带有离境化特点,如小说和诗歌。在这种交际语境程度较弱的语篇中,说话人往往只关注概念的表达,不存在劝说或者论辩等交际性语用动机。此时,隐喻理解以读者或者听者自身的背景知识为基础,只要依靠概念跨域映射就可以完成隐喻解读。因此,Gibbs认为完全没有必要大费周章地区分刻意隐喻和非刻意隐喻。

无论是Steen还是Gibbs及其合作者,都希望通过学术交锋与对话来澄清刻意隐喻的本质。诚如Steen(2017)所言,刻意隐喻理论绝对不是要否定概念隐喻理论,而是尝试提供互补而不是冲突的研究路径,从而构建更全面的隐喻认知理论(Gibbs & Chen,2017)。纵观刻意隐喻理论和概念隐喻理论代表人物几个回合的论辩,尚有以下三点需要引起关注,以便更好地推进隐喻理论研究与实证研究的发展。

第一,在本体论上,Steen和概念隐喻理论的互补策略可以更为清晰地廓清彼此基于学科发展目标而圈定的研究对象,进而避免各自发展道路上所面临的本体性悖论。一方面,Steen的研究外延属于Gibbs研究外延的子集,因此更有针对性。但同时也面临着过于个性化而失去普遍性的悖论;另一方面,Gibbs的研究也面临着过于普遍而不够精专的泛化问题。Steen和Gibbs分别从不同角度展开语言隐喻研究,二者的互补性结合无疑会提升各自的解释力度,并且以彼此为发展参照,以免在研究对象的本体认知上失之偏颇。具体来说,第一,Steen侧重隐喻同认知交际原则、认知交际机制和认知交际过程的关系;而Gibbs更为关注隐喻同认知方式、具身体验以及神经传导之间的关系。第二,Steen关注隐喻的交际属性与认知属性的人际互动,Gibbs则强调隐喻认知属性的心智表征;第三,Steen对于具体交际语境下语言使用的隐喻产出与理解比较感兴趣,他认为二者不但与交际的具体意向有关,而且凸显元语用意识的监控作用(如前文数学老师的比喻),Gibbs比较看重抽象的离境化或常规化隐喻表达与概念隐喻的表征。上述种种差异不但说明了Steen和Gibbs论辩中具体的视角差异与举例倾向,还显示出刻意隐喻理论是对于关联理论(Relevance Theory)等有关语言隐喻问题的进一步追问(Wilson,2011:178),并回答了关联理论没有回答的"交际者为何使用隐喻"的核心问题。因此,刻意隐喻理论(Steen,2017)和关联理论(Wilson,2010;Rasulić,2017)都可以被看作是概念隐喻理论的竞争性理论。

第二,在认识论上,Steen和Gibbs的互补性探索对于完整的隐喻理论建构具有一定借鉴意义。Gibbs的批评为刻意隐喻理论对于隐喻的解释提供了可对比的理论参照基础,不但增强了刻意隐喻理论范式阐释的可信度,也保证了刻意隐喻理论发展的理论文献继承性。Steen所研发的刻意隐喻识别程序以及五步分析法为概念隐喻理论提供了检验隐喻假设的第二条出路，为概念隐喻理论理论建构批评提供了全新视角，有助于促使其展开良性修正。刻意隐喻源自于通过概念焦点的跨域调控而实现既定交际目标，非刻意隐喻则用来完成一般性概念信息的清晰表征与传递。二者正好对应了Wilson对于隐喻缘起的观点：刻意隐喻证明一些语言隐喻（表现为跨认知域的映射关系）起源于语言交际，而非刻意隐喻则根源于思维（Wilson, 2011: 178）。因此，Steen的这一发现对于反思概念隐喻理论关于语言隐喻理解中的深层认知机制具有重要启发意义。值得一提的是，Steen团队还针对转喻和夸张等更具普遍性的语言、认知和交际现象展开具体研究，力求实现自身研究范式同概念隐喻理论的全方位对比。毫无疑问，Steen和Gibbs在上述维度上的互补性批评与论辩式交锋令人欢欣鼓舞，也让我们看到了理论范式健康发展的良性进步。

第三，在方法论上，Steen和Gibbs对于定量（实证研究）和定性研究（思辨研究）均赋予充分的重视，但是重心各异。二者分析视角的差异决定了Steen采取的是"先假设，后检验"的研究思路，而Gibbs则是采取"先实验，后思辨"的研究路径。由于刻意隐喻理论当下正处于逐步完善阶段，因此Steen把更多的注意力放在理论建构之上无可厚非，好在Steen已经把刻意隐喻理论的实证研究提上了主要日程。由于概念隐喻理论已经经历了发展完善期，理论思想已经比较成熟，因此Gibbs侧重概念隐喻理论及其竞争理论刻意隐喻理论和关联理论的实证检验性批判与反思也就不足为奇。从互补的角度看，刻意隐喻理论比较关注隐喻使用的有效性，尤其是刻意隐喻的形式、功能与交际效果之间的关系。由于刻意隐喻和传统修辞学隐喻都比较强调隐喻的创新性，加之后者对于修辞效果的解读往往基于印象与直觉，因此刻意隐喻理论合理吸取Gibbs所倡导的"过程—结果"实证研究方法可以有效避免这一刻板印象所附带的负面后果。Steen团队提出的刻意隐喻识别程序（Pragglejaz Group, 2007）以及五步分析法（Steen, 2017）就是这样的一种前期努力，这也是后续展开心理过程实验的重要前提。由于Gibbs（2015, 2017）比较关注规约隐喻中的概念处理，特别是话语背后的概念隐喻如何解释隐喻产出与含义，因此概念隐喻理论也常常深陷于"概念隐喻和语言隐喻孰先孰后"的"鸡生蛋、蛋生鸡"的悖论当中。参考刻意隐喻理论的研究视角来调整隐喻研究对象的外延或许是一条出路：不再纠结于二者先后顺序，而是在具体语境化背景下从概念隐喻和一般隐喻之间的互动关系入手展开理论批评与实证检验。这样，不但更加符合Gibbs（参见Rasulić, 2017）新近所倡导的隐喻动态生成论，而且刻意隐喻理论对于微观语境模型的设计和对元语用意识的管控做出很好的表率，值得概念隐喻理论借鉴。

❺ 结语

发生在Steen和Gibbs之间针对"刻意隐喻本质"的一系列辩论进一步强化了人们对于刻意隐喻现象的认识：刻意隐喻并非单纯的语言现象，而是一种复杂的社会现象，是社会心理等多方面因素综合作用的结果。我们认为，对于刻意隐喻需要引入多元化的分析视角，只有这样才能避免"一家之言"带来的认识上的偏颇，同时避免隐喻主观性这把"双刃剑"的消极效应。作为隐喻研究者，面对这一轮时间跨度近十年的学术论辩，我们必须保持审慎的学习态度，力求在博采众长的基础上结合本土化的语料而有所作为。值得一提的是，在这一系列的论辩中，中国学者（Xu et al., 2016）积极参与其中，有理有据地展开国际学术对话与争鸣。2017年5月在南丹麦大学召开的全球隐喻研究大会专题研讨会上，与会学者一致认为隐喻研究即将步入"生态转型"，隐喻研究需要逐渐走出"头脑（和身体）"，而将其看作是一种"行为（doing）"。我们相信，随着刻意隐喻理论的日趋完善，它对于21世纪隐喻研究愈加倾向于整合思维、情感和行为等多个维度均具有一定的参考意义，值得学界关注。

- Gentner, D. & Bowdle, B. 2008. Metaphor as structure-mapping. In R. Gibbs (ed.), *The Cambridge Handbook of Metaphor and Thought*. Cambridge: Cambridge University Press. 109–128.
- Gibbs, R. 1994. *The Poetics of Mind: Figurative Thought, Language, and Understanding*. Cambridge: Cambridge University Press.
- Gibbs, R. 2011a. Evaluating conceptual metaphor theory. *Discourse Processes* 48: 529–562.
- Gibbs, R. 2011b. Are deliberate metaphors really deliberate? A question of human consciousness and action. *Metaphor and the Social World* 1: 26–52.
- Gibbs, R. 2015. Do pragmatic signals affect conventional metaphor understanding? A failed test of deliberate metaphor theory. *Journal of Pragmatics* 90: 77–87.
- Gibbs, R. & Chen, E. 2017. Taking metaphor studies back to the Stone Age: A reply to Xu, Zhang, and Wu (2016). *Intercultural Pragmatics* 14 (1): 117–124.
- Krennmayr, T. & Steen, G. 2014. The VU Amsterdam metaphor corpus. In N. Ide & J. Pustejovsky (eds.), *Handbook of Linguistic Annotation*. Berlin: Springer. 1053–1071.
- Liu, P. & Ran, Y. 2016. Creating meso-contexts: The functions of metapragmatic expressions in argumentative TV talk shows. *Intercultural Pragmatics* 13 (2): 283–307.
- Musolff, A. 2004. *Metaphor and Political Discourse: Analogical Reasoning in Debates about Europe*. Basingstoke: Palgrave Macmillan.
- Pragglejaz Group. 2007. MIP: A method for identifying metaphorically used words in discourse. *Metaphor & Symbol* 22: 1–40.

- Rasulić, K. 2017. A metaphor biangle: Raymond W. Gibbs, Jr. and Gerard J. Steen. *Metaphor and Social World* 1(7): 130–151.
- Reijnierse, G., Burgers, C., Krennmayr, T. & Steen, G. 2015. In search of a framing effect. Metaphor and the social world. *The Political Impact of Metaphors* 5: 245–263.
- Sperber, D. & Wilson, D. 2008. A deflationary account of metaphor. In R. Gibbs (ed.), *The Cambridge Handbook of Metaphor and Thought*. Cambridge: Cambridge University Press. 84–105.
- Steen, G. 2008. The paradox of metaphor: Why we need a three-dimensional model of metaphor. *Metaphor and Symbol* 23 (4): 213–241.
- Steen, G. 2011a. The contemporary theory of metaphor—now new and improved! *Review of Cognitive Linguistics* 9 (1): 26–64.
- Steen, G. 2011b. Metaphor, language, and discourse processes. *Discourse Process* 48 (8): 585–591.
- Steen, G. 2017. Deliberate Metaphor Theory: Basic assumptions, main tenets, urgent issues. *Intercultural Pragmatics* 14 (1): 1–24.
- Tendahl, M. & Gibbs, R. 2008. Complementary perspectives on metaphor: Cognitive Linguistics and relevance theory. *Journal of Pragmatics* 40: 1823–1864.
- Wilson, D. 2010. Parallels and differences in the treatment of metaphor in relevance theory and cognitive linguistics. *UCK Working Papers in Linguistics* 22: 41–55.
- Wilson, D. 2011. Parallels and differences in the treatment of metaphor in relevance theory and cognitive linguistics. *Intercultural Pragmatics* 8 (2): 177–196.
- Xu, C., Zhang, C. & Wu, Y. 2016. Enlarging the scope of metaphor studies. *Intercultural Pragmatics* 13: 439–447.
- 束定芳，2000，《隐喻学研究》。上海：上海外语教育出版社。
- 孙毅、陈朗，2017，蓄意隐喻理论的学术进路。《现代外语》（5）：715–724。

The Nature and Criticism of Deliberate Metaphor: A Review of the Debates between Gerard Steen and Raymond Gibbs

Abstract: As a prototype of the "discursive view" of metaphor studies, Deliberate Metaphor Theory poses some challenges against the "embodied view". Two leading scholars for the two respective views, Professor Gerard Steen from Metaphor Lab of Amsterdam and Professor Rymond Gibbs from University of Berkeley (Santa Cruz), had three rounds of debates on the nature of deliberate metaphor, implying that metaphor study has now switched into a multi-disciplinary "Ecological Turn" from the previous conceptual metaphor stage, which deserves due attention from the academia. This paper attempts to review the oppositions of the two sides regarding research object, research paradigm and research methods, and offers critical comments in terms of ontology, epistemology and methodology, with a hope to highlight academic values of the debates and offer insights for the "Ecological Turn" of metaphor studies.

Key words: deliberate metaphor; deliberateness; originality; experimental test

（责任编辑：高彦梅）

论心理空间体与祈使句标记
——以达拉特旗晋语"来"字祈使句为例

北京大学　刘雨晨*

[提　要]　本文通过对达旗话[①]祈使句末助词"来"进行分析，提出句法上存在编码心理空间体（psychological aspect）的投射，它与时间维度的体（temporal aspect）投射、空间维度的体（spatial aspect）投射（Hu, forthcoming）等，都是Wiltschko（2014）所提出的感知事件的视角（Point of View）在语言中的不同实现方式。本文提出达旗话"来"正是一个心理空间体标记，表示事件在心理上趋近于说话人，即将说话人纳入vP所指事件域中，要求vP在句法上为核查[+involve-1st]特征提供可能，解释了"来"字祈使句的一系列特殊表现，如：隐含主语只能理解为"咱"、无状语时第二人称代词作主语不合法等。

[关键词]　"来"；祈使句；劝告句；说话人；心理空间体

❶ 引言

　　汉语的祈使句语义上常表达命令、建议、请求以及与之相反的禁止、劝阻、乞免等（袁毓林，1993）；形式上主语既可以是第二人称代词"你、您、你们"，此时主语可以省略，也可以是第一人称[②]包括式代词"咱们"或用作包括式的"我们"（朱德熙，1982）。

　　然而，达旗话句末有助词[③]"来"的祈使句却在语义和形式上均与一般祈使句

---

* 作者简介：刘雨晨，北京大学中文系博士研究生，研究方向：汉语方言学、理论句法学。Email：liuyuchen330@126.com。通信地址：100871 北京市海淀区颐和园路5号北京大学中文系。
[①] 达拉特旗位于内蒙古自治区鄂尔多斯市北部，北临黄河，与包头市隔河相望，是一个汉族占大多数的多民族聚居区，少数民族人口约占4.5%，其中以蒙古族为主。官方语言为汉语普通话和蒙古语，但当地人在日常生活中使用一种汉语方言，《中国语言地图集（第2版）》将其划归为晋语大同—包头片。为行文简洁，后文将该种方言简称为"达旗话"。该方言为笔者母语方言，本文语料来自日常生活对话的记录和笔者自拟，自拟例句与其他母语者进行过确认。
[②] 为简便起见，后文将分别用[1ˢᵗ]、[2ⁿᵈ]、[3ʳᵈ]来指代第一人称、第二人称和第三人称。
[③] 助词（particle）是个理论前（pre-theoretical）概念，即还没有在理论上确定其性质的概念（刘丹青，2002）。因为尚未从句法上给"来"定性，所以此处暂称"来"为"助词"。

不同。

[1]　a. 吃饭去（哇）！（（你/你们/*咱们）吃饭去（吧）！）
　　　b. 吃饭去来！④（（咱们）一起吃饭去吧！ /*你吃饭去吧！）

例[1]a为不含"来"的祈使句，语义是对听话人的命令，省略的主语只能理解为[2nd]代词"你/你们"，而不能是其他人称的代词。例[1]b是句末有"来"的祈使句，与例[1]a相对，语义只能是邀请听话人一起做事，而不能是对听话人的命令；省略的主语只能理解为[1st]包括式代词"咱"，而不能是[2nd]代词。

不过，若放眼世界其他语言，这种现象又似乎不算特异。汉语学界的祈使句在国际语言学界对应两种句类，主语为[2nd]称"祈使句（imperatives）"，主语为非[2nd]称"劝告句（hortatives）"⑤（van der Auwera et al., 2008）。主语为[1st]包括式复数的"劝告句"存在于很多语言中，如下文韩语的例子：

[2]　Cemsim-ul　　sa-ca
　　　Lunch-ACC　　buy-EXH
　　　Let's buy lunch.　　　（Zannuttini et al., 2012: 1234）

句末的"ca"即是韩语的[1st]包括式"劝告句"标记。从例[1]b来看，达旗话祈使句末"来"的功能似乎与韩语的"ca"很相似。但本文要指出，达旗话"来"字祈使句与广泛存在于其他语言的"劝告句"其实并不相同，我们用例[3]来说明。

[3]　你也跳绳去来！（你也（和我们一起）跳绳去吧！）

该例的主语并非[1st]包括式，而是[2nd]单数"你"，但句末却仍可以出现"来"。语义上，该例并不表示对"你"的命令，而仍表示说话人邀请听话人一起做某事，与主语隐含的例[1]b语义完全一致。换言之，达旗话"来"字祈使句无论句法主语是什么，语义上总表达说话人邀请听话人一起做某事，"说话人"总是事件的行动者之一。而其他语言中的[1st]包括式"劝告句"其句法主语或省略，或为[1st]包括式复数代词，绝不可能是[2nd]代词；主语若为[2nd]代词，便不与"劝告句"标记兼容，只能是狭义的"祈使句"，表示命令或建议听话人做某事，无法将说话人也包括在内（van der Auwera et al., 2008）。

---

④ 例[1]b中的"来"与做主要动词或趋向补语的"来"不同，它不含任何趋向义，这从它与趋向动词"去"连用可以看出来。
⑤ 克里斯特尔（David Crystal）（编），沈家煊（译）(2000: 173)《现代语言学词典（第四版）》将"hortative"译为"劝告情态"。本文着眼于专门用来表达这类情态意义的句类，同时也为了和"祈使句"形成对应，因而译为"劝告句"。

我们初步展示了达旗话"来"字祈使句[6]与汉语普通话的一般祈使句及其他语言的[1st]包括式"劝告句"均不相同。那么,"来"的句法性质到底是什么?上文所显示的句法与语义的错位如何解释?本文即围绕这些问题展开。

❷ 祈使句末"来"的表现

根据句法主语的不同,"来"字祈使句可分为如下三类:1. 主语为[1st]包括式;2. 主语为[2nd];3. 主语为[1st]单数/排除式复数。

2.1 主语为第一人称包括式

达旗话"来"字祈使句的主语可以为[1st]包括式代词"咱",如:

[4]　a. 咱们上街去来!(咱们上街去吧!)
　　　b. 咱打扑克儿来!(咱们打扑克吧!)

当主语隐含时,默认解读只能是"咱",不能是[2nd]代词,如:

[5]　a. 上山摘桑树瘤瘤去来!((咱们一起/*你/*你们)上山摘桑葚去吧!)
　　　b. 写完作业就抓羊骨骨来!((咱们/*你/*你们)写完作业就玩儿抓羊骨吧!)

例[5]a不能解读为"(你/你们)去上山摘桑葚去吧!",而对应的普通话译文若去掉括号内的主语,则有两种解读——主语为"咱们"或"你/你们"。例[5]若去掉"来",则隐含主语只能是[2nd]代词,如例[6]所示:

[6]　a. 上山摘桑树瘤瘤去!((你/你们/*咱们)上山摘桑葚去!)
　　　b. 写完作业再抓羊骨骨!((你/你们/*咱们)写完作业再玩儿抓羊骨!)

全句表示对听话人的命令,不能理解为说话人邀请听话人一起行事。
这类句子虽与汉语常见的祈使句不同,但似与很多语言中的[1st]包括式"劝告句"类似。不过,下一小节将说明二者其实并不相同。

2.2 主语为第二人称

引言已经提到"来"字祈使句主语可以是[2nd]代词,但事实上这样的使用是有

---

[6] 本文仍然采用"祈使句"这一名称的原因在于,虽然上文陈述了"祈使句""劝告句"的分野,在很多语言中它们的句法手段也确实不同,如:英语;但同时在很多其他语言中,这二者采用一致的句法和形态手段,只是主语人称不同。很多学者认为在这样的语言中,"劝告句"应当被视为"祈使句"的下位小类(参见 Azkue, 1925;Zannuttini, 2008;Alcázar & Saltarelli, 2014 等)。汉语显然属于后者,因此下文仍将"来"字句归类为祈使句。

限制的，单独的[2nd]主语并不合法，如例[7]所示：

[7]　a. *你给老师送作业本去来！（你（和我）给老师送作业本去吧！）
　　　b. *你跳绳去来！（你（和我们一起）跳绳去吧！）

要使[2nd]主语合法有两种策略，一为加上介词短语"和/跟我/我们"作伴随状语，一为加上副词"也"作状语。

介词短语"和/跟我/我们"作伴随状语的例句如下：

[8]　a. 你和我给老师送作业本去来！（你和我给老师送作业本去吧！）
　　　b. 和我给老师送作业本去来！（你和我给老师送作业本去吧！）
　　　c. 你再和我给老师送作业本去来！（你再和我给老师送作业本去吧！）

当然需先证明"和"是介词而非连词，否则句子主语就是"你"和"我"构成的并列短语，而非单独的"你"。首先，根据"并列结构限制（Coordinate Structure Constraint）"（Ross, 1967），并列结构中任一并列项不能单独省略或移动，而例[8]b显示"你"可以省略，说明"你和我"不是并列结构。其次，朱德熙（1982：176）指出区分汉语中同形的介词与连词"跟、和、同"的一个方法是："介词'跟'前边可以插入修饰成分，而"连词'跟'前边不能插入任何修饰成分"。例[8]c显示"和"前可以插入"再"，也说明"和"是介词而非连词。

很显然，介词短语的作用就是将说话人也引入事件，指出行动者不仅包括主语，还包括说话人。

第二种策略是加副词"也"作状语，例句如下：

[9]　a. 你*（也）去去来哇么！（你也（和我们一起）去嘛！）
　　　b. 你*（也）跳绳去来！（你也（和我们一起）跳绳去吧！）

我们知道，"也"的作用是指出"听话人"并非唯一要做这件事的人。这类例句适用于"说话人"要去做一件事，同时邀请或建议听话人也一起去做，例[9]的完整语境应该是：

[10]　a. 我/*他去去呀！你也去去来哇么！（我/*他要去，你也一起去嘛！）
　　　　b. 我/*他跳绳去呀！你也跳绳去来！（我/*他要跳绳去，你也来跳绳吧！）

例[10]显示将"我"换成"他"句子不合法，说明在"也"出现时，未明说的隐含行动者只能是说话人。

综合上述两种情况，我们可以初步总结出"来"字祈使句在主语为[2nd]代词时的限制：句子需有其他成分（一般是状语）指明行动者包括说话人。换句话讲，"来"字祈使句在句法上并不要求主语包括[1st]，但要求有其他句法成分指明"说话人"是行动者的一员，介词短语和副词"也"正是起到这样的作用。

2.3 主语为第一人称"我"或排除式"我们"

朱德熙（1982）指出普通话中"我们"可以做祈使句主语，但这建立在"'我们'现在也用于包括式"的基础上，也就是普通话并不允许[1st]排除式复数或[1st]单数代词做祈使句主语，但达旗话"来"字祈使句却允许：

[11] a. 我们先包饺子去来。（我们先包饺子去吧！）
 b. 我好请这个神仙娘娘去来！（我好去请这个神仙娘娘去吧！）

这类句子接近日常所说的"自言自语"，说话时可以没有其他人在场。如[11]b可以用在这样的情境下：说话人一个人在家，等着另一个人过来，结果那人迟迟没来，于是她/他决定出门去请这个人。

"来"字祈使句的这一用法虽与普通话不同，但从其他语言来看，[1st]单数或排除式复数作主语的"劝告句"其实并不罕见。然而，我们要指出这二者有本质的不同。在"劝告句"发达的语言中，[1st]单数或排除式复数虽然也可以作主语，但其标记往往与[1st]（包括式？）复数并不相同，如Kobon语：

[12] "1sg: *-in/in* 1dual: *-ul* 1pl: *-un*" (Aikhenvald, 2010: 49–50)

此外，根据Aikenvald (2010: 76)，世界语言的"祈使—劝告"系统存在如下标记性序列：

[13] "1SG and/or 1PL exclusive > 3SG or PL > 1 PL inclusive; non-singular > 2PL (SG, PL, or non-singular)"

这意味着，如果某语言有[1st]单数或排除式复数劝告句，那么该语言应当具有所有人称的劝告句，包括[3rd]单复数。然而，达旗话"来"字祈使句并不能允准[3rd]主语，达旗话也没有语法化的[3rd]作主语的劝告句。这使得[1st]主语的用法成为超出序列的例外。这种现象该如何解释呢？本文认为达旗话这类句子与典型的[1st]单数/排除式复数作主语的"劝告句"并不相同，后者中说话人是句法主语，但听话人是谁则并未被显性编码，可以是说话人自己，也可以是在场的其他人；与之相对，达旗话这类句子实际上是"自言自语句"，也就是主语既是说话人，同时也是听话人，本质上仍是[1st]包括式复数主语，并未超出Aikenvald (2010: 76)所给的标记性序列。

综合以上三类用法，达旗话"来"字祈使句的特点可以归纳如下：语义上，它表示说话人邀请听话人一起做某事；句法上，主语可以是[1st]或[2nd]代词，主语为[2nd]代词时，需有句法成分（一般为状语）指明事件的行动者包括说话人。这样的表现无论从汉语的"祈使句"来看，还是从世界语言的"劝告句"来看都相当特别。对以上现象的分析至少要回答下面几个问题：

（一）"来"的句法性质是什么？在祈使句中起什么作用？

（二）"来"为什么要求行动者必须包含说话人？其句法和语义的错位如何分析？

（三）如何将以上三种情况统一起来，给出一致而系统的解释？

❸ 文献回顾及理论介绍

3.1 祈使句末"来"研究回顾

邢向东早在1994年就关注到了内蒙古晋语中"来"的这一特殊用法（邢向东，1994）。张月明（1998）分析了历史上与此类似的"来"，如最早出现于陶渊明《归去来兮辞》中的"去来"及后代的同类词，认为"来"是一个表祈使的语气词。邢向东（2015）进一步系统化地分析了这一"来"在内蒙古及陕北晋语中的用法，将其定性为表示"商请"[7]的语气词。

本文认为，将"来"定性为语气词虽然解释了"来"字祈使句语义上为何表示邀请，但无法解释以下两个句法问题：（1）一般祈使句的典型主语是[2nd]，而"来"字祈使句却恰恰不允许单独的[2nd]主语，将"来"视为与其他祈使语气词，如普通话的"吧"（朱德熙，1982；Paul, 2014）类似的成分，无法解释这一差异；（2）[2nd]代词作主语时，"来"要求事件短语vP内部要有状语成分指明说话人的参与，而按照普遍句法结构（universal syntactic template），语气词应当位于句子最外围的CP层，语气词短语和事件短语vP之间，至少还有时态短语TP和体短语AspP（Borer, 2005a, 2015b; Wiltschko, 2014），语气词如何跨过层层阻隔对vP内部的状语产生要求，从句法上来说很难解释。

郭维茹（2007）研究古代汉语"归去来"一类问题时提出这一用法的"来"是轻动词（light verb），选择动词组VP，构成事件短语vP，"来"具有[+ego]的特征，因而主语通常是"我们/咱们"。这一假设存在的问题是：首先它没有解释主语是"你/你们"的情况；其次，它无法解释轻动词"来"为何只能用于祈使句，v作为事件短语的中心语，理论上应当能够与任何一种语力相容。此外，汉语的轻动词通常位于VP之前而非之后，如："搞""打"等（黄正德，2007，2008），VP后的"来"作为轻动词是个孤例。

3.2 理论背景

"来"只能用于祈使句，要为"来"找到合适的句法位置，就要先建立一般"祈

---

[7] "商请"是"请求""邀约""商量""提议"的合称，可以看作祈使的下位小类。

使句"的句法结构。这实际上一直是句法学界的难题之一,因为祈使句具有明显的"语境敏感"特征,无论主语是[2ⁿᵈ]还是其他人称,祈使句都涉及一个基本概念——"听话人",即"听话人"要执行说话人给出的命令([2ⁿᵈ]主语),或帮助/允许其实现(非[2ⁿᵈ]主语)。但"听话人"是典型的语境信息而非句法信息,其所指只有在具体的语境中才能确定。早年的句法理论并没有为语境信息和句法互动提供可能。随着类型学研究的深入,研究者们逐渐发现,像祈使句这样编码"听话人"信息的现象在语言中并不罕见,在句法中或存在句法—语用接口来编码话语语境信息(context of utterance)。Alcázar 和 Saltarelli(2014)据此提出施为轻动词假设(Light Performative Hypothesis,以下简称LPH),为包括劝告句在内的广义祈使句建立了句法框架。该理论不仅解释了印欧语言祈使句的一系列特殊表现(Alcázar & Saltarelli, 2014),而且提供了跨语言通用的祈使句框架,让句法编码"说话人"与"听话人"成为可能。本文对"来"字祈使句的分析亦在这一框架下展开,因此我们需对该理论作简单的介绍。

LPH,顾名思义,它在句法中增加了一层施为轻动词(light performative)投射,中心语是功能性的轻动词(light verb)⑧。它的作用是在语境—句法接口(context-syntax interface)编码"说话人"和"听话人"题元角色,其中,"听话人"角色赋给句法上的主语。这样,整个祈使句的语义可以归纳为一个"指示(prescription)"行动:说话人i在时刻ti"指示(prescribe)"听话人做某事。轻v^*P(light v^*P)位于CP之下,小vP之上,是沟通功能相位(functional phase (CP))和实义相位(content phase(小vP))的桥梁,树形图如下:

[14]

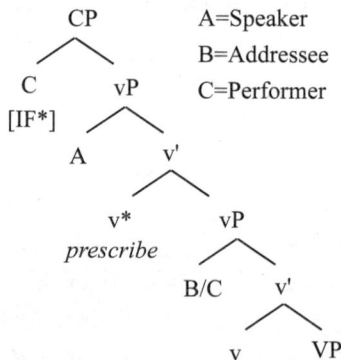

A=Speaker
B=Addressee
C=Performer

---

⑧ 该轻动词(light verb)不同于Larson(1988)split vP以来逐渐为生成语言学所接受的编码事件的vP的中心语——词汇性的小动词(little v)。为方便区别,我们将在后文称LPH理论中的功能性light verb为轻动词,而称此前编码事件的词汇性little verb为小动词,称light v^*P为轻v^*P,little vP为小vP。为示区别,Alcázar & Saltarelli(2014)在图中均给施为轻动词加上了*,记为v^*,本文也沿用这一做法。

祈使句CP的中心语带有祈使语力（illocutionary/imperative force (IF*)），选择并允准下层的"指示轻动词（directive light verb）"，该轻$v*$P指示语（Specifier）位置的外论元（external argument）e^i被赋予"说话人"题元角色。轻$v*$P再选择实义性的小vP作为其补足语，小vP指示语位置的外论元e^j由于是离说话人e^i最近且被e^i成分统制（c-command）的名词短语，因此通过"局域指示约束关系（local indexical binding relation）[Speaker^i > Addressee^j]"被赋予"听话人"题元角色。由于小vP指示语位置的外论元同时也是句子主语，这就解释了为什么一般祈使句主语总是听话人。

该理论的核心之一是说话人到听话人（Speaker^i > Addressee$^{*i/j}$）的普遍层级约束关系，而该关系则是带有祈使语力的CP直接选择施为轻动词短语$v*$P的副产品，从精神上来说与Austin（1962）和Ross（1970）提出的"间接话语祈使（indirect discourse imperatives）"一致，即类似于 *I order you to go!* 中 *order* 所展现的关系。只不过在LPH理论中，*order* 并不以实义动词的形式存在，而以施为轻动词的形式存在，因此整个祈使句是一个独立小句，而非动词 *order* 的补足语从句。

❹ "来"是心理空间体标记

首先，我们要说明"来"不是施为轻动词$v*$。例[15]是达旗话没有"来"时祈使句的句法结构。

[15]

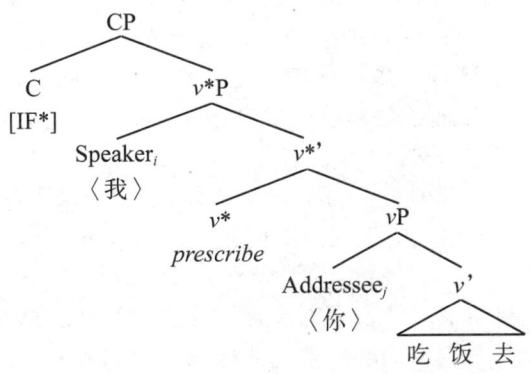

例[15]："吃饭去！"

依据LPH理论，[Spec, $v*$P]位置编码隐性的说话人"我"，[Spec, vP]位置是句子主语，在这里由于处于和说话人"我"构成的约束关系下而被赋予听话人角色，因此主语默认为听话人"你"。

如果我们假设"来"是此结构中的施为轻动词v*，会存在两方面的问题：一是"来"所表达的意义与施为轻动词的意义不吻合。我们在上节末指出，施为轻动词的语义类似于早年Austin(1962)和Ross(1970)研究中的order或command，表达说话人命令听话人做某事，而"来"显然没有这样的语义；二是如果"来"是施为轻动词，理论上只会将"听话人"角色赋予主语，无法解释在主语为[2nd]代词"你/你们"时，事件的行动者为何要包含"说话人"。因此，我们需要为"来"寻找别的句法位置。

本文认为"来"是一个体功能核心词（aspectual head），不过它表示的不是经典的时间维度的体（temporal aspect），而是一种心理空间维度的体（psychological aspect）。时间维度的体表达说话人对情状的内在时间构成或事件所处的时间状态所持的不同观察视角（Comrie, 1976; Smith, 1991）。这种观察视角是否只能在时间维度下展开呢？Wiltschko(2014)指出体在本质上是感知事件的一种视角（Point of View，简称PoV），不同语言可采用不同的功能范畴去编码这一感知视角，而不仅限于通过时间维度的体。她展示了在Squamish语中，直接标记/逆向标记（direct/inverse marking）、控制标记（control marking）等都是编码这一感知视角的形式，都可以认为是广义的体标记。此外，Hu(forthcoming)提出汉语在趋向结构中位于VP之后的"来""去"其实是空间体标记，并指出den Dikken(2010)对匈牙利语的研究也展示了空间维度的体的存在。上述研究证明，存在非时间维度的体在理论上具有合理性，在现实中具有可能性。⑨

下面将解释什么是心理空间维度的体。我们需要借助空间维度做简单的说明。空间维度的视角，在语言中常以相对于说话人的位置关系进行编码，表示趋向的"来"和"去"就是典型的例子，"来"表示在空间上向着说话人的方向，"去"表示远离说话人的方向。类推到心理空间中，这一视角同样主要表现为相对于说话人的关系，但区别在于这种关系不体现为空间位移的方向性，而体现为在心理上事件与说话人的关系是疏远还是趋近，换言之，说话人是将自己纳入到事件中去，还是将自己视为与事件无关的他者。本文认为，达旗话"来"的核心语义正是前者，即说话人将自己视为事件的一部分。形式化地讲，"来"带有[+involve-1st]特征。因此，句法要为这一语义的实现提供可能，否则[+involve-1st]特征将无法得到核查。

理论上来说，如果"来"是表示说话人将自己纳入事件的体标记，一个自然的疑问是是否存在语义与之相反的心理空间体标记。我们认为，其实没有"来"的经典[2nd]主语祈使句正是这样的语义。在这样的祈使句中，说话人总是将自己视为与事件行动无关的人，命令或建议听话人去行动。可以认为此时心理空间体标记是无

---

⑨ 本文未给出心理空间体在更多语言中的实例，但在这一段中我们尝试从理论上证明了非时间维度的体存在的可能性，也指出其他语言（包括汉语普通话）中确实存在空间体以及其他广义体标记，因此心理空间体的提出在某种程度上并非毫无凭据。本文认为其他语言中暂未发现同类标记并不宜作为否定达旗话存在这样标记的理由。

标记的零形式。

[16]

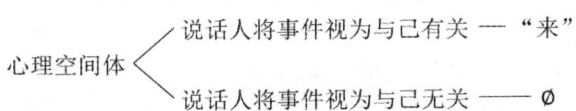

"来"为什么会具有标记心理空间视角的功能，为何能表示将说话人自己纳入事件中去，这还要从"来"的语法化路径讲起。我们认为这一"来"来自于一般祈使句中指动作事件在空间上趋向于说话人的"来"：

[17]　a. 拿上扑克儿上二楼来。（拿着扑克牌到二楼来。）
　　　b. 来我们家来哇！（来我家来吧！）

这两例中，说话人分别位于"二楼"和"我们家（说话人自己家）"，听话人在别处，VP后的"来"表示建议听话人向说话人的方向发生空间位移。Hu（forthcoming）通过分析普通话的一系列趋向结构，论证了位于宾语后的"来"和"去"实际上是空间体标记，指明说话人对事件所持的空间视角是趋向于自身。当这类例句核心VP所指的事件说话人也可以参与时，"来"就可能被理解为在心理空间上包含说话人，如例[18]就有两种理解：

[18]　来这这儿这里要扑克儿来。（你到我这儿来玩儿扑克牌。/你到我这儿来咱们一起玩儿扑克牌。）

例[18]既可理解为命令听话人到说话人所在的位置玩儿，而说话人并不参与，此时"来"仍然表示空间趋向；也可以理解为邀请听话人到说话人的位置，此时"来"表示心理空间上将说话人也纳入到事件中。这类句子继续发展下去，当VP不再带有"来"，甚至包含"去"时，句末的"来"就变成了单纯的心理空间体标记。"来"这种从表达空间维度的视角语法化到表达心理空间维度的视角的发展，符合语言"由客观到主观""由实到虚"的语法化路径（沈家煊，2001）。

有人提出，"来"作为体标记，辖域是事件结构vP，理论上不应仅与祈使句共现。而根据本文描述，"来"又只能用于祈使句中，原因何在？是什么因素限制了"来"的使用？我们认为，这是因为"来"作为心理空间体标记，与"说话人"这一语境概念密切相关，它要求句法中有编码"说话人""听话人"这样的语境成分的手段。而与其他句类相比，祈使句是与语境信息最为密切相关的句类，它是唯一要求句法与语境进行互动的句类。前人很多提出句法中要有编码语境信息功能投射的研究其实都肇始于对祈使句的研究（Zannuttini，2008；Jensen，2004等）。因此，与"说话人"这一语境概念密切相关的"来"最先产生于祈使句中就并不奇怪了。

❺ "来"字祈使句的句法解释[10]

本节将通过分析"来"作为心理空间体标记如何与祈使句本身的句法结构互动，解释第2节中描述的种种现象。

"来"的三种用法中，第一种是主语为[1st]包括式代词"咱"，"咱"可以省略。我们用下图的句法树来进行说明。

[19]（咱）去白塔儿耍去来！（咱们去白塔玩去吧！）

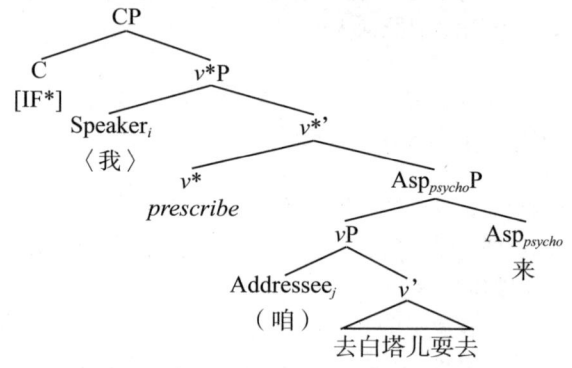

例[19]："（咱）去白塔儿耍去来！"

"来"位于心理空间体短语的中心语位置。心理空间体短语与时间维度的体短语一样，应当位于事件短语vP之上，施为轻动词短语v*P之下。vP指示语位置的"咱"表明事件行动者是"听话人+说话人"。当"来"选择vP时，会核查vP是否满足"来"的[+involve-1st]要求，语义包含[1st]人称的"咱"满足此要求。主语隐含时，vP的指示语可以理解为未赋值状态，此时事件的行动者不明，当该vP被"来"选择，"来"的[+involve-1st]会迫使事件的行动者包含说话人，以与"来"形成一致关系。同时，施为轻动词v*则会使距离其指示语位置最近并且被其指示语所成分统制（c-command）的名词性成分获得"听话人"题元角色，以与[Spec, v*P]位置的"说话人"形成约束关系。因而从语义解读上来说，[Spec, vP]需既包括[1st]人称特征，又包括[2nd]人称特征，即等价于"咱"。

---

[10] 就笔者所知，普通话位于VP后的"来"均表示空间上的趋向，没有本文所描述的这种用法，而位于VP前的"来"与本文的描述略有相似，如"我们来打麻将吧"中的"来"，不过它的用法与达旗话句末"来"并不完全相同，比如它可以用在建议听话人做某事的语境下，如"这事儿你来做吧！"，不必一定表示说话人邀约听话人一起做事。因此，笔者认为对普通话这一"来"的分析还要在普通话自身系统内去展开，不过，或可以与本文"来"的用法有所联系。达旗话的祈使句在没有"来"时与普通话的祈使句表现基本类似，主语可以为第二人称或第一人称包括式，这部分不是本文的重点，因而没有展开分析，不过就笔者了解，本文所用的LPH理论基本可以很好地应用于这类祈使句。

第二种情况是主语为[2nd]代词"你/你们",后接介词短语"和/跟你/你们"或副词"也"。按生成句法理论,这样的介词短语或副词都是 vP 的嫁接语(adjunct),其句法位置如下:

[20]

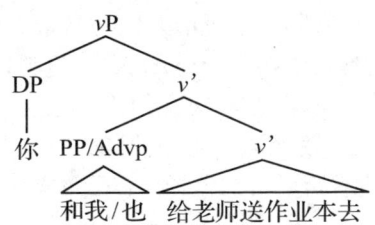

例[20]/例[8]a:"你和我/也给老师送作业本去"

嫁接语不属于主语,此时句法主语只有"你"。但从前文可知"来"要求嫁接语成分必须出现,否则句子不合法。按我们对"来"的分析,这一特殊情况可以得到解释。"来"直接选择表示事件的整个 vP,"来"的[+involve-1st]特征强制事件的行动者包含说话人"我",但是"来"并不直接与 vP 指示语位置的主语产生关系,因此它并不从句法上影响句子的主语。当"来"选择带有此类嫁接语的 vP 时,嫁接语或直接指出"说话人"是行动者的一员,或允许"说话人"加入,与"来"的语义要求相兼容。但若 vP 不包含此类嫁接语成分,由于主语只有"你", vP 没有在句法上给"说话人"加入行动者提供可能性,"来"的[+involve-1st]特征无法被核查,句子因而不合法。

最后是句子主语为"我"或排除式"我们"。例[11]b 句法结构如下:

[21]

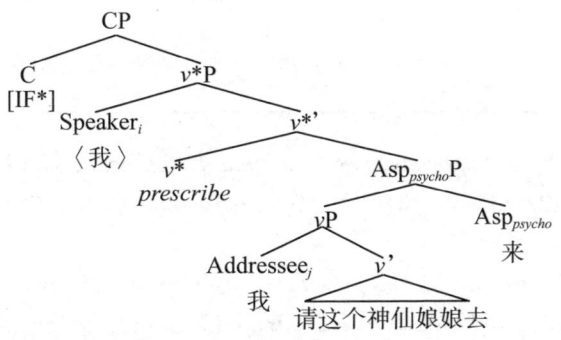

例[11]b:"我好请这个神仙娘娘去来!"[11]

---

[11] 紧跟"我"之后的"好"可能是一个话题标记或其他话语层面的标记,我们此处暂不分析该"好"的句法性质,因此在作图中省略了"好"。

"我"位于[Spec, vP]位置，是句子的句法主语。当带有"我"的vP被"来"选择，"来"的[+involve-1st]语义要求被满足。同时，施为轻动词v*通过"说话人>听话人"的层级关系赋予"我""听话人"题元角色，这就解释了为何"我"既是"说话人"又是"听话人"。

Alcázar & Saltarelli（2014）论述"说话人 > 听话人"的层级关系时指出，该关系在指称上具有反自反性，"说话人^i > 听话人^i"不成立，即"说话人"与"听话人"不能为同一人，这是为了解释英语 *Protect myself*！这类句子不合法的问题。但我们发现达旗话允许说话人"我"同时也是"听话人"。这或许与不同语言中祈使句的性质有关。"听话人"一般不是"说话人"是一种自然的语用原则，而这一原则是否会映射到句法形成限制则可能有跨语言的差异，需要对祈使句的性质做更多类型学的研究。此处主要讨论"来"，这一问题就暂不作展开。

❻ 结语

本文通过对达旗话"来"的分析，提出句法上存在编码心理空间体的投射，与时间维度的体投射、空间维度的体投射等，都是Wiltschko（2014）所提出的感知事件的视角在语言中的实现方式。本文指出达旗话"来"是一个心理空间体标记，指事件在心理上趋近于说话人，其[+involve-1st]特征要求vP在句法上为说话人加入事件提供可能，据此解释了"来"与汉语一般祈使句和其他语言劝告句的不同，如隐含主语只能解读为"咱"、无状语时[2nd]代词主语不合法等。此外通过修订Alcázar & Saltarelli（2014）的LPH理论，解释了"来"允许[1st]单数或排除式复数代词作主语的特殊表现。汉语其他方言、世界其他语言中或也存在类似的心理空间体标记，这值得我们去发现和研究。

❏ Aikenvald, A. Y. 2010. *Imperatives and Commands*. Oxford: Oxford University Press.
❏ Alcázar, A. & Saltarelli, M. 2014. *The Syntax of Imperatives*. Cambridge: Cambridge University Press.
❏ Austin, J. L. 1962. *How to Do Things with Words*. Oxford: Clarendon Press.
❏ Azkue, R. M. 1925. *Morforlogía Vasca*. Bilbao: La Gran Enciclopedia Vasca.
❏ Borer, H. 2005a. *Structuring Sense, Volume I: In Name Only*. Oxford: Oxford University Press.
❏ Borer, H. 2005b. *Structuring Sense, Volume II: The Normal Course of Events*. Oxford: Oxford University Press.

- Comrie, B. 1976. *Aspect: An Introduction to the Study of Verbal Aspect and Related Problems.* Cambridge: Cambridge University Press.
- den Dikken, M. 2010. On the functional structure of locative and directional PPs. In G. Cinque & L. Rizzi (eds.), *Mapping Spatial.* Oxford: Oxford University Press. 74–126.
- Hu, X. H. forthcoming. Same root, different categories: Encoding direction in Chinese. *Linguistic Inquiry.*
- Jensen, B. 2004. Syntax and semantics of imperative subjects. *University of Tromsø Working Papers on Language and Linguistics* 31 (1): 150–64.
- Larson, R. 1988. On the double object construction. *Linguistic Inquiry* 19(3), 335–391.
- Paul, W. 2014. Why particles are not particular: Sentence-final particles in Chinese as heads of a split CP. *Studia Linguistica* 68 (1): 77–115.
- Ross, J. R. 1967. *Constraints on Variables in Syntax.* Doctoral dissertation: Massachusetts Institute of Technology.
- Ross, J. R. 1970. On declarative sentences. In R. A. Jacobs & P. S. Rosenbaum (eds.), *Readings in English Transformational Grammar.* Waltham, MS: Ginn and Co. 222–272.
- Smith, C. 1991. *The Parameters of Aspect.* Dordrecht: Kluwer.
- van der Auwera, J., Dobrushina, N. & Goussev, V. 2008. Imperative-hortative systems. In M. Haspelmath, M. S. Dryer, D. Gil & B. Comrie (eds.). *The World Atlas of Language Structures Online.* Munich: Max Planck Digital Library.
- Wiltschko, M. 2014. *The Universal Structure of Categories: Towards a Formal Typology.* Cambridge: Cambridge University Press.
- Zannuttini, R. 2008. Encoding the Addressee in the syntax: Evidence from English imperative subjects. *Natural Language and Linguistic Theory* 26 (1): 185–218.
- Zannuttini, R., Pak, M. & Portner, P. 2012. A syntactic analysis of interpretive restrictions on imperative, promissive, and exhortative subjects. *Natural Language and Linguistic Theory*, 30 (4): 1231–74.
- 郭维茹，2007，"归去来"新解——谈"归去来"一类的语法问题。《台大中文学报》26：285–312。
- 黄正德，2007，汉语动词的题元结构与其句法表现。《语言科学》(4)：3–21。
- 黄正德，2008，从"他的老师当得好"谈起。《语言科学》(3)：225–241。
- 克里斯特尔（David Crystal）（编），沈家煊（译），2000,《现代语言学词典》（第四版）。北京：商务印书馆。
- 刘丹青，2002，汉语中的框式介词。《当代语言学》(4)：241–253。
- 沈家煊，2001，语言的"主观性"与"主观化"。《外语教学与研究》(4)：268–276。
- 邢向东，1994，内蒙古晋语几个趋向动词的引申用法。《前沿》(10)：2–55。

- 邢向东，2015，陕北、内蒙古晋语中"来"表商请语气的用法及其源流。《中国语文》（5）：87–479。
- 张月明，1998，"去来"的性质及其"来"的演变。《广播电视大学学报》（哲学社会科学版）（1）：57–61。
- 张振兴，2012，《中国语言地图集（第2版）：汉语方言卷》。北京：商务印书馆。
- 朱德熙，1982，《语法讲义》。北京：商务印书馆。
- 袁毓林，1993，《现代汉语祈使句研究》。北京：北京大学出版社。

Psychological Aspect and Imperative Marker: With Special Reference to *Lai*-Marked Imperatives in Dalad Chinese

Abstract: Based on the analysis of sentence-final particle *lai* in imperatives in Dalad Chinese, this paper proposes that apart from temporal aspect and spatial aspect (cf. Hu forthcoming), there is also a psychological aspect projection ($Asp_{psycho}P$) in core syntax that instantiates [PoV (point of view)] in Wiltschko (2014), which signals the speaker's point of view towards an event. It is argued that *lai* in Dalad imperatives is the Asp_{psycho} head, indicating the event is closely related to the speaker, which in turn forces *v*P to be syntactically prepared to bring the speaker into the event. This hypothesis accounts for issues like why the implicit subject has to be interpreted as *zan* (inclusive first-person plural pronoun), and why second person pronoun subject is ungrammatical when there is no adverbial.

Key words: *lai*; imperatives; hortatives; speaker; psychological aspect

（责任编辑：胡旭辉）

词汇化和语法化过程中的过渡现象分析
——以源于"前置词+名词间接格"形式的俄语副词为例

北京大学　周海燕*

[提　要]　从词源角度来看,绝大多数俄语副词都是派生副词,其中一部分是由"前置词+名词间接格"形式转化而来,但它们并不具有统一的副词特征,而是在向副词的演变过程中呈现出不同特点,这既反映出语言现象的过渡性特征,也体现着语言的某些共性问题,因为在英语和法语中也存在大量按此模式演变的副词。鉴于此,对俄语中的"前置词+名词间接格"类副词的演变过程进行分析具有语言类型学意义。研究表明,此类副词的词汇化和语法化过程不仅紧密关联,且具有跨语言的性质。

[关键词]　俄语;副词;前置词;名词间接格形式;词汇化和语法化

❶ 引言

副词是"不变化的词类,表示行为、性质或事物的特征,在句中常充当状语或者是非一致定语"(АН СССР,1953:606),这是苏联科学院1953年出版的《俄语语法》对副词下的定义,也是对副词的形态、语义和句法特征所做的总体描写和概括,这个定义沿用至今。在俄语词类中,副词是极其特殊且活跃的词类。说其特殊,是因为它是联系实词和虚词的纽带;说其活跃,是因为它充分体现着词类间的过渡和转化。苏联科学院1980年出版的《俄语语法》指出:"副词和所有词类(实词和虚词类)都处于紧密相连的关系中,它和实词通过构词手段相关联,它们由其他实词

---

* 作者简介:周海燕,北京大学外国语学院副教授,博士,研究方向:俄语语言学。Email: hyzh906@126.com。通信地址:100871 北京大学外国语学院俄语系。
本文为国家社会科学基金项目"俄语词类间的过渡现象研究"(项目编号:18BYY233)的阶段研究成果。

类派生而来……，同时，副词（主要是非派生词），成为构成语气词、前置词和连接词的基础"（АН СССР，1980: 705）。从词源来看，原始副词的数量少，如здесь（在这里）、там（在那里）、тогда（那时）、всегда（永远）、столько（那么多）、сколько（多少）等，而派生副词数量多且形式多样①，其中很多词是来源于"前置词 + 名词间接格"形式，例如 наконец（最终）、вверх（向上）、сразу（马上）、навстречу（迎面）、сбоку（从侧面）、вначале（最初）、поблизости（在附近）、впереди（在前面）、издали（从远处）等。

❷ "前置词 + 名词间接格" 类副词的种类及特征

苏联科学院1980年出版的《俄语语法》（1980: 398, 405-406）指出，按照现行的正字法规则，派生副词可以是连写词，如 издали（从远处）、вблизи（附近），也可能是分写词，如 на редкость（非常）、в одиночку（独自）。布拉宁（Л. Л. Буланин, 1976: 183-187）以派生副词的意义构成、形态结构以及不可嵌入性（непроницаемость）②的程度为标准，将连写副词和分写副词进一步各细分为三小类，其中连写副词的第一小类，如 вдруг（突然）、наголову（彻底地）等具有最大程度的意义统一性；第二小类，如 подряд（不断地）、наоборот（相反）等和第三小类，如 внизу（在下面）、вмиг（转瞬间）等都具有清晰的形态结构特点，但第二小类不能插入形容词或代词作限定成分，而第三小类可以有限定成分；分写副词也照此标准划分为三小类。任何语言单位都有内容层和表现层，对于"前置词 + 名词间接格"类副词来说，内容层涉及的是语义层面和内部结构，表现层涉及的则是正字法规则，即是否连写和发生重音改变。综合"前置词 + 名词间接格"类副词内容层和表现层的特点，我们拟将其分为四类：

第一类是已经完成历时性过渡的连写副词，如：дотла（全部）、исподлобья（皱眉）、набекрень（歪戴着帽子）等。我们之所以称这类副词已经完成历时性过渡，原因如下：

A. 它们完全获得了副词的形态特征（无词形变化）和句法特征（充当状语），如：

[1] Двадцать пять раз город сгорал *дотла*, но люди упорно восстанавливали его. (Л. Келлер)
（这座城市曾被**彻底**烧毁过25次，但人们一次次顽强地将它重建起来。）

---

① 苏联科学院于1953年、1970年及1980年出版的三部语法以及一些关于现代俄语的论著都从构词角度对副词进行了详细的分类，也对副词向前置词、语气词和连接词等虚词类的转化进行了描写（请参 见 АН СССР, 1953 : 38-43, 613-628; АН СССР, 1970: 293-301, 312; АН СССР, 1980: 703-705; Инфантова, 2010:188），也有学者以转化的最终结果为研究视角，将其他词类过渡为副词的现象称为副词化（адвербиализация）（请参见 Богданов & Смирнов, 2004: 15; Журавлёв, 2012: 39）。
② 所谓不可嵌入性是指"在不改变词义的情况下不能在词的内部插入某些补充成素"（请参见 Фомина, 1990: 10; 杨杰, 2009 : 11）。

B. 它们的"源"名词属于旧词（устаревшие слова），在现代俄语中已不再使用，这类副词的理据性（мотивированность）只有通过历时分析才能得到揭示，例如：дотла（全部）< от тъло（почва 土壤），набекрень（歪戴着帽子）< от бекрень（бок 侧面），чересчур（过分）< от чур（граница, край 界限）；

C. "源"前置词和"源"名词已完全融合，获得了结构的整体性（структурная цельнооформленность），即原来的各词之间的间隙消失，并且遵循语音规则而变化，在语音层面和形态层面融为一体，例如：чересчур（过分）< через чур（超出界限）；

D. 它们完全获得了独立词的"不可嵌入性"特点，在词内不能再插入任何成分。这一类副词从历时演变的结果和程度来看更接近于非派生副词。

第二类是具有明显理据性的连写副词，如：навстречу（迎面）、подряд（接连不断地）、наоборот（相反）、подчас（有时）、наконец（终于）、сбоку（从一旁）、отчасти（局部地）、кверху（向上）、поперёк（横着）、обок（在旁边）、вниз（向下）等。它们由前置词和名词间接格通过黏合（агглютинация）的方式构成。所谓黏合是指"两个或几个原来分开、但常在句子内部的句段里相遇的要素互相熔合成为一个绝对的或者难于分析的单位"（索绪尔，1980：248）。具体说来，навстречу（迎面）是前置词"на（去……）"和名词"встреча（会面）"的第四格形式的黏合，вначале（最初）是前置词"в（在……）"和名词"начало（开始）"的第六格形式的黏合[③]。我们将这些具有明显理据性的连写副词归为一类，因为它们已经完成了词汇化的演变过程，具有语音和形态的完整性，作为独立的词被收入副词体系并在句中履行副词的状语功能，如：

[2] Алёхин жил *внизу*, в двух комнатах со сводами и с маленькими окнами, где когда-то жили приказчики. (А. Чехов)
（阿廖欣住在楼下的两个房间里，那儿有拱顶和小窗子，原先是管家们居住的。）

[3] Потом всё исчезло, и Андрей Ефимыч забылся *навеки*. (А. Чехов)
（接着一切都消失了，于是安德烈·叶菲梅奇永远失去了知觉。）

当然，这一类中的某些副词和第一类相比，保持着明显的理据性，在不可嵌入性的程度上有所欠缺，例如сначала（最初）≈ с самого начала（从一开始），навек（永远）≈ на целый век（很久）。出现限定词的组合с самого начала（从一开始），на целый век（很久）等通常被认为是"前置词+名词间接格"形式，但不能以此为依据

---

③ 黏合式在英语学界又被称为"复合式（compounding 或 composition）"，指把两个或两个以上独立的词结合在一起构成新词的方法（详见 Brinton & Traugott, 2005：34；汪榕培、李冬，1988：16）。

将 сначала（最初），навек（永远）等也归为"前置词+名词间接格"形式。实际上，限定词的出现只是对这类副词理据性的进一步解释和论证。可以说，这类副词经历了如下历时转变的过程：сначала（最初）< с начала（从……时起）< с самого начала（从一开始）；навек（永远）< на век（很长时间）< на целый век（很久）。

第三类是具有明显理据性的分写副词，如：за глаза（背地里）、под руку（挽着胳膊）、на грех（不幸地）、на диво（极好）、на лад（顺利进行）、на редкость（非常）、в обрез（刚刚够）、до упаду（累得要倒下）等。这类词在表现层具有分离性（раздельнооформленность），但它们同样具有可复现性（воспроизводимость），已经作为一个整体储存在人们的记忆中，在言语交际需要的时候可以从大脑中直接提取，"虽然由于遵循正字法规则，某些副词依旧保留着分写的形式，但并不能以此为依据将这些副词划为名词间接格形式"（АН СССР，1953：631）。这类词和前两类词一样可以在句中履行副词功能，例如：

[4] Все и *в глаза* и *за глаза* звали его Юрочкой. (К. Паустовский)
（大家**当面**和**背地里**都叫他尤拉奇卡。）

[5] В антрактах он не отпускал её от себя ни на шаг, а ходил с ней *под руку* по коридорам и по фойе. (А. Чехов)
（幕间休息时，他从不放她离开身边一步，而是**挽住**她的**胳臂**在走廊和休息室里踱来踱去。）

第四类包括 до (последней) нитки（彻底）、на родственной ноге（以亲人相待）、на свою голову（自讨苦吃）、на каждом шагу（到处）、в самый раз（正是时候）等。是否将它们纳入副词体系，学者们一直存有争议，因为这类结构嵌入了起限定作用的形容词或代词，而限定语的出现常常是将名词间接格形式与副词区分开来的重要标志，"完全失去被形容词限定的能力意味着名词形式过渡为副词"（Виноградов，1947：380-381）。需要注意的是，虽然在这些结构中出现了限定成素，但并不能随意添加形容词和代词，如在 до нитки（彻底）中不能插入 сильный（强烈的）、большой（大的）、вечный（永远的）等词，而只能使用 последний（最后的），也就是说，在组合关系层面，形容词或代词限定语和名词的搭配已经固化。

同时，名词间接格形式的语义内容发生弱化，由具体变为抽象，如 на широкую ногу（阔绰地）、в первую голову（首先）、на большой палец（做得很好，很棒）的语义内容和其中成素 нога（脚）、голова（头）与 палец（手指）的具体指称意义关联度很小[④]。整个结构变为词法层面和语义层面固定的熟语化结构，因其可以在句中履

---

④ 这一类词的词义分析（究竟是直义还是转义）需要借助于具体的上下文，如"на большой палец（大拇指，大脚趾）"也可以用于直义，例如：В туфлях на каблуках более 6 см нога находится в неестественном положении, и основная тяжесть ложится на большой палец, постепенно деформируя его. (И. Белоусова) / 如果穿高于6厘米的高跟鞋，脚就会处于一种非自然状态，那么所有的重量都落在大脚趾上，大脚趾就会慢慢地变形。

行副词功能，因而也属于广义"前置词 + 名词间接格"类副词体系，例如：

[6] Они прибыли *в самый раз.* (А. Азольский)
（他们抵达得正是时候。）

[7] Она долго стояла на ветру у автобусной остановки, вымокла *до последней нитки.* (Г. Николаева)
（她迎着风在公交车站站了好久，**浑身都湿透了**。）

当然，词类归属问题本身的复杂性决定了研究者不能对其一刀切，在"前置词 + 名词间接格"类副词中也存在着许多过渡情况，可以说，"在副词和名词间接格副词化用法之间的界限不是精准稳定的"（Журавлёв, 2012: 51）。

❸ "前置词 + 名词间接格"类副词的过渡性特征分析

从历时演变的角度看，"前置词 + 名词间接格"类副词经历了一个从非词的分立句法层面单位到凝固的单一词汇单位的词汇化过程，换言之，走过了"一个短语或由句法决定的其他语言单位在经历了一段时间之后，其自身变成一个稳固词项的过程"（王灿龙，2005：225），通俗地说，词汇化就是用旧瓶（现有的语言手段）装新酒（形成了新的语言单位），促使这一过程发生的内部机制就是重新分析（reanalysis, реинтерпретация）。重新分析是一种改变句法底层结构的机制，它以改变结构关系为基础，进而形成一套新的底层关系和规则（王灿龙，2005：228；董秀芳，2009：23，24；刘丹青，2009：203）。就"前置词 + 名词间接格"类副词而言，重新分析就是对其结构关系，也就是对其聚合关系和组合关系以及对这类词和句中核心词的语法关系进行重新解读，并且词汇化过程不是一蹴而就的，其现实化（actualization, актуализация）程度因词而异，所表现出来的特点也各不相同，可以说，上述四类"前置词 + 名词间接格"类副词正处于"前置词 + 名词间接格"形式过渡为副词的词汇化过程的不同阶段，它们所展现出来的特点可以通过过渡率（шкала переходности）得到揭示。

所谓过渡性（переходность）是指一种语言属性，它将语言事实连接为一个完整的系统，既反映出语言事实间的共时性联系和相互作用，也保证了历时转变的可能性。语言的过渡性可以分为历时过渡性和共时过渡性。历时过渡性反映了语言系统发展、进化的过程，体现了在时间上互相替代的语言成分间的相互关系；而共时过渡性反映了在现代语言系统中相互对立的典型范畴间带有边缘环节及中间环节的综合现象（Бабайцева, 2000: 15, 22, 27）。历时过渡性和共时过渡性可以用过渡率来表示，其中 А→Аб→АБ→аБ→Б 表示历时转变的方向，А – Аб – АБ – аБ – Б 则表示语言/言语现象之间的共时关系。过渡率上的两个端点 А 与 Б 分别代表具有一系列区分性特征的作为对比的两个平等成分，是对比的中心并且是某种划分的典型结构。

在 А 与 Б 之间存在着无数个过渡环节，这些过渡环节构成了交叉领域。为方便起见，我们采用 Аб、АБ、аБ 表示过渡环节，用大小写来表示获得特征的比例，例如：处于 Аб 环节的具有 А 的特征多，处于 аБ 环节的具有 Б 的特征多，处于中间环节的则是兼有 А 与 Б 的特征。Аб 与 аБ 环节构成边缘区域，而 АБ 环节形成中间区域。

这样，前置词和名词间接格的自由组合⑤和上述四类"前置词 + 名词间接格"类副词根据各自的特征正好占据过渡率的各个环节，其中前置词和名词间接格的自由组合和第一类已经完成历时过渡的"前置词 + 名词间接格"类副词作为具有鲜明的区分性特征的形式分别置于 А 环节（其类型词为：на левой ноге）和 Б 环节（其类型词为：набекрень），其他三类"前置词 + 名词间接格"类副词则分别置于 Аб 环节（其类型词为：на широкую ногу）、АБ 环节（на ходу）和 аБ 环节（навстречу）。

纵向对比过渡率的各个环节：

　А：на левой ноге（在左腿上）
　Аб：на широкую ногу（阔绰地）
　АБ：на ходу（行进中）
　аБ：навстречу（迎面）
　Б：набекрень（歪戴着帽子）

从历时的角度看，А → Аб → АБ → аБ → Б 这五个环节很好地反映了"前置词 + 名词间接格"类副词的演变过程，也就是"前置词 + 名词间接格"形式词汇化的过程，"间接格形式向副词递进的程度取决于它分离的程度，取决于它独立于鲜活的变格系统的性质和相应的名词功能"（Виноградов, 1947: 381）。Аб、АБ、аБ 和 Б 环节的四类副词可以说再现了脱离"源"词的过程，具体表现为：1）名词逐渐脱离开变化聚合体，在"前置词 + 名词间接格"类副词中只保留着一种变化形式，名词的词法聚合体的词尾演变为构词法层面的后缀；2）前置词逐步丧失本身的意义，由单独的词法层面的词类演变为构词法系统的前缀；3）前置词和名词在脱离了"源"名词和"源"前置词的同时实现了融合，也就是原本分开的两部分合二为一，成为一个语言单位，从而获得副词的形态、语义特征和句法功能。

需要说明的是，并不是每个"前置词 + 名词间接格"类副词都经历了上述环节的演变，需要具体词汇具体分析，这里展示的"前置词 + 名词间接格"类副词在演变过程中所呈现出来的不同特征标志着它们位于词汇化道路的不同阶段。从共时的角度看，А — Аб — АБ — аБ — Б 这五个环节的词共同在语言中履行着自己的功能。

---

⑤ 前置词和名词间接格的自由组合可以表达非常丰富的语义内容，其意义由前置词和名词间接格的具体词汇意义而定，如：в библиотеке（在图书馆）、на столе（在桌子上）等表示空间意义；в дождь（下雨时）、до обеда（午饭前）、перед экзаменом（考试前）等表示时间意义；для хранения продуктов（用于储存食物）、ради карьеры（为了职业生涯）等表示目的意义；из-за дождя（由于下雨）、от боли（因为疼痛）等表示原因意义；с интересом（饶有兴趣地）、без усталости（毫无倦意）等表示行为方式意义。这一环节的名词用于自由义，可以单独使用，也可以有形容词、代词或其他形式的限定成分，如：на первый концерт（去听第一场音乐会）、на интересный концерт（去听有趣的音乐会）、на наш концерт（来听我们的音乐会）、на концерт Чайковского（去听柴可夫斯基音乐会）。从句法关系来看，这个环节的核心词决定着使用何种前置词以及名词使用哪种格的形式。

❹ "前置词 + 名词间接格"类副词的跨语言特征及词汇化与语法化的关系

每一种语言都有区别于其他语言的特性，但各种语言同样具有某些共性。"前置词 + 名词间接格"形式演变为副词的现象并非俄语所独有，它也蕴含着语言变化的一般规律，在其他语言中也可以观察到同类现象。法语和英语中也有大量的"前置词 + 名词间接格"类副词，如法语的：d'habitude（通常）、entre-temps（在此期间）、hors-taxe（免税地）、sans-gêne（随便地）、sur-le-champ（立刻）、enfin（最后），英语的 amidships（在船中部）、overboard（从船舷掉入水中）、overseas（在海外）、indoors（往室内，在室内）、underground（在地下）、onstage（舞台上）、upstairs（往楼上，在楼上）、uphill（往山上，往上坡）等。可见，在俄语、英语和法语中，"前置词 + 名词间接格"类副词的词汇化路径是一致的，都是采用"A+Б"最后形成新词"АБ"的模式。正如语言学家 Hatch 和 Brown（2001：195）所言："这是许多语言中非常常见的过程"，换言之，这一模式具有鲜明的跨语言特点。

另外，这一模式的跨语言特点还表现在英语的"前置词 + 名词间接格"类副词的分类上。参照语义完整性、结构凝聚性和正字法规则，也可以采用过渡率来对英语中的这类副词进行分析，即处于 A 环节的是前置词和名词的自由组合（英语中通常称这类结构为介词短语），如：below the horizon（在地平线以下）、behind his head（在他的脑后）、in your judgment（在你自己的判断中）、on the important question（在重大问题上）等；处于 Aб 环节的"前置词 + 名词间接格"类副词带有限定语且具有一定的语义 - 结构熟语化特点，如：in good time（及时地）、in his excitement（一时激动）、at all times（随时，总是）、on the political stage（在政治舞台上）等；处于 АБ 环节的是没有限定语的分写副词，如：at times（有时）、in person（亲自）、in haste（匆忙地）、at birth（出生时）、on hand（在手头，在近旁）等，这一类还包括带有连字符的副词，例如：in-bounds（球在界内）、in-house（在机构内部）、on-the-job（在职地）等。连字符具有非常鲜明的构词功能，它可以将两个原本独立的词黏合为复合词。通常，带连字符的词"表示该词处于逐渐为人们所接受或认可而又尚未被人们广为接受或认可之间"（王文斌，2005：40），这也是对这类词处于过渡率中间环节的最好阐释；处于 aБ 环节的是具有理据性的连写副词，如：indeed（确实）、outdoors（在户外，在野外）、downriver（顺流地）等；处于 Б 环节的是已经完成历时演变的连写副词，如：aside（其早期形式是 on side）、away（由古英语 on weg 意为"on way"演变而来）、apart（由"to/at" + partem 意为"side"构成）等。可见过渡率对英语"前置词 + 名词间接格"类副词的历时演变和共时关系也具有很强的解释力。

词汇化和语法化通常被作为语言演变的两个独立过程来看待，实际上，语言的演变既是词汇化的过程，也是语法化的过程，并且词汇化的过程常常伴随着语法化，这一现象同样具有跨语言的特点。"前置词 + 名词间接格"类副词的演变过程就是词汇化伴随语法化的过程。语法化过程体现在"义"和"形"两个层面的变化。

"义"的变化既体现在词汇意义层面，也体现在语法意义层面。就词汇意义而言，A 环节的前置词、形容词和名词都具有独立的词汇意义，但从 Аб 环节开始，前置词、形容词和名词在语义层面发生了弱化，尤其是名词不再表示具体称名，而是表示抽象意义，在 а Б 环节和 Б 环节前置词过渡为前缀，名词过渡为词内成分，其词尾演变为后缀，这一过程可谓是"词义淡化（bleaching）"，而词义淡化是语法化的特点之一（Brinton & Traugott, 2005: 108; Подлесская, 2005: 102；Ковальская, 2011: 120）；就语法意义而论，A 环节的名词间接格形式具有性和格等语法范畴，但在 а Б 环节和 Б 环节的副词则是不变化词类，也就是名词丧失了原本所具有的形态学标记和句法功能，进而承担起其他词类的次范畴的属性特征，这一过程可谓"去范畴化（decategorialization）"，而去范畴化是语法化的典型特征（Brinton & Traugott, 2005: 107; Майсак, 2005: 48）。试比较: пришить кружево *к низу* платья（给连衣裙的下摆缝上花边，*низ* 指衣服的下襟、下摆，为阳性单数名词）– опустить *книзу* голову（低下头，*книзу* 指向下，为不变化的副词）；смотреть *в даль* проспекта（向大街的尽头张望，*даль* 指尽头，为阴性单数名词）– смотреть *вдаль*（向远处望，*вдаль* 指向远处，为不变化的副词）。英语名词虽然没有性和格等语法范畴，但在意义层面也有类似的演变，如: Chunks of ice came floating *down the river*（大块的冰顺着河漂下来，*river* 指河流，为名词）– The bridge was another mile *downriver*（桥在下游一英里处，*downriver* 指下游，为副词）; Everyone sins at some time, in thought if not *in deed*（人人都会犯罪，如果不是在行动上，就是在思想里，*deed* 指行动，为名词）– The blood test prove that Vince is *indeed* the father（验血证明文斯确实是父亲，*indeed* 指确实，为副词）。

"义"的变化伴随着"形"的变化，表现为：1）由 A 环节、Аб 环节和 АБ 环节前置词和名词间接格所保持的分写形式，到 аБ 环节和 Б 环节各词之间空隙的消失而变为连写词。当然，各词之间间隙的消失不是突然完成的，存在一个"有间隙"到"无间隙"的过渡阶段，英语中带有连字符的副词便是这个过渡阶段的见证，某些副词还存在带连字符和不带连字符两种书写形式，例如: onstream/on-stream（投入使用、开始运转）等; 2）某些词重音也随之变化，在аБ环节及Б环节某些词的重音移至由前置词演变而来的前缀上，例如на́голову（击溃）、на́бок（歪着）、на́смерть（致命地）、на́крест（交叉地）；而英语中此类副词的重音则通常在由前置词演变的前缀上，如ˈoverarm（运动中掷球或投球时）挥臂过肩地）、ˈoverboard（从船舷掉入水中）、ˈoverhead（在空中，在头顶上方）、ˈoverseas（在国外）等。

英语的online（在线，网上）一词典型地再现了这类副词演变过程中所发生的"义"和"形"的变化。on the line 原本指接通电话线路的意思，如：

[8]　There seems to be a fault *on the line*.
　　（**电话线路好像出故障了。**）

[9] Henry is on the line (on the phone) from New York.
（亨利从纽约**打来电话**。）

最早的网络是通过电话线连接的，于是从旧有的表达手段产生了一个表示新生事物的词online（在线）。一方面，语义发生了变化，online从表示具体的电话接通状态的旧义中脱离出来，获得表示在线状态的意义；另一方面，从"形"的变化看，一是定冠词the消失，二是原本两词之间的空隙消失。值得一提的是，在英语中表示"在线，在网上"还存在另一种形式 on-line，只是这种带有连字符的形式如今很少使用，但源于英语的俄语外来词恰恰保留了"онлайн（在线）"和"он-лайн（在线）"这两种形式。随着黏合词的地位不断巩固，连字符最终走向消失，从而使黏合词从"义"和"形"两个方面形成一个词。可以说，online一词发生了如下的历时演变：online < on-line < on the line，这三种形式很好地反映出了词汇化的渐进过程。如果采用历时过渡率来分析，则是Аб（on the line）→ АБ（on-line）→ аБ（online）。

"义"和"形"的统一使"前置词+名词间接格"形式演变为副词，在词汇化的过程中伴随着内部每个成素的语法化过程。

❺ 结语

每一种语言现象的变化都有内在的、深层次的变化规律和原因。对于"前置词+名词间接格"类副词来说，其演变建立在语言发展变化、应用功能和认知心理基础之上。语言自身需要不断变化来满足表达思想、进行交流的需要，并总是遵循经济的原则，使用言简义丰的表达手段来传递尽可能丰富的信息。"前置词+名词间接格"形式演变为副词，正是顺应了语言发展的内部特征，同时，"前置词+名词间接格"形式常常在句中履行和副词相同的功能，是与副词构成同义结构的主要形式。可以说，这种功能上的相通性和相似性是"前置词+名词间接格"形式向副词演变的重要基础和条件。

认知语言学家认为，建立在邻近（contiguity, смежность）概念基础之上的转喻是人类认识客观世界的重要手段，也是促使语言现象发生演变的重要因素。"前置词+名词间接格"形式和"前置词+名词间接格"类副词就构成建立在邻近原则基础之上的整体和部分的关系，具体和抽象的关系，正是转喻机制的作用促成了"前置词+名词间接格"类副词的形成。另外，"前置词+名词间接格"形式在组合关系上的高频率共同使用会在人的心理认知上产生一种"完型"的概念，符合将客观事物中彼此相属的成分结合为一个整体的认知方式（Lakoff & Johnson, 1980: 71；王文斌，2005: 43）。具体而言，"前置词+名词间接格"形式经常作为一个整体在句中使用，这种长时间的在线性序列中的共现对语言使用者和语言接受者的心理和认知都会产生影响，"在线性顺序上邻接的两个词由于某种原因经常在一起出现时，语言使用者就有可能把它们看作一体来加以整体处理，而不再对其内部结构做分析，这样就使得两者之间原有的语法距离缩短或消失"（董秀芳，2013：46）；对于语言接受者（听众或读者）来说，他们不再按照原本的"前置词 + 名词间接格"形式来对语言单位进行解读，而是将其作为一个整体进行新的解码。这种组块解读心理成为促成"前置词 + 名词间接格"形式这一句法结构向副词转化的一个重要前提。

- Brinton, L. J. & Traugott, E. C. 2005. *Lexicalization and Language Change*. Cambridge: Cambridge University Press.
- Hatch, E. & Brown, C. 2001. *Vocabulary, Semantics and Language Education*. Beijing: Foreign Language Teaching and Research Press.
- Lakoff, G. & Johnson, M. 1980. *Metaphors we Live by*. Chicago: The University of Chicago Press.
- АН СССР. 1953. *Грамматика русского языка*. Т. 1. Москва: Издательство Академии наук СССР.
- АН СССР. 1970. *Грамматика современного русского литературного языка*. Москва: Издательство «Наука».
- АН СССР. 1980. *Русская грамматика*. Т. 1. Москва: Издательство «Наука».
- Бабайцева, В. В. 2000. *Явления переходности в грамматике русского языка*. Москва: Дрофа.
- Богданов, С. И., Смирнов. Ю. Б. 2004. *Переходность в системе частей речи. Субстантивация*. Санкт-Петербург: Филологический факультет Санкт-Петербургского государственного университета.
- Буланин, Л. Л. 1976. *Трудные вопросы морфологии*. Москва: Издательство «Просвещение».
- Виноградов, В. В. 1947. *Русский язык. Грамматическое учение о слове*. Москва: Издательство «Учпедгиз».
- Журавлёв, А. Ф. 2012. Категория числа у русского наречия // *Вопросы языкознания*. № 5: 38–56.
- Инфантова, Г. Г. 2010. *Русский язык · Морфология*. Москва: Академический Проект.
- Ковальская, В. М. 2011. S. Birzer. Русское деепричастие. Процессы грамматикализации и лексикализации // *Вопросы языкознания*. № 6: 120–125.
- Майсак, Т. А. 2005. *Типология грамматикализации конструкций с глаголами движения и глаголами позиции*. Москва: Языки славянской культуры.

- Подлесская, В. И. 2005. Русские глаголы дать/давать: от прямых употреблений к грамматикализованным // *Вопросы языкознания*. № 2: 89–103.
- Фомина, М. И. 1990. *Современный русский язык. Лексикология*. Москва: Издательство «Высшая школа».
- 董秀芳，2009，现实化：动词重新分析为介词后句法特征的渐变。吴福祥、崔希亮（主编）《语法化与语法研究》（四）：23–35。北京：商务印书馆。
- 董秀芳，2013，《汉语双音词的衍生和发展（修订本）》。北京：商务印书馆。
- 刘丹青，2009，重新分析的无标化解释。吴福祥、崔希亮（主编）《语法化与语法研究》（四）》：202–228。北京：商务印书馆。
- 索绪尔（著），高名凯（译），1980，《普通语言学教程》。北京：商务印书馆。
- 汪榕培、李冬（编著），1988，《实用英语词汇学》。沈阳：辽宁人民出版社。
- 王灿龙，2005，词汇化二例——兼谈词汇化和语法化的关系。《当代语言学》(3)：225–236。
- 王文斌，2005，英语复合词的内在句法、语义及认知构建。《外语学刊》(2)：39–43。
- 杨杰（主编），2009，《俄语词汇学教程》。上海：上海外语教育出版社。

Transitional Phenomena in Lexicalization and Grammaticalization: Focusing on Russian Adverbs with the "Preposition + Noun" Structure

Abstract: Viewed from an etymological perspective, the majority of Russian adverbs are derived adverbs, part of which are converted from the "preposition + noun" structure. However, without unified adverbial features, they are at different stages of adverbialization. This phenomenon reflects the transitional features of language, which also exist in English and French adverbs. Therefore, the analysis of transitional characteristics of Russian adverbs with the "preposition + noun" structure has a typological significance. Lexicalization and grammaticalization, as two processes of language evolution, are often in close association, with cross-language features.

Key words: Russian; adverb; preposition; noun; lexicalization and grammaticalization

（责任编辑：王辛夷）

具体语言研究

俄英语同源词考信

俄语感知动词范畴特征的多维透视

基于语料库的英国英语道歉回应行为研究

俄英语同源词考信

北京大学　胡　荃*

[提　要]　俄英语同源词指俄语和英语中具有共同词源的词，包括两个部分：一是俄语和英语共有的原始印欧语词，二是俄语和英语共有的来源于其他语言的词。俄英语同源词具有一定的数量规模，本研究已考实4 000余对俄英语同源词，占俄语中外来词的近五分之一。俄英语同源词的主要语源为拉丁语、希腊语和法语，其中的绝大多数属名词词类，约六分之一为术语词。俄英语同源词的语义既可能相同又可能相异，约三分之二在保存着语义联系的同时，存有语义差异。认识和掌握俄英语同源词，一方面有助于利用其相似性联系，促进两种语言词汇学习的正迁移作用；另一方面，有助于利用其语义差异避免误解或误用造成的负迁移影响。

[关键词]　俄英语同源词；词源；词类；术语；语义

❶ 引言

俄语和英语中有些词很"相像"，即语音和形态具有相似性，例如：интернет–internet（互联网）、вирус–virus（病毒）、океан–ocean（海洋）、багаж–baggage（行李）等。通常情况下，俄语和英语均非母语的外语学习者和研究者会基于已有的英语知识储备[①]，认为俄语外来词是从英语中借来的，也就是常说的英语外来词。但是，事实并非完全如此。上述所举例子中，интернет的确是从英语中借来的。而вирус–virus则是同源于拉丁语virūs，океан–ocean同源于希腊语ōkeanos[②]，багаж–baggage同源于法语bague。这一类词是俄语和英语中具有共同词源的词——俄英语同源词。

为了摸清俄英语同源词的数量规模，本文对俄英语同源词进行了较为全面的考察统计，方法是依据词典逐词分析筛选：首先，根据语音、形态、语义方面的

---

* 作者简介：胡荃，北京大学外国语学院俄语系讲师（博士后），博士，研究方向：俄语语义学、对比语言学。Email：huquan@pku.edu.cn。通信地址：100871北京大学外国语学院俄语系。
① 我国现阶段外语教学是以英语为主，高校俄语专业的学生通常已有多年的英语学习经历，具有一定的英语词汇积累。
② 本文中作为词源语的希腊语指的是古希腊语，而非现代希腊语。为了便于阅读和书写，文中希腊语词均转写为拉丁字母，与一般词典通行的做法一致。

特征锁定一对俄语词和英语词,然后分别查阅两词的词源,最后通过比较词源的异同判断是否为俄英语同源词。所依据的词典主要有《外来词详解词典》(Толковый словарь иноязычных слов, Крысин, 2010)、《牛津英语词典》(Oxford Dictionary of English, Stevenson, 2010)、《俄语词源词典》(Этимологический словарь русского языка, Фасмер, 1986-1987)、《牛津英语词源词典》(The Concise Oxford Dictionary of English Etymology, Haod, 1993)等。

通过较为全面的考察统计,一共考实4 288对俄英语同源词,占俄语外来词(约25 000)③的近五分之一(17.2%)。本文拟从俄语和英语均非母语的外语学习者和研究者视角,从词源、词类、术语、语义四个维度,对俄英语同源词进行系统的、多维的分析研究。

❷ 俄英语同源词概说

"同源"即事物的来源相同(《现代汉语词典》2012:1307)。汉语学界对同源词的理解普遍是沿用王力在《同源字典》的《同源字论》中对同源字的界定。王力(2002:5)认为,"凡音义皆近,音近义同,或义近音同的字,叫做同源字";"所谓的同源字,实际上就是同源词"。俄语学界语言学研究文献中用когнаты表示同源词,指两种或多种语言中具有共同来源的、语音相近的同根词。本文所讨论的俄英语同源词指的是俄语和英语中具有共同词源的词,例如:климат–climate(气候),其共同词源为希腊语klima;сезон–season(季节),其共同词源为拉丁语satiōne等。追根溯源,俄英语同源词由两个部分组成:一部分是俄语和英语共有的原始印欧语词,另一部分是俄语和英语共有的来源于其他语言的词。

2.1 共有的原始印欧语词

根据语言的谱系分类,俄语和英语同属于印欧语系,分属于斯拉夫语族东斯拉夫语支和日耳曼语族西日耳曼语支。谱系分类是以来源的共同性为依据对语言所作的分类,揭示世界上不同语言的历史渊源。由于俄语和英语是同属于印欧语系的亲属语言,因而它们都保留有原始印欧语词(胡荃,2019:29)。

原始印欧语词是俄语和英语中历史最久远的词层,是公元前2 000—公元前3 000年原始印欧语解体时从原始印欧语中继承或沿用下来的。这部分词不仅存在于俄语和英语中,也存在于印欧语系其他亲属语言中。但是,保留至今的原始印欧语词数量并不多,根据法国语言学家L. Léger的统计,约有800个左右(杨隽,1988:109),这些根词有丰富的构词能力。例如:два–two(二),其共同词源是*dwō(w)④;три–three(三),其共同词源是*treyes。又如:在原始印欧语根词*void

---

③ 俄语外来词总量依据《外来词详解词典》(Крысин,2010)的收词量(约25 000),该词典是目前收词最多、最全的俄语外来词词典。
④ 原始印欧语的构拟形式前加星号"*",用来区别于实际语言的形式。该标示方法由德国语言学家A. Schleicher提出,沿用至今。

基础上，俄语中构成了вид（样子）、видеть（看见）、видимость（能见度）、видимо（可见）、ввиду（鉴于）、совесть（良心）、известный（著名的）、уведомить（通知）、навестить（看望）等词；英语中构成了wise（智慧的）、wisdom（智慧）、wit（智力）、witling（自作聪明的人）、witness（目击者）、witless（愚笨的）、vision（视力）、visit（访问）等词。

2.2 共有的来源于其他语言的词

语言词汇是一种开放的系统。语言词汇的增加和拓展主要通过两个途径实现：一是由本语言固有词构成新词，二是从其他语言借入外来词。民族交往、语言接触产生外来词（华劭，2003：129）。维诺格拉多夫（Виноградов，1999：710）认为，任何民族、任何语言都不是孤立的存在，而是始终处于与其他民族及其语言的相互交往接触之中，因此任何语言都会借入外来词。尽管各民族语言的表达方式不同，但是有些概念为各民族所共有，这些概念通过词在不同民族之间传播。俄语和英语都具有悠久的外来词借入史，借入的外来词有共同的部分，因而两种语言存在共有的来源于其他语言的词。

在俄语的发展过程中，早在11—14世纪，古俄语中就有从希腊语、芬兰语、斯堪的纳维亚语、突厥语等语言借入的外来词，例如：从希腊语借入корабль（船）、парус（帆）、школа（学校）等；从芬兰语借入тундра（冻原）、пурга（暴风雪）等；从斯堪的纳维亚语借入кнут（鞭子）、сельдь（鲱鱼）等；从突厥语借入лошадь（马）、богатырь（勇士）等。17—19世纪，俄语通过西欧语言，尤其是法语借入很多希腊语词，例如：学科名称философия（哲学）、математика（数学）等；科学和政治词汇гипотеза（假说）、политика（政治）等；文学和艺术词汇поэзия（诗歌）、драма（戏剧）等。还通过法语、德语和波兰语借入很多拉丁语词，例如：科学术语эволюция（进化）、вакуум（真空）；教育方面词汇студент（大学生）、профессор（教授）；政治术语манифест（公告）、республика（共和国）等。从彼得大帝时期起，俄语大量借入德语词、法语词、英语词和荷兰语词，例如：从德语借入军事术语офицер（军官）、солдат（士兵）和矿业术语шахта（矿井）、шурф（探井）等；从荷兰语和英语借入海洋术语гавань（港湾）、мачта（桅杆）等。特别是19世纪上半叶，俄语从法语借入很多艺术、文学、饮食、服饰等方面的词汇，例如：балет（芭蕾）、сюжет（情节）、десерт（甜点）、пальто（大衣）等。19世纪末至20世纪初，俄语从英语借入许多体育术语，例如：футбол（足球）、матч（比赛）等。20世纪以来，尤其是20世纪末至21世纪初，随着俄罗斯社会的变革和发展，外来词又活跃起来，例如：大量借入金融方面词汇инвестиция（投资）、маркетинг（市场营销）等；计算机方面词汇сайт（网站）、сервер（服务器）等；大众传媒方面词汇саундтрек（声道）、ньюсмейкер（新闻制造者）等（Крысин，2007：121-124）。

在英语的发展过程中，英语的三个历史分期均有外来词借入。古英语时期（5—11世纪），随着基督教传入，不少拉丁词进入英语，例如：priest（神父）、monk（修道士）、nun（修女）、candle（蜡烛）等。中古英语时期（12—16世纪），大量法语词涌入英语，对英语词汇发展影响深远，例如：政治方面词汇state（国家）、

government（政府）、parliament（议会）、council（委员会）、power（权力）等；法律方面词汇court（法院）、judge（法官）、justice（公正）、crime（罪）、prison（监狱）等；军事方面词汇army（军队）、war（战争）、soldier（士兵）、battle（战役）、enemy（敌人）等；教育方面词汇pupil（小学生）、lesson（课）、library（图书馆）、science（科学）等；日常生活词汇table（桌子）、plate（盘子）、dinner（晚餐）、river（河流）、autumn（秋天）等。早期现代英语时期（16世纪初），受文艺复兴运动影响，大批希腊语词和拉丁语词进入英语，多为抽象名词和科学、艺术术语，例如：atom（原子）、cycle（周期）、ethics（伦理）、moderate（适度的）、permanent（永久的）、elect（选举）、create（创造）、status（数据）、phenomenon（现象）、philosophy（哲学）、method（方法）、music（音乐）等。资产阶级革命和工业革命之后，英国向外扩张，不断从各种语言借入外来词。20世纪以来，国际交往日益频繁，英语词汇组成也越来越丰富。英语中外来词占词汇总量的比例要高于很多语言，英语中的固有词所占比例只有30%左右（Арнольд，2012：221）。

纵观俄语和英语借入外来词的历史，希腊语和拉丁语作为主要来源语言占有重要地位。希腊语和拉丁语是现代印欧语系诸语言的前辈（德雷仁，1999：10）。希腊语和拉丁语曾在不同时代和不同地区起过世界共通语的作用。语言学界对世界共通语的探索历史，也从某种程度上证明了希腊语和拉丁语是印欧语系诸语言的共有词库。有学者主张采用简化和规则化的希腊语作为世界通用语，例如：匈牙利学者I. Télfy、德国学者A. Boltz、J. Flach和L. Kuhlenbeck等；还有学者提议选择更加国际化、更为大众熟悉的拉丁语作为世界通用语，例如：法国学者P. Stojan、L. Couturat和L. Leau等。但是，由于民族、社会、文化等多方面的因素，大多数实践世界共通语的方案都没有得到普及。其中，只有波兰学者L. L. Zamenhof创设的世界语（Esperanto）流通最为广泛。一般而言，世界语中差不多40%—60%的词，母语为俄语的人不用学就能懂；对于拉丁系民族来说，这比例高达80%（德雷仁，1999：308）。由于希腊语和拉丁语是印欧语系的共有词库，俄语和英语有相当一部分共同来源于希腊语和拉丁语的词，希腊语和拉丁语是俄英语同源词的主要来源语言。

❸ 俄英语同源词多维研究

为了深入地了解和认识俄英语同源词，我们分别从词源、词类、术语、语义四个维度对俄英语同源词进行系统的分析研究。

3.1 词源维度

按照词源语种，俄英语同源词可以分为以下几类：拉丁语源词、希腊语源词、法语源词、意大利语源词、阿拉伯语源词、西班牙语源词、德语源词和其他语源词。

拉丁语源词指具有共同拉丁语词源的俄英语同源词，例如：документ–document（文件）< documentum、инстинкт–instinct（本能）< instīnctus、легенда–legend（传说）< legenda等。拉丁语源词约占49.6%，拉丁语是俄英语同源词的最主要来源。

希腊语源词指具有共同希腊语词源的俄英语同源词，例如：академия–academy（研究院）< Akadēmia、горизонт–horizon（地平线）< horizon、период–period（时期）< periodos 等。希腊语源词约占 26.6%，希腊语是俄英语同源词的第二大主要来源。

法语源词指具有共同法语词源的俄英语同源词，例如：аппетит–appetite（食欲）< appètit、сувенир–souvenir（纪念品）< souvenir 等。法语源词约占 12.2%，法语是俄英语同源词的第三大主要来源。

意大利语源词指具有共同意大利语词源的俄英语同源词，例如：банкет–banquet（宴会）< banchetto、карьера–career（生涯）< carro 等。意大利语源词约占 3.3%。

阿拉伯语源词指具有共同阿拉伯语词源的俄英语同源词，例如：адмирал–admiral（将军）< admir、мечеть–mosque（清真寺）< mäsdžid 等。阿拉伯语源词约占 1.7%。

西班牙语源词指具有共同西班牙语词源的俄英语同源词，例如：парад–parade（阅兵）< Parar、румба–rumba（伦巴舞）< rumba 等。西班牙语源词约占 1.2%。

德语源词指具有共同德语词源的俄英语同源词，例如：балкон–balcony（阳台）< Balkon、герц–hertz（赫兹）< Hertz 等。德语源词约占 0.8%。

其他语源词指来源于荷兰语、日语、梵语、希伯来语、波斯语、汉语、土耳其语、突厥语等 38 种语言的俄英语同源词，来源于每一种语言的俄英语同源词占总数的比例均不足 0.5%。属于其他语源的俄英语同源词一共约占总数的 4.6%。

为了更直观地展示俄英语同源词的词源情况，根据以上分类统计结果，列出俄英语同源词词源维度分析图（见图 1 俄英语同源词词源维度分析）。

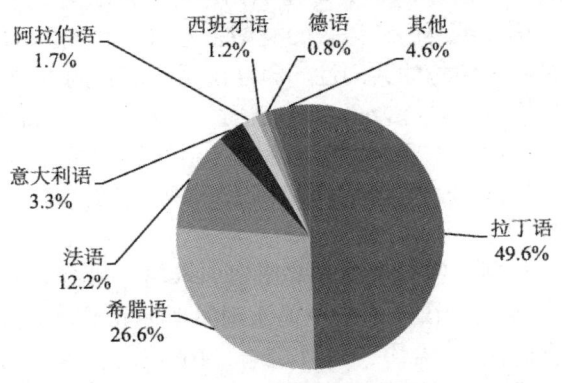

图 1 俄英语同源词词源维度分析

3.2 词类维度

俄英语同源词包括：名词、形容词、动词、副词、感叹词和语气词。

俄英语同源词中绝大多数是名词（约占 91.7%），例如：бюджет–budget（预算）、вакансия–vacancy（空缺）、корпус–corpus（躯干）。俄英语同源词中数量居第二位的是形容词（约占 5.9%），例如：мобильный–mobile（移动的）、глобальный–global（全球的）、элегантный–elegant（优雅的）。俄英语同源词中有少量的动词（约占 2.1%），例如：игнорировать–ignore（忽视）、фиксировать–fix（固定）。俄英语同源

词中还有极少数的副词（约占0.26%），例如：адажио–adagio（缓慢地）；感叹词（约占0.01%），例如：браво–bravo（好啊）；语气词（约占0.03%），例如：аминь–amen（阿门）。除了个别虚词之外，俄英语同源词几乎全部为实词。根据以上分类统计结果，列出俄英语同源词词类维度分析图（见图2 俄英语同源词词类维度分析）。

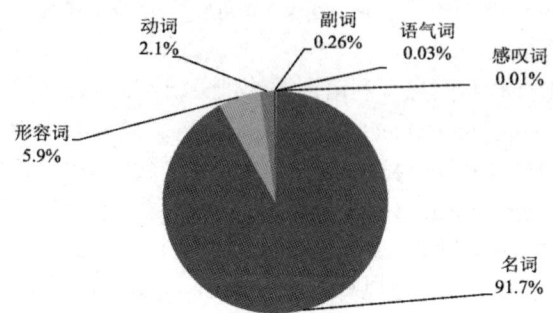

图2 俄英语同源词词类维度分析

俄英语同源词存在词类不对等的现象。主要有两种情况：一是不同词类的俄语词对应同一形态的英语词，例如：俄语名词баланс（平衡）和动词балансировать（使平衡）对应同一形态的英语词balance（平衡），因为balance既可以是名词也可以是动词；二是单一词类的俄语词对应多种词类的英语词，例如：статус–state（地位）中俄语статус是名词，而英语state既可以是名词也可以是动词。之所以存在词类不对等的现象，主要与俄语和英语两种语言的类型差异有关。类型分类是语言的形态学分类，其分类依据是语言结构的共同性。印欧语系各语言的类型经过长期的历史演变也产生了分化，俄语依然是综合语，而英语成了分析语。俄语和英语的转类方式具有不同特点，俄语中通常需要通过形态手段（后缀和词尾）实现词类转换，而英语中往往可以不通过形态手段，即没有形态变化实现词类转换。

3.3 术语维度

俄英语同源词包括两类：术语和非术语。术语一般分为通用术语和专业术语，此处所说的术语是专业术语，词典中通常对这类术语作专业标注。通过分析统计得出，俄英语同源词中术语约占六分之一（16%），非术语约占六分之五（84%）（见图3 俄英语同源词术语维度分析）。

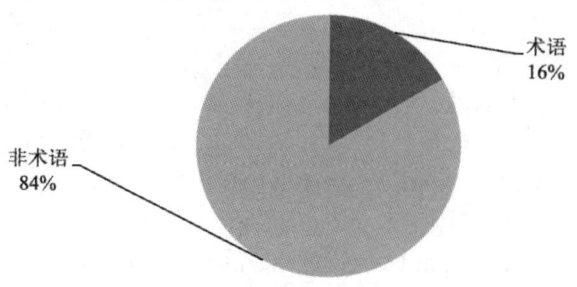

图3 俄英语同源词术语维度分析

在此基础上，对俄英语同源词中术语所涉及的专业领域进行进一步分类分析。俄英语同源词中的术语涉及41个专业领域，其中主要专业领域有语言学、医学、历史、物理、几何等。其他专业领域指每一个专业领域不超过5对俄英语同源词的专业领域（见图4 俄英语同源词术语专业领域分析）。

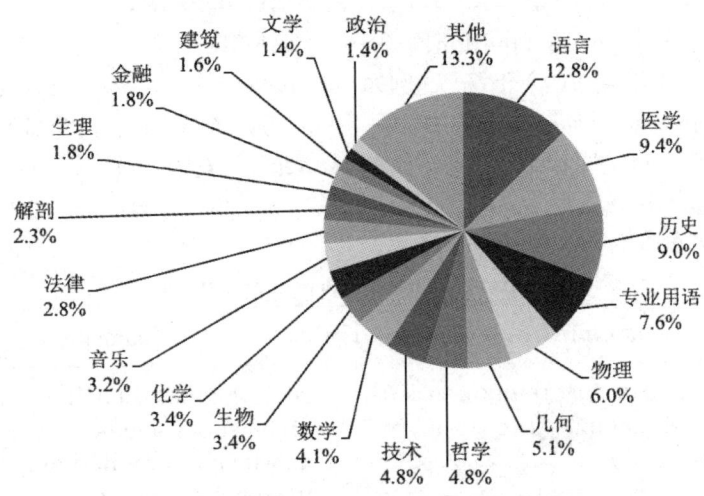

图4 俄英语同源词术语专业领域分析

需要说明的是，存在俄语词典和英语词典对俄英语同源词的术语专业标注不同的现象。例如：конъюнкция–conjunction，俄语词典对конъюнкция（合取）的专业标注为数学、哲学术语（мат., филос.），而英语词典对conjunction（连词）的专业标注为语法术语（grammar）。不同词典对术语的标注不同的原因主要有三个方面：一是有些术语属于跨专业术语；二是有些专业术语与通用术语的界限并不稳定；三是不同词典的编纂原则不尽相同。此外，还存在俄英语同源词中一个词是术语，另一个词不是术语的现象。例如：суппорт–support，俄语суппорт是技术术语（тех.），表示"刀架，支架"；而英语support是非术语，表示"支持""资助""证明"等意义[5]。存在这一现象主要是由于源词进入俄语和英语后发生不同的语义演变，俄英语同源词其中之一的语义范围缩小，表示专门的意义，转化为术语。

3.4 语义维度

俄英语同源词有两种基本类型：语义相同和语义相异。语义相同指俄英语同源词的语义相同，不存在语义差异；语义相异指俄英语同源词的语义不同，存在语义差异。下面简要举例说明。

俄英语同源词语义相同，例如：

---

[5] 文中俄语词汉语释义参考《大俄汉词典》（黑龙江大学俄语语言文学研究中心辞书研究所，2001）；英语词汉语释义参考《牛津高阶英汉双解词典》（霍恩比，2005）。

具体语言研究

бульон–bouillon < лат. bullīre

бульон	bouillon
Отвар из мяса.	Thin soup or stock made by stewing meat, fish, or vegetables in water.

俄英语同源词бульон–bouillon同源于拉丁语bullīre（煮），具有相同的语义，都表示"（用肉、鸡等煮成的）清汤"，例如：*Оставшийся от обеда* **бульон** *подать в чашках к следующему завтраку.*（午餐剩下的肉汤会当作第二天的早餐装在碗里端上桌。）/ *Tomorrow he'll be able to eat a little, just light food,* **bouillon** *and apple juice, post-surgery diet kind of food for a day.*（明天他可以吃一点东西，只能清淡饮食，比如肉汤和苹果汁，按术后规定饮食进食一天。）⑥

паразит–parasite < греч. parásitos

паразит	parasite
1. биол. Организм (растение или животное), питающийся за счет другого организма.	1. An organism that lives in or on an organism of another species (its host) and benefits by deriving nutrients at the other's expense.
2. перен., презр. Тот, кто живет чужим трудом, тунеядец.	2. (derogatory) A person who habitually relies on or exploits others and gives nothing in return.

俄英语同源词паразит–parasite同源于希腊语parásitos（在别人桌上吃饭的人）。Паразит–parasite语义相同，有两个相同的义项。第一个义项表示"寄生物、寄生虫"，例如：*Сегодня этот мучавший человечество тысячелетиями* **паразит** *хранится лишь в нескольких лабораториях.*（现在这种折磨了人类几千年的寄生虫只保存在为数不多的实验室里。）/ *But climate change could also be playing a role in helping the* **parasite** *survive in new ecosystems.*（但是气候变化也对帮助这种寄生虫在新的生态系统中生存下来起到一定作用。）第二个义项通过第一个义项转移派生，表示"不劳而食的人"，并且该意义在两种语言中都带有贬义色彩，例如：*А теперь вот сидит на шее у жены,* **паразит***.*（而现在他就靠着妻子生活，是个寄生虫。）/ *We say do your own work, don't live off of anybody else, don't be a* **parasite***.*（做你自己的工作，不要靠别人生活，不做寄生虫。）

---

⑥ 文中俄语例句来自俄罗斯国家俄语语料库（Национальный корпус русского языка）；英语例句来自美国当代英语语料库（Corpus of Contemporary American English）。

нарцисс–narcissus < греч. narkissos

нарцисс	narcissus
1. Травянистое луковичное растение с душистыми, обычно белыми или желтыми цветками. 2. одуш., с прописной буквы. В древнегреческой мифологии: юноша-красавец, который, увидев в воде свое отражение, влюбился в него, от этой любви умер и был превращен богами в цветок (того же названия). 3. одуш., перен. Любующийся своей красотой, самовлюбленный человек.	1. A bulbous Eurasian plant of a genus that includes the daffodil, especially (in gardening) one with flowers that have white or pale outer petals and a shallow orange or yellow cup in the centre. 2. Greek Mythology. (The name of) a beautiful youth who fell in love with his own reflection in water and pined to death. 3. (allusively) A person characterized by extreme self-admiration or vanity; a narcissist.

俄英语同源词нарцисс–narcissus同源于希腊语narkissos。二者语义相同，都可以表示植物"水仙"，例如：*Жёлтый нарцисс — к измене, красная роза — к страстной любви, незабудка — верность до гроба...*（黄色水仙象征背叛，红色玫瑰象征热烈的爱情，勿忘草象征至死不渝……）/ *I loved the pungent fragrance of the paperwhite **narcissus** that grew through the cracks.*（我喜欢那从裂缝中生长出来的白色水仙所散发的强烈香气。）Нарцисс–Narcissus作为专有名词，都表示希腊神话中的美男子"那喀索斯"，他因爱上自己水中的倒影，憔悴而死，死后化为水仙花。二者都在此意义基础上派生转义，表示"孤芳自赏的人，自我欣赏的人"，例如：*Я не нарцисс и не пользуюсь двойными зеркалами...*（我不是一个孤芳自赏的人，也不用双面镜……）/ *If you marry a **narcissus**, you will always end up wounded.*（如果你嫁给一个孤芳自赏的人，你最终总是会受伤。）

俄英语同源词语义相异，例如：

декада–decade < греч. deka

декада	decade
1. Промежуток времени в десять дней, третья часть месяца. 2. Такой промежуток времени, посвященный чему-н.	1. A period of ten years. 1.1 A period of ten years beginning with a year ending in 0. 2. Each of the five divisions of each chapter of the rosary. 3. A range of electrical resistances, frequencies, or other quantities spanning from one to ten times a base value.

俄英语同源词декада–decade同源于希腊语deka（十）。虽然декада–decade都保留与源词语义"十"相关的语义，但是二者语义不同，存在差异。俄语декада有两个义项，可以表示"十天，一旬"，例如：*Уже вторая **декада** сентября, до конца уборки картофеля не так уж много времени осталось, надо спешить.*（已经九月中旬了，收土豆的时间所剩不多了，要抓紧时间。）还可以表示"某事物或活动的十天或一旬"，例如：*Последняя **декада** гастролей прошла в Марселе.*（巡回演出的最后十天是在马赛。）英语decade有三个义项，第一个义项表示"十年"，例如：*The past **decade** has witnessed exciting advances in artificial intelligence research and applications.*（过去十年见证了人工智能研究和运用领域令人兴奋的发展。）该义项下派生子义项"某十年代"，例如：*The 1970s also was a major **decade** for municipal bankruptcy.*（19世纪70年代也是市政破产的一个主要时期。）第二个义项表示"玫瑰经的一端（每章的五分之一）"，例如：*Then maybe a small group would join hands in a circle in prayer and somebody would begin a **decade** of the rosary.*（然后可能一小群人会拉手围成圆圈祈祷，有人会开始念玫瑰经的一端。）第三个义项表示"（电阻、电频等）以十为基值，十倍"，例如：*To reach a maximum rate of fall-off outside the pass band of 40dB per **decade** of frequency.*（达到通频带外最大衰减率40dB每十倍频。）

монстр–monster < лат. monstrum	
монстр	monster
1. Чудовище, урод. 2. О ком-чем-н. чрезвычайно значительном, выдающемся.	1. A large, ugly, and frightening imaginary creature. 1.1 An inhumanly cruel or wicked person. 1.2 (humorous) A rude or badly behaved person, typically a child. 2. A thing of extraordinary or daunting size. 3. A congenitally malformed or mutant animal or plant.

俄英语同源词монстр–monster同源于拉丁语monstrum（怪事、怪物），二者语义既有联系又有差异。虽然монстр–monster都可以表示"怪物、丑八怪"，但是不同的是，俄语монстр还可以表示"特别大、特别杰出的人或物"，例如：*А что думает о нашей воде **монстр** мирового прохладительного бизнеса?*（世界冷饮业巨头认为我们的水质如何？）而英语monster的"怪物、丑八怪"义项下有两个子义项，一个表示"残酷或者邪恶的人"，例如：*She wanted to comprehend what made people into unfeeling **monsters** who took life without a care.*（她想了解是什么使人们变成了毫无顾忌杀戮的无情怪物。）另一个用作幽默的说法指"行为粗鲁的人，尤其是小孩"，例如：*After the better part of an hour I think the little **monster** was getting tired, finally.*（过

了半个多小时，我想这个小怪物终于觉得累了。）英语monster还可以表示"巨大的东西"，例如：*Horrible metal **monsters**, they were, and loud.*（它们是可怕的金属怪物，而且噪音很大。）以及"先天畸形或变异的动物或植物"，例如：*Museums and private collectors have for centuries preserved specimens of **monsters** and mutants.*（博物馆和私人收藏者已经保存了几个世纪畸形和异形标本。）

багаж–baggage < фр. bague

багаж	baggage
1. Упакованные для отправки, перевозки вещи, груз пассажиров. 2. пере. О запасе знаний, сведений.	1. Suitcases and bags containing personal belongings packed for travelling; luggage. 2. Past experiences or long-held attitudes perceived as burdensome encumbrances.

俄英语同源词багаж–baggage同源于法语bague（结，卷）。二者除了都可以表示"行李"意义之外，分别在此意义基础上发生语义转移，派生不同的转义。俄语багаж派生"学识，学问"意义，例如：*Я имею скромный **багаж** знаний.*（我学识浅薄。）英语baggage派生"（思想）包袱，成见"意义，例如：*No matter how strong you are, sooner or later the emotional **baggage** has to weigh you down.*（无论你有多坚强，感情包袱迟早会把你压垮。）

通过分析统计发现，约五分之二（43%）的俄英语同源词语义相同，约五分之三（57%）的俄英语同源词语义相异（见图5 俄英语同源词语义维度分析）。

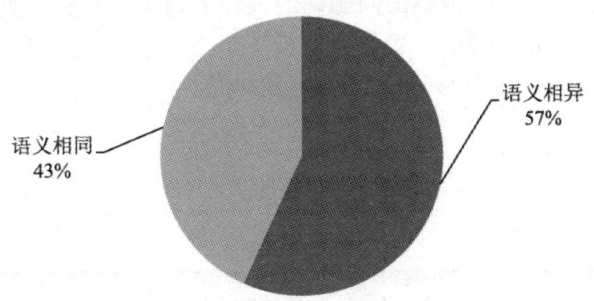

图5 俄英语同源词语义维度分析

由此可见，俄英语同源词除了在语音和形态上具有相似性之外，在语义上也具有一定的关联性。但是，俄英语同源词并非全都具有相同的语义，大部分俄英语同源词在保存着语义联系的同时，存在语义差异。俄英语同源词虽然同出一源，但其语义不尽相同。俄英语同源词的语义差异是源词在俄语和英语两种语言中发生不同语义演变的结果，受到不同民族精神和语言特性的共同作用。民族精神引导俄英语同源词语义演变的方向，语言特性决定俄英语同源词语义演变的具体路径。语言通过民族性获得确定的特性,而语义最明显地体现语言的民族性。俄英语同源词存在语义差异,符合语言的个性特征,反映了语言具有的民族性。

❹ 结语

在推进实施"一带一路"倡议的新时代背景下,我国对复合型、多语型外语人才的需求日益增长。英语和俄语作为许多"一带一路"沿线国家的官方语言和通用语言,在国际沟通交流中发挥着日益重要的作用,越来越多的国家和人员对两种语言学习和教学的关注度不断提高。我国俄英双语教育在呈现良好发展前景的同时,也面临着一些困难和问题:就教学者而言,对两种语言如何相互渗透、整合的机制和教学规律还缺乏足够的认识(赵爱国,2002);就学习者而言,两种语言学习相互干扰,语言之间的相似性和差异性都被认为是加重学习难度的因素(曹洪霞、俞希,2009)。可见无论是从教学者还是学习者角度,问题的关键都在于如何将俄英双语有效地联系起来,既促进两种语言学习教学的正迁移作用,又避免其负迁移影响。俄英语同源词或许可以成为联系俄语和英语词汇的结合点。通过认识和掌握俄英语同源词,一方面利用俄英语同源词在语音、形态、语义上的相似性联系,促进两种语言词汇的联想和记忆,进而提升俄英双语学习教学的效率和效果;另一方面关注俄英语同源词在语义上的差异性,尽量避免实际运用中的误解或错误,进而提升俄英双语交流和翻译的正确性和准确性。

本文对俄英语同源词做出了自己的界定,对俄英语同源词进行了较为系统的考察统计和多维研究,同时初步探讨了俄英语同源词的语义联系与差异,旨在抛砖引玉,以期引起国内外同仁对俄英语同源词的关注和讨论。有关俄英语同源词尚有许多问题,如俄英语同源词的语义差异类型及其产生机理、俄英语同源词在俄英双语学习教学中的应用等,都值得并有待于进一步思考和探索。

❏ Haod, T. F. 1993. *The Concise Oxford Dictionary of English Etymology.* Oxford: Oxford University Press.
❏ Stevenson, A. 2010. *Oxford Dictionary of English.* Oxford New York: Oxford University Press, USA.
❏ Арнольд И. В. 2012. *Лексикология современного английского языка.* М.: ФЛИНТА.
❏ Виноградов В. В. 1999. *История слов.* М.: Научный совет «Русский язык», Институт русского языка им. В. В. Виноградова РАН.
❏ Крысин Л. П. 2007. *Современный русский язык. Лексическая семантика.*

Лексикология. Фразеология. Лексикография. М.: Академия.
- Крысин Л. П. 2010. *Толковый словарь иноязычных слов.* М.: Эксмо.
- Фасмер М. 1986—1987. *Этимологический словарь русского языка: в 4 т.* Пер. с нем. и дополнения Трубачева О. Н. М.: Издательство «Прогресс».
- 曹洪霞、俞希, 2009, 日英、俄英双语专业学生英语学习观念调查.《外语界》（5）: 35–43。
- 岑麒祥, 2013,《语言学史概要》。北京: 世界图书出版公司。
- 德雷仁, 徐沫（译）, 1999,《世界共通语史》。北京: 商务印书馆。
- 黑龙江大学俄语语言文学研究中心辞书研究所, 2001,《大俄汉词典》。北京: 商务印书馆。
- 胡荃, 2019, 俄英语同源词语义演变探究.《中国俄语教学》（4）: 28–37。
- 华劭, 2003,《语言经纬》。北京: 商务印书馆。
- 霍恩比, 2005,《牛津高阶英汉双解词典》。北京: 商务印书馆; 香港: 牛津大学出版社。
- 王力, 2002,《同源字典》。北京: 商务印书馆。
- 杨隽, 1988,《俄语历史语法概论》。武昌: 华中师范大学出版社。
- 赵爱国, 2002, 俄英双语专业课程建设的几个问题.《中国俄语教学》（1）: 33–37。
- 中国社会科学院语言研究所词典室, 2012,《现代汉语词典》。北京: 商务印书馆。

An Investigation of Russian-English Cognates

Abstract: Russian-English cognates refer to words that have common etymological origins shared by Russian and English. Given that there is mounting evidence pointing to the potential influence of cognates on second or foreign language learning, it would be necessary, and of practical value, to conduct a fine-grained analysis on Russian-English cognates. This study offers a detailed analysis of more than 4 000 Russian-English cognates, accounting for about one fifth of the total loan words in Russian. Results indicate that Russian-English cognates can be roughly categorized into two types. The first type consists of words in Russian and English that originate from the Indo-European language, and the second type consists of words in Russian and English that boast origins in other languages. It is further revealed that Russian-English cognates mainly originate from Latin, Greek, and French, and the majority of them are nouns, with about one sixth being terminological words. In addition, about two thirds of Russian-English cognates are semantically different, although a handful of them retain semantic connections.

Key words: Russian-English cognates; etymology; parts of speech; terminology; semantics

俄语感知动词范畴特征的多维透视

广东外语外贸大学 孙敏庆*

[提　要]　感知动词范畴是感知行为在语言层面概念化和范畴化的结果，是词汇系统的重要组成部分。通过对俄语感知动词范畴内部成员及结构关系的深入剖析可知，该范畴是一个严整、有序，而又颇为复杂的词汇语义范畴，除了具备一般词汇语义范畴中普遍存在的同义、反义、上下义等聚合特征外，还具有鲜明的多中心特征、典型的原型特征和独特的等级特征。这些特征是人类客观生理构造功能、认知方式特点以及语言本质属性共同作用的结果。

[关键词]　感知动词；范畴；多中心性；原型；等级

❶ 引言

　　范畴化是"一种基于体验，以主客体互动为出发点，对外界事体（事物、事件、现象等）进行主观概括和类属划分的心智过程，是一种赋予世界以一定结构，并使其从无序转向有序的理性活动，也是人们认识世界的一个重要手段"（王寅，2007：96）。次范畴化是人们随着认知深化对事物进一步分类的过程。"语义次范畴是类化和区分现实世界、梳理自我世界的概念化认识工具，因此，语义次范畴化的过程同时也是增进对世界识解和认知的积极过程"（彭玉海、王朔，2017：60）。作为承载概念意义的词汇语义范畴，由于外界客观事物的复杂性和人类主观认知的差异性以及语言表达的模糊性，往往呈现出复杂的特征。对范畴化、次范畴化以及对范畴系统特征的揭示，可以跨越经典范畴理论和原型范畴理论之间的藩篱，进行综合考察。从不同理论视角出发，兼顾形式、功能、成员、层次、结构，以及彼此间横向、纵向、中心、边缘关系，有助于实现对词汇语义范畴的多维立体研究。

---

*　作者简介：孙敏庆，广东外语外贸大学外国语言文学博士后流动站在站博士后，研究方向：俄语语言学、对比语言学、翻译学。Email：smq_ru@163.com。通信地址：513006 广东外语外贸大学翻译学研究中心。
　　本文系教育部人文社会科学重点研究基地重大项目"阿普列相语言学理论与现代汉语语义句法研究"（项目编号：17JJD740005）和黑龙江省教育科学"十三五"规划重点课题"大数据背景下语料库资源在俄语专业教学中的应用研究"（项目编号：GBB1317096）的阶段性成果。

感知动词范畴是感知行为在语言层面概念化和范畴化的结果。俄语感知动词（глагол восприятия, перцептивный глагол）主要包括 смотреть（看）、видеть（看见）、слушать（听）、слышать（听见）、нюхать（闻）、щупать（触）、пробовать（尝）等。俄语感知动词范畴，如同许多其他类别动词范畴，具有同义、反义、上下义、转换关系以及派生关系等聚合特征。国内外诸多学者，如克列托夫（А.А. Кретов 1980）、瓦西里耶夫（Л.М. Васильев 1981）、阿普列相（Ю.Д. Апресян 1995）、弗兰古利斯（З.С. Франгулис 2007）、帕杜切娃（Е.В. Падучева 2004）、符淮青（1996）、归定康、吴哲（2004）、武文杰（2011）、彭玉海（2018）等都进行过相关论述。对这些聚合关系的剖析无疑有助于从微观层面揭示俄语感知动词范畴内部组成及关系特征。然而，感知动词范畴除了具有这些普遍的聚合关系特征外，还有一些独有特征，本文将通过对该类动词范畴结构、层级以及各次范畴功能进行多维透视，揭示其内在的逻辑性和系统性。

❷ 俄语感知动词范畴结构及其多中心特征

"多中心"结构类型这一术语曾被俄罗斯功能语言学家邦达尔科（А.В. Бондарко）在《俄语语法理论问题》（Теоретические проблемы русской грамматики）中用于探讨功能语义场问题。他指出，功能语义场可以划分为两种基本结构类型：单中心的（моноцентрический）和多中心的（полицентрический）。单中心功能语义场的典型特点是以某一个特定的语法范畴为核心，如动词的时间场；多中心结构的功能语义场则不是以某一个语法范畴为基础，而是可划分为几个类别，每一个类别都有自己的典型成分和边缘成分，如时序场可分为制约性的和非制约性的（Бондарко, 2004: 14）。

我们认为，词汇语义范畴也可分为多中心结构范畴和单中心结构范畴。感知动词范畴不是单中心结构，而是多中心结构。这种多中心结构与感知动词次范畴化密切相关。目前学界对感知动词的次范畴化主要从两个维度着手。一是依据发挥作用的具体感知器官进行分类；二是根据感知动词内部区别性特征划分，如"目的性/非目的性""结果性/非结果性""积极性/消极性""存在/开始""使役/非使役"等。

就第一个维度而言，俄罗斯学者也观点不一，研究各有侧重。瓦西里耶夫在《俄语动词语义》（Семантика русского глагола）一书中主要探讨了一般感知、视觉感知、听觉感知、嗅觉感知、触觉感知，但未谈及味觉感知（Васильев, 1981: 52-68）。巴边科主编的《俄语动词详解大词典》（Большой толковый словарь русских глаголов）中收录的感知动词主要是视觉、听觉动词，还收录了一般感知动词，个别触觉动词，但未收录嗅觉和味觉动词（Бабенко, 2009: 303-310），而在《俄语动词句：实验句法词典》（Русские глагольные предложения: экспериментальный синтаксический словарь）中分析感知情景句时，他补充谈及了嗅觉动词，但仍未涉及味觉动词（Бабенко，2016：181-191）。一般感知主要指不具有明确感知器官作用方式的感知行为，如воспринимать（感知，知觉）、чувствовать（感觉，觉得）、ощущать（感觉，感到）等。帕杜切娃在《词汇语义动态模式》（Динамические модели в семантике лексики）一书中指出，存在五种感知类型：视觉的（зрительное）、听觉的（слуховое）、嗅觉的（обонятельное）、触觉的（осязательное-тактильное）和味觉的（вкусовое）（Падучева，2004：214）。我们认为，俄语感知动词范畴的多中心具体体现为上述五个中心。一般感知动词作为概括性词汇单位，位于范畴的上位层次，其语义成分包含于其他次范畴成员语义结构中，因而不作为独立次范畴出现。这种多中心结构的确立，不仅有其根本的生理学基础，还有语言学依据。

"感知活动是多方面行为内容的综合体，它包含具体、实在的现实对象以及人的感知系统交互作用，内在、外在的现实事物都可能以某种形式作用于它"（彭玉海，2018：252）。感知系统主要由彼此独立又相互联系的视觉、听觉、嗅觉、触觉和味觉五个子系统构成。五大感觉器官各司其职，尽管人的感官可以相互连通产生共鸣、相互协同发挥作用，但是感觉器官具有特定性、独立性，各种感觉不能相互代替，比如，对光、色的感知只能借助于视觉系统，而其他感知不能代替；对于音响的感知只能借助于听觉系统，其他感知系统亦无法取代。

客观现实映射到语言中，感知动词范畴相应也存在视觉、听觉、嗅觉、触觉和味觉动词五个次范畴，每个次范畴分别构成一个中心。"动词语义次范畴的确立由动词语义特征的一致性和对比性决定，这些语义次范畴对应于动作现实类型所包含的语义思维内核和典型特征"（彭玉海、王朔，2017：60）。感知动词范畴的次范畴化可以从词典释义中寻找依据。五个次范畴的感知动词在语义上有典型区分性义子，即特定的感知器官。如五类感知动词的区分义子分别为зрение/глаза（视觉/眼睛）、слух/уши（听觉/耳朵）、обоняние/нос（嗅觉/鼻子）、осязание/кожа（触觉/皮肤）、вкус/язык（味觉/舌头）。试比较巴边科主编的《俄语动词详解大词典》中对部分视觉与听觉感知动词的释义：

смотреть（看）— воспринимать кого-, что-л. с помощью органов *зрения*, направляя взгляд куда-л., на кого-, что-л.将目光投向某处、某人、某物，通过视觉器官感知某人某物。

видеть（看见）— воспринимать кого-, что-л. органами *зрения—глазами*.通过视觉器官——眼睛，感知某人某物。

коситься（斜视）— воспринимать кого-, что-л. боковым *зрением*, обычно с выражением неудовольствия, враждебности.通过侧目感知某人某物，常表达不满和敌意。

слышать（听见）— воспринимать издаваемые, производимые кем-, чем-л. звуки с помощью органов *слуха*, различая их.借助听觉器官感知某人某物发出的声音，以区别声音。

подслушивать（偷听）— воспринимать органами *слуха* чужую беседу тайком, прячась.借助听觉器官暗地感知他人谈话。

多中心结构的确定是深入剖析感知动词范畴系统特征的基础。感知动词内部的"积极性/消极性""主体定位类/客体定位类""过程性/结果性""目的性/非目的性"等其他诸多区别性特征都可置于该中心框架下进行考察。例如，根据感知活动的两种方式（积极和消极）和感知活动的两个参与者（主体和客体）可将视觉感知动词划分为4类：主体积极类，如наблюдать（观察）、подсмотреть（偷看）；主体消极类，如недовидеть（看不清）、заметить（发现）；客体积极类，如мелькать（闪现）、вырисоваться（显出）；客体消极类，如видеться（被看见）、виднеться（显出）。其中，主体积极类内部可再细化为诸多类别，包括强调目的类，如осмотреть（检查）、подмигать（使眼色）、приглядеть（物色）、сторожить（看守）；强调空间类，如высмотреть（向外张望）、засмотреть（向内窥视）、обзирать（环顾）；强调主体态度类，如зариться（<俗>眼红，觊觎）、сглазить（<旧时迷信用语>用毒眼看人而使其发生不幸）。尽管如此划分，还应承认，感知动词次范畴内部成员的地位并不是平等的，边界也不是十分清晰，都有中心和边缘之分。

❸ 俄语感知动词范畴层次及其原型特征

从原型范畴理论看，感知范畴具有典型的层次性和原型特征。罗施和麦维斯（E. Rosch & C.B. Mervis）指出，原型范畴具有层次性，各层次范畴的信息量和实用性不同，其中有一个层次在认知和语言上比其他层次更加显著，在建立范畴中起着更为重要的作用，这个层次被称为基本层次（转引自王寅，2007：136）。以基本层次为标准向上延伸构成上位层次，向下延伸构成下位层次。上位范畴是对基本范畴更抽象的概括。基本范畴是"人类对事物进行区分最基本的心理等级，是认知的重要基点和参照点"，此范畴层次上，"大脑的经验范畴与自然界的范畴最接近、最匹配，人们更容易感知和记忆"（赵艳芳，2000：59）。作为范畴成员典型实例的原型位于基本范畴层次，它是范畴建立、范畴识别最为重要的依据，具有最大的区分性和最多的信息量，是确定其他范畴成员的参照点。

就整个感知动词系统而言，воспринимать/воспринять位于上位范畴层次，具有高度的抽象性、概括性，作为共有语义成分，它将感知动词聚合在一起。下位范畴词往往突出感知行为的某一具体属性，从而获得更具体的含义，如впериться（凝视）、заслушаться（听得出神）、обнюхать（四处嗅）、прикоснуться（轻轻触及）、отведать（品味）。

那么，基础范畴词如何确定呢？赵艳芳对此概括为："从心理角度看，基本范畴词是表现感知和功能完形最高的词汇等级；从发展的角度看，它是儿童最早习得的；从语言角度看，其词形最简单；从概念化角度看，是原型效应最明显的等级"（赵艳芳，2000：94）。对于感知动词系统来说，基本范畴层次是包含特定感知器官语义成分的视觉、听觉、嗅觉、触觉、味觉五类感知动词的这一层次。感知动词每个次范畴中的成员地位并不平等，主体定位类动词的原型特征要比客体定位类动词的原型特征明显。因此，感知动词基本范畴层次中的最典型成员，即原型成员，应该在主体定位类动词中寻求。学界对原型成员的判断，一般依据四个标准：意义标准、构词标准、频率标准和修辞标准。

原型成员语义更基础、更概括。如视觉动词中смотреть（看）、видеть（看见）的意义最为基础，其他视觉动词基本都可以借助其进行释义。如глазеть（闲看）= смотреть на кого, что-л. бесцельно（漫无目的地看某人某物）；глядеться（照）= смотреть на своё отражение в чём-л.（зеркало, стекло, вода）（看某物（镜子、玻璃、水）上自己的映像）；видеться（相见）= видеть друг друга при встрече（会面时看见彼此）。

原型成员通常为生产词，词形简单，具有更强的构词能力。以视觉动词смотреть为例，由其可派生出66个词，派生词词类涵盖动词、名词、形容词和副词（Тихонов, 2014：438-439）。由基础范畴词再构成词形更复杂的на-смотреть-ся（看够；看到许多）, по-на-смотреть-ся（逐渐看到许多）等派生词。视觉动词глядеть（看）的词形也较简单，但其构词能力不及смотреть，作为生产词所派生的词数和派生词类都相对少（Тихонов, 2014：131）。因此，смотреть的原型特征更为突出。又如，嗅觉动词обонять（嗅）和чуять（嗅到）均为非派生词，但前者只能派生出обоня-ни[j-э]（嗅觉）和обоня-тель-ый（嗅觉的）两个词（Тихонов, 2014：321），而后者可派生出20个词，数量远超前者。因此，чуять更具有原型特征。

原型成员具有相对较高的使用频率。如视觉动词видеть和видать均具有"看见"意义，但使用频率却相差悬殊。видеть的使用频率高达818.2次/百万词，而видать的使用频率仅为28.6次/百万词（Ляшевская, Шаров, 2009：1025，1030）。

原型成员属修辞中性词。具有修辞色彩的词一般不属于基本范畴词，尽管взирать（看，顾，观察）、зреть（看见，观看）、глазеть（看，瞧，望）、созерцать（观察，察看）、пялиться（盯着看）与смотреть同义，核心义都表示"看"，但不能视为基础范畴词。因为взирать为旧词，зреть为文语词、旧词，глазеть为俗语词，созерцать为书面语词，пялиться为俗语词，具有贬义色彩。又如，слухать（听）和слыхать（听，听见）虽然也具有典型听觉义，但却是方言词、俗语词，因此也不属于基本范畴词。

根据上述几个标准，我们可以将смотреть（看）、видеть（看见）、слушать（听）、слышать（听见）、нюхать（闻）、чуять（闻到）、щупать（摸）、осязать（触及）、пробовать（尝）视为各感知动词次范畴中的原型词。其中视觉和听觉词就整个感知范畴而言更具有典型性。原型词具有最大联想性，在语言使用者的意识中占据主导地位。

从认知角度看，原型范畴也是模糊范畴，范畴成员之间通过家族相似性联系在一起，典型成员占据范畴中心位置，非典型成员占据边缘位置，某一成员划归到该范畴还是临近范畴，有时界限并不十分清晰。感知动词范畴边界模糊性既体现在内部各次范畴之间,也体现在感知范畴与其外部其他相邻范畴之间。就内部而言,由于通感机制,某一次范畴成员发生语义投射,衍生出其他次范畴意义,如принюхаться由"(为了辨别气味而)闻一闻、嗅一嗅"衍生出"监视;偷听"之义;就外部而言,主要缘于感知动词本身的语义复杂,诸如有些动词语义除了具有"感知"成分外,还具有"心智""想象""言语"成分,以及其他表示伴随动作意义的成分,如любоваться(观赏)、сниться(梦见)、читать(阅读)、встречать(遇见)、приглядеть(照看),易与心智动词、想象动词、言语动词等范畴相交叉。

❹ 俄语感知动词范畴功能及其等级特征

感知动词范畴功能体现在成员数量、使用频率、构词能力、语义引申和句法构造等方面。那么五个感知次范畴之间是否存在功能上的等级差异?如果存在,等级特征又如何?对此学界观点不一。阿普列相认为,"感知子系统可以按照重要性进行排序,这种重要性取决于通过各感知子系统进入人类意识中的信息容量大小,从这一角度看,所有研究者都认为视觉是主要的子系统,其次是听觉,然后是嗅、味、触觉,虽然后三个子系统的相对顺序不像前两个那么明晰"(Апресян,1995:363)。对于语言中感知子系统的等级顺序,阿普列相认为这与语言的人本中心论密切相关,"与其他任何生物相比,人能区分更多的视觉、听觉形象(后者显然是由于语言的口传性)。相反,人的嗅觉远没有狗那么发达,众所周知,狗能分辨出的味道达30万种,嗅觉词相对贫乏与嗅觉灵敏性低有关,假设存在狗的语言,那么在这种语言中占首要位置的可能就是嗅觉了"(Апресян,1995:365)。

阿普列相在论证感知子系统等级序列时指出,"可以列举两个论据来证明这个顺序不是外部强加给语言的,也不是满足某种不相干的逻辑学观点,而是直接源自语料"(Апресян,1995:363)。阿普列相的第一个论据是各子系统的词位数量。"首先,某个子系统在等级中的位置直接依赖于为该子系统服务的词位数量。显然,服务于视觉感知的词汇是最丰富和多样的,其次是听觉词汇,但数量要少得多,嗅觉、味觉、触觉词汇的数量更少,后三者之间的差别不那么明显"(Апресян,1995:363)。鉴于此,他又引入了第二个纯语言学论据——语言中的隐喻化过程,即乌尔曼(S. Ullmann)在20世纪50年代总结出的通感隐喻统计学规律(Апресян,1995:364)。乌尔曼对19世纪不同语言诗作中的通感用例进行了详细调查,研究发现,通感现象有共同的内在规律,即呈等级分布(hierarchical distribution),具体说来,感觉的移动方向呈现由较低级向较高级感官、由较简单向较复杂感官移动的趋势,对较高级感官的刺激能引起较低级感官的反应。在语言表达上,表示低级感觉的词用来修饰较高级感觉的词,反向的用例明显较少。从低级到高级依次如下:触觉、味觉、嗅觉、听觉、视觉(李国南,1996:38-39;赵艳芳,2000:44)。阿普列相也举出了俄语中大量通感搭配现象,证明了乌尔曼发现的通感规律。"有大约80%是严格按照从感知等级的低层次向其高层次方向进行,只有20%的转义是逆向进行"

(Апресян，1995：364)。

莫伊谢耶娃（C.A. Моисеева）在对西罗曼语支中的法语、意大利语、西班牙语感知动词语义场结构进行探讨时指出，"与感知系统功能相应，视觉和听觉感知动词是主要的，在语义范围上，视觉和听觉与其他三种（嗅觉、味觉、触觉）感觉相对立，虽然后三者相对次序不像前两者那么明确，但显然，味觉位列最后"（Моисеева，2005：106-107）。莫伊谢耶娃的看法与维贝格（A. Viberg）提出的感官动词等级序列观相吻合：sight（视觉）＞ hearing（听觉）＞ touch（触觉）＞ smell, taste（嗅觉，味觉）。维贝格旨在说明越靠左边的感官动词越容易扩展，功能也越多（Viberg，1983：123-162）。

关于感知词汇的等级性，也有其他学者提出不同看法，如斯洛布江（Е.А. Слободян）认为感知场不具有等级差异，各子场地位相等，他赞同维普列娃（И.Г. Вепрева）和库索娃（М.Л. Кусова）将感知场结构类型称为扇形结构，五个子场通过对立关系构成统一的语义场，五个场之间通过隐喻和换喻机制建立联系（Слободян，2007：6）。这里的"对立关系"具体表现为：1) 从是否接触感知对象看，视、听、嗅觉与触、味觉相对；2) 从感知对象是现实事物还是现实事物的性质看，视、触觉与听、嗅、味觉相对立；3) 从对感知对象接触方式看，视觉与触觉相对立；4) 从感知行为器官是否特定看，视、听、嗅觉与味、触觉相对立（Слободян，2007：7）。事实上，这些对立关系，如同前文所提到的"目的性/非目的性""积极性/消极性"等区分性特征一样，反映了感知动词范畴的复杂性和次范畴之间的差异性，但并不能由此判定各子范畴地位就是等同的。

我们认为，感知动词各次范畴系统存在等级差异，不仅具有生理学、心理学依据，在语言功能上也有着一系列体现，具体如下：

首先，范畴成员数量，即各次范畴的词位数量，是反映该次范畴在词汇系统中地位的重要指标。我们可以通过两组具体数据进行说明，也是对阿普列相所作论述的一种佐证和补充。

1）感知动词的词位数量。帕杜切娃在《词汇语义动态模式》一书中对感知动词语义和句法功能进行研究，并附上了感知动词列表，收录动词共计194个（Падучева，2004：233-235）。尽管她指出，有些派生词如дослушать（听完）、зазвучать（响起来）、заглядеться（看得出神）等，属于有标记的行为方式类动词，可通过派生模式描写，因此并未列入其中（Падучева，2004：198）。但该列表也在很大程度上反映出了感知动词词位数量比例，其中视觉感知动词约占70%，听觉感知动词约占20%，而其他三类感知动词共约占10%。

2）感知动词的使用频率。我们认为，除了词位数量，还可以通过各子系统的动词使用频率来加以证明，即使用频率越高，功能越强。《基于俄语国家语料库的现代俄语频率词典》（Частотный словарь современного русского языка на материалах Национального корпуса русского языка）（Ляшевская、Шаров，2009：1025-1030）对词频最高的前1 001个动词进行了排列，包括频级和频次（每百万词次），我们将其中具有感知意义的动词及其相关数据抽取出来。以范畴为单位，进入前1 001的动词中，具有感知意义的动词共计77个。除3个一般感知动词воспринимать、ощущать和чувствовать外，具有视觉意义的动词数量最多，为57个；然后是具有听觉意义的动词，有10个；最后是具有触觉、嗅觉、味觉意义的动词，分别只有2个、3个、2个。以词为单位，我们参照该频率词典的统计方法，基于俄语国家语料库基础库（文本数是119 203，词次是288 727 494），对相应感知动词进行了验证统计，最新数据显示（统计时间为2019年9月28日）：视觉动词中видеть和смотреть频次仍然最高，分别为1 136.08和666.7；听觉动词中слышать和слушать频次最高，分别为302.1和256.5；触觉动词中касаться（接触、碰到）频次最高，为137.5；嗅觉动词пахнуть（散发气味）频次最高，为68.5；味觉动词пробовать（尝）频次最高，为35.2。尽管这些动词的词频统计是对所有义位（包括感知义和非感知义）的统计，但仍在很大程度上呈现出了感知动词频次梯度，反映了相应感知类别的等级关系。

其次，就构词派生而言，"感知动词具有明显的构词派生规律，视觉动词构词派生能力最强，听觉、嗅觉、触觉和味觉构词模式数量呈递减趋势。同理，由视觉到听觉、嗅觉、触觉和味觉，感知动词构词能力也依次减弱，各感知亚类中积极动词构词能力强于消极动词"（孙淑芳、孙敏庆，2013：50）。就语义引申而言，"视觉感知动词是最为典型、积极的感知动词类"（彭玉海，2018：253），其词义引申能力明显强于听觉动词，嗅觉、触觉、味觉动词次之。分别以各次范畴中的典型动词主体积极类感知动词为例即可见一斑，在《新时代俄汉详解大词典》（2014）中смотреть（看）、слушать（听）、нюхать（闻）、щупать（摸）、пробовать（尝）的义项数分别为：11、8、3、3、2。

此外，感知动词在句法功能方面也存在着等级差异。薛恩奎（2014：45-46）曾指出，"一般认为，凡与'光亮''颜色'相关的情景都可以与视觉关联，凡与'声响'相关的情景都可以与听觉搭配。并且，视觉和听觉感知的客体句法位不仅可以用具体事实名词填充，还可以用表示具体事件的小句填充。而填充嗅觉等其他感知动词的客体句法位只能是具体的事物名词或事物的特征名词（味道、特质）"。我们借助在线俄语国家语料库对感知动词的句法结构进行了实证研究。首先，将文本创建年限设定为2000—2019，建立子库，容量逾七千六百万词，然后通过设定相关词汇语法检索项，对感知动词用于V, что…和V, как…的句法结构形式进行检索，以验证其客体句法位能否用表示具体事件的小句填充。我们检索的视觉动词以смотреть、видеть、глядеть、следить、косить、зреть及其派生词为主，还有заметить（发现）、наблюдать（观察）、обнаружить（发现）等；听觉动词以слушать、слышать、слыхать及其派生词为主，同时包括внимать（聆听）、разведать（探听）；嗅觉动词以нюхать、чуять及其派生词为主，还有обонять（闻、嗅）；触觉动词为щупать、осязать、гладить、тронуть、касаться及其派生词；味觉动词为пробовать（尝）、вкушать（尝食）、отведать（尝一尝）、дегустировать（品味）。其中，部分感知动词检索数据如下：

感知动词	视觉				听觉				嗅觉			触觉				味觉			
	видеть	смотреть	наблюдать	замечать	слышать	слушать	слыхать	внимать	чуять	нюхать	обонять	щупать	осязать	гладить	тронуть	пробовать	отведать	вкушать	дегустировать
出现频次	63 447	46 900	7 754	5 035	15 602	13 228	595	473	840	442	58	196	347	1 553	1 583	2 674	253	147	146
V,что...频次	3 075	295	51	869	915	153	31	1	0	1	0	1	0	0	0	0	0	0	0
V,как...频次	2 706	1 178	822	158	809	261	7	1	2	1	0	0	2	0	0	0	0	0	0

数据表明，V, что…和 V, как…的结构形式在视觉和听觉感知动词句法层面有显著体现，而对于嗅觉、触觉和味觉动词而言，则极为少见或基本不用。需要说明的是，以上检索结果是通过人工校验、剔除无效数据（包括上述动词用于非具体感知义的语例数）而得出的。有些动词，如 чуять（嗅到，闻到），检索到的许多语例体现为 V, что…和 V, как…结构，但此时该动词已转用于引申意义，即一般感知意义或心智意义，而非嗅觉感知义，应予与区分。试比较：— Чуешь, как тянет? — Да, неслабо тянет, — согласился Петрович.（"感觉动力如何呀？""嗯，动力不错嘛，"彼得洛维奇赞同道。）Ксеня! Ты что — не чуешь, как утка подгорает?!（科谢尼亚！你怎么回事，没闻到鸭子烤糊了吗？！）[Алексей Грачев. Ярый-3. Ордер на смерть (2000)]

可见，俄语感知动词各子范畴在词位数量、使用频率、构词派生、词义引申及句法构造上都存在功能等级差异，其等级特征呈现出序列特性，整体而言，与阿普列相、莫伊谢耶娃和维贝格的观点基本吻合，可进一步具化为：视觉 > 听觉 > 嗅觉 > 触觉 > 味觉。

❺ 结论

综上所述，感知动词范畴特征有着多维体现，具有多中心特征、原型特征和等级特征，这是客观生理构造、功能、人类认知特点，以及语言基本属性共同作用的结果。多中心性体现为与客观现实相对应的五个次范畴，即视觉、听觉、嗅觉、触觉和味觉感知动词。感知动词系统具有原型范畴特征，从语义内容、构词能力、使用频率和修辞属性四方面的考察，可以确定其基本范畴层次及原型词，五个亚类感知动词之间存在等级关系序列。此外，由于人类具有共同的生理基础和思维认知功能，感知动词范畴在不同语言中表现出相通性，然而由于各民族的具体认知方式和语言表征方式不同，范畴成员组成和具体特征又体现出差异性，值得深入研究。研究也表明，感知动词范畴是一个内部较为严整、有序而又颇为复杂的词汇范畴，应从多维融合视角展开分析，才能更好地揭示出其范畴的系统特征。

- Viberg, A. 1983. The verbs of perception: a typological study. *Linguistics* 21:123–162.
- Апресян, Ю. Д. 1995. *Интегральное описание языка и системная лескикография*. Избранные труды. Том II. М.: Языки русской культур.
- Бабенко, Л. Г. 2009. *Большой толковый словарь русских глаголов. Идеограф. Описание. Синонимы. Антонимы. Английские эквиваленты*. М.: Аст-Пресс Книга.
- Бабенко, Л. Г. 2016. *Русские глагольные предложения: экспериментальный синтаксический словарь*. М.: Словари.ру.
- Бондарко, А. В. 2004. *Теоретические проблемы русской грамматики*. СПб.: СПбГУ.
- Васильев, Л. М. 1981. *Семантика русского глагола*. М.: Высшая школа.
- Ляшевская, О. Н., Шаров, С. А. 2009. *Частотный словарь современного русского языка (на материалах Национального корпуса русского языка)*. М.: Азбуковник.
- Моисеева, С. А. 2005. *Семантическое поле глаголов восприятия в западно-романских языках*. Белгород: Изд-во БелГУ.
- Падучева, Е. В. 2004. *Динамические модели в семантике лексики*. М.: Языки славянской культуры.
- Слободян, Е. А. 2007. *Системный, функциональный и исторический аспекты семантического поля слухового восприятия: на материале русского, польского и английского языков*. Автореф. дис. канд. филол. наук. Уфа: УГУ.
- Тихонов, А. Н. 2014. *Новый словообразовательный словарь русского языка для всех, кто хочет быть грамотным*. М.: АСТ.
- 黑龙江大学俄罗斯语言文学与文化研究中心辞书研究所，2014，《新时代俄汉详解大词典》。北京：商务印书馆。
- 李国南，1996，论"通感"的人类生理学共性。《外国语》（3）：34–40。
- 彭玉海、王朔，2017，试论语义次范畴问题。《语言学研究》（2）：55–64。
- 彭玉海，2018，《俄语动词认知隐喻机制研究》。北京：中国社会科学出版社。
- 孙淑芳、孙敏庆，2013，俄语感知动词构词语义问题探究。《外语学刊》（5）：46–51。
- 王寅，2007，《认知语言学》。上海：上海外语教育出版社。

□ 薛恩奎，2014，感知系统词汇化及其语义——句法关系分析。《外语学刊》(6)：44-48。
□ 赵艳芳，2000，《认知语言学概论》。上海：上海外语教育出版社。

The Category of Perception Verbs in Russian: A Multidimensional Perspective

Abstract: Verbs of perception, as results of conceptualization and categorization of perceptual behaviors in language, constitute an important part of the lexical system. This paper analyzes the members and relational structures of this category in Russian. It is shown that the category of perception verbs in Russian is neat, orderly and quite complex. This category has not only common paradigmatic features of synonyms, antonyms and hyponyms, but also distinct features of polycentricity, prototypes, and hierarchies. The formation of these characteristics is influenced by human physiological structure, cognitive features and the essence of language.

Key words: verbs of perception; category; polycentricity; prototype; hierarchy

（责任编辑：王辛夷）

基于语料库的英国英语道歉回应行为研究

北京航空航天大学/北京邮电大学 安 毅
对外经济贸易大学 向明友
四川外国语大学 苏 杭*

[提 要] 本研究依托英语国家口语语料库2014(Spoken BNC2014),在综合分析道歉回应策略和功能特征的基础上,归纳出英国英语道歉回应行为的主要类别,并进一步探讨男、女回应策略的差异及其潜在原因。研究发现,道歉回应可分为"接受""拒绝""确认""回避"和"澄清"五个类别;就道歉回应策略所作的对比分析显示,男性回应以信息导向型策略("澄清")为主,而女性回应以情绪导向型策略("接受""确认""回避""拒绝")为主;这表明,男性更关注信息交流,而女性更强调情绪表达。此外,男性更常使用"拒绝"策略,而女性更倾向于"接受"或"回避道歉"策略。论文尝试从英美性别文化视角探讨上述差异的动因,认为道歉回应之性别差异反映出男、女不同的交际文化和诉求。本文对完善道歉言语行为和礼貌研究、丰富跨文化交际和变异语用学研究具有重要意义,对跨文化语用对比研究也有所助益。

[关键词] 道歉回应;性别差异;礼貌;性别文化;英国英语

---

* 作者简介:安毅,北京航空航天大学博士,北京邮电大学人文学院讲师,研究方向:语用学、语料库语言学。Email:alananyi@163.com。通信地址:100876北京邮电大学人文学院。向明友,对外经济贸易大学英语学院教授,博士生导师,研究方向:语用学、英语语法研究。Email:xiangmingyou@163.com。通信地址:100029 对外经济贸易大学英语学院。苏杭,四川外国语大学外国语文研究中心教授。研究方向:语料库语言学、(语料库)语用学等。Email:suhangunique@hotmail.com。通信地址:400031 四川外国语大学外国语文研究中心。
本文为国家社科基金项目"局部语法视角下英语言语行为的标注、描写和历时研究"(项目编号:19CYY044)的阶段性成果。

❶ 引言

道歉是日常交际中常见的言语行为和重要的礼貌策略（Blum-Kulka et al., 1989; Drew et al., 2016），在维护人际关系方面发挥重要作用（Holmes, 1989; Leech, 1983; Ogiermann, 2009）。Leech（1983）指出，冒犯可能导致交际双方关系失衡，因此道歉旨在恢复平衡。Holmes（1989, 1995: 154）将道歉定义为一种指向被冒犯方的面子需求，补救冒犯方过错，从而恢复双方关系的言语行为。

在过去20年间，道歉言语行为研究主要在跨文化语用学（如Blum-Kulka et al., 1989; Jones & Adrefiza, 2017; Ogiermann, 2009; 刘凤光等, 2016）和中介语语用学领域（Flores Salgado, 2011; Limberg, 2015; Trosborg, 1995）展开。多数研究以言语行为理论、礼貌原则（Leech, 1983）及面子理论（Brown & Levinson, 1987）为框架，探讨道歉的常用策略、实现形式和语言特征（Aijmer, 1996; Deutschmann, 2003），社会因素对道歉策略的影响（Wouk, 2006; 陈新仁、李捷, 2019; 李梦欣等, 2019; 潘小燕, 2004）以及不同语篇体裁中的道歉言语特征等（Drew et al., 2016; Lutzky & Kehoe, 2017; Murphy, 2016）。

相比之下，道歉回应行为尚未引起学界足够重视。目前仅有少数学者探讨了新西兰英语、澳大利亚英语、印度尼西亚语以及英国政治语境中的道歉回应（Adrefiza & Jones, 2013; Holmes, 1995; Murphy, 2016），而鲜有研究系统调查英国日常会话中的道歉回应。此外，关于性别因素对道歉回应的影响，学界尚未达成共识。Holmes（1989）认为新西兰英语中女性倾向于接受道歉，男性倾向于拒绝接受道歉，而Adrefiza和Jones（2013）对澳大利亚英语和印尼语的道歉回应研究则未发现明显性别差异。

本研究基于英语国家口语语料库2014（The Spoken British National Corpus 2014，简称Spoken BNC2014; Love et al., 2017），考察英国日常会话语境中的道歉回应，并探讨道歉回应的性别差异及其潜在原因。英国英语作为"标准英语"变体之一，研究其道歉回应有助于揭示英语本族语者的道歉回应策略和礼貌规约。这对我国英语教学也有所助益，因为国内英语教育传统上以英国英语为标准（高一虹、许宏晨，2015: 854），相当一部分学习者以英式英语为模仿对象，充分了解英国英语道歉回应策略有助于提升中国英语学习者的跨文化意识和语用能力。

❷ 道歉回应相关研究综述

Holmes（1989, 1995）探究了新西兰英语中的道歉和道歉回应。该研究借助志愿者回顾性报告采集了183条道歉—回应语例，概括出6种道歉回应策略："接受"（accept）、"确认"（acknowledge）、"拒绝"（reject）、"回避"（evade）、"无回应"（no response）、"其他"（other）。研究表明，"接受"和"回避"是新西兰英语中最为普遍的道歉回应策略，"确认"和"其他"使用频率最低。同时该研究发现道歉回应存在性别差异：女性比男性更容易接受道歉，而男性则更多使用"拒绝"和"回避"策略。

Robinson（2004: 319）将道歉回应分为两大类："首选回应"（preferred response），指缓和或弱化道歉所宣称的冒犯，包括"谅解"（absolution）、"否认道歉必要性"（disagreeing with the need to have apologized）；"非首选回应"（dispreferred response），指认同道歉所宣称的冒犯，包括"回应延迟"（response delay）、"仅确认"（mere acknowledgment）、"同意道歉必要性"（agreeing with the need to have apologized）。但该研究主要探讨英语道歉序列组织，没有系统考察道歉回应的频次和分布情况。

Adrefiza和Jones（2013）从跨文化和性别视角对比了澳大利亚英语和印度尼西亚语中的道歉回应。研究表明，印尼语道歉回应比澳洲英语回应更直接、面子威胁更大，这对亚洲人比西方人更谦恭委婉的刻板印象提出了挑战。此外，两种语言的道歉回应中均未发现显著的性别差异。

最近，Murphy（2016）基于英国"莱韦森调查"（The Leveson Inquiry）考察了政治语境中的道歉及其回应。结果显示，与日常会话不同，"莱韦森调查"中"回应缺失"（absence of a response）较为普遍，而"拒绝"和"回避"基本没有出现。这可能与听证会中出现的多为互动性冒犯（如讲话太快、打断对方），而非实质性过错有关。

上述研究为后续道歉回应研究提供了重要借鉴。然而，前期研究可能存在以下缺陷：首先，这些研究不是以（大规模）真实语料为基础，研究发现的有效性尚待检验。例如，Holmes（1989）采用回顾性报告收集语料，Adrefiza和Jones（2013）基于语篇补全任务，Robinson（2004）和Murphy（2016）的研究基于少量数据分析。其次，以往研究对道歉回应的界定过于狭窄，主要考量"道歉是否被接受"，难以充分反映日常交际中道歉回应的多样性和多功能性。道歉可能由多种原因引发，实施不同功能（Deutschmann, 2003），其回应并不限于"接受""拒绝"或介于二者之间的策略（如"回避""确认"；详见第4节）。最后，如前文所述，学界目前对道歉回应的性别差异缺乏充分了解。Holmes（1989）针对新西兰英语的研究认为道歉回应存在性别差异，而Adrefiza和Jones（2013）基于澳大利亚英语和印尼语的研究不支持这一结论。这一差别可能源于社会文化差异，也可能由不同数据收集方法导致。

综上所述，目前仅有少数研究关注道歉回应及其性别差异，但其研究发现能否客观反映道歉回应规律，仍有待通过大规模真实数据进行验证。鉴于此，本文利用Spoken BNC2014语料库研究道歉回应策略，对比男女道歉回应的异同并探究其原因。

❸ 研究设计

本节介绍本文的研究问题、所用语料和分析步骤。

3.1 研究问题

1）英国英语日常会话中常用哪些道歉回应策略？
2）英国男性和女性道歉回应策略有何异同，造成差异的原因是什么？

3.2 语料来源及分析步骤

本研究基于Spoken BNC2014，该语料库数据主要来源于家庭成员和朋友间日常会话。由于数据量较大且需要人工分析，我们将研究限定为该语料库2016年收集的语料（简称Spoken BNC2014-2016），共包含253个文本，其形符数是2 155 124。

数据获取采用自动提取和人工检查相结合的方法。依据前人研究归纳出的道歉语力指示手段（Aijmer, 1996; Deutschmann, 2003; Jucker, 2018; Su & Wei, 2018），在Spoken BNC2014-2016中检索相关词项（表1），提取道歉—回应序列。然后通过人工阅读检索行、检查上下文语境，剔除不具有道歉语力的语例（如"he's never said sorry"他从未道过歉、"write a letter of apology"写封道歉信），最终获取606条有效数据。需要指出的是，该方法无法穷尽语料库中所有道歉语，但由于道歉是规约化言语行为，这些语力标示手段表达的是最明确、典型的道歉语，因而能在较大程度上保证分析的有效性（Jucker & Taavitsainen, 2008: 233）。

表1 道歉语力指示词及其在Spoken BNC2014-2016中的频数

检索词	频数
sorry（对不起）	1 121
pardon（抱歉）	120
excuse（请见谅/不好意思）	114
afraid（恐怕）	54
apologize/se（道歉/致歉）	21
regret（遗憾/抱歉）	14
forgive（请原谅）	6
apology/ies（道歉）	5
总计	1 455

为清楚了解英国英语道歉回应策略，本文借鉴Holmes（1989）和Robinson（2004）的道歉回应分类模式对Spoken BNC2014中的道歉回应进行初步分析和归类；对于语料中新发现的回应策略，我们综合分析道歉原因、回应手段及其功能特征，提出新的回应范畴。在此基础上，本文归纳出英国英语道歉回应分类模式。最后，以此框架为基础，统计各类回应策略的频数和所占比例，对结果进行分析和讨论，并进一步考察道歉回应的性别差异。

❹ 结果与讨论

本节对数据进行分析，讨论英国英语道歉回应策略及其性别差异。

4.1 英国英语道歉回应策略

4.1.1 道歉回应类别

道歉回应策略受道歉原因和冒犯程度的影响，因此有必要先对道歉进行讨论。Deutschmann（2003: 46）基于British National Corpus (BNC)语料库对英国英语道歉进行了较为全面、详尽的研究，将道歉分为典型道歉（prototypical apology）和非典型道歉（non-prototypical apology）。典型道歉包含四个要素：冒犯方、被冒犯方、冒犯行为、补救（如承担责任、表达歉意）。完全满足这四个要素的道歉即为典型道歉，如因迟到、碰撞他人、未能兑现承诺、损坏他人物品等冒犯行为而道歉。不完全满足上述条件的道歉称为非典型道歉，如因口误、咳嗽、未听清对方讲话等潜在冒犯而道歉。这些冒犯不是损害面子的实质性过错，而是影响交际顺畅的互动性冒犯（interactional offence）(Murphy, 2016)。

以往研究主要针对典型道歉，忽略了非典型道歉。但事实上非典型道歉在现代英国英语中占比很高：在BNC中占比50.2%（Deutschmann, 2003: 64），在伦敦—隆德英语口语语料库（London-Lund Corpus of Spoken English）中占比46.3%（Aijmer, 1996: 110），在Spoken BNC2014-2016中占比62%。这可能反映出英国社交礼仪和礼貌规约：在英国社会文化中，互动性冒犯给他人造成不便，被视为一种失礼行为，有必要为此道歉。Murphy（2016: 615）指出，英语道歉语可能正在经历语用化（pragmaticalisation），其道歉含义逐渐变弱。Jucker（2019）发现，英语道歉的语力经历了一个逐渐弱化的过程，从真诚请求原谅转化为程式性歉意表达，而且微弱道歉在现代英语中占比越来越大。从这个意义上讲，非典型道歉在现代英语中逐渐变得更加"典型"。

鉴于此，本文对道歉回应的研究，既关注针对典型道歉的回应，也讨论对非典型道歉的回应：一方面，非典型道歉在现代英国英语中占比很大，忽视它们不能反映英国英语道歉和道歉回应的全貌；另一方面，英语道歉可能正在经历语用化，如果只考虑典型道歉，很可能会忽略道歉及其回应行为当前的变化趋势。

典型道歉语力较强，以补救冒犯为主要或唯一目的。非典型道歉语力较弱，在表达歉意的同时可能附加其他话语功能。由于二者引发不同的回应，本文在借鉴前人研究的基础上将道歉回应分为两大类：典型道歉回应和非典型道歉回应。典型道歉回应包括"接受""拒绝""确认"和"回避"，非典型道歉回应主要是"澄清"（clarification）。下文先简要介绍四类典型道歉回应策略及其子范畴。

"接受"指接受道歉，原谅冒犯者，包括两个子类："谅解"和"否认道歉必要性"，分别如例[1]和[2]所示。

[1]　S0619: sorry

S0619: 对不起
S0618: **that's alright**
S0618: 没关系

[2] S0509: sorry for my failure of a birthday present then
S0509: 抱歉，生日礼物没选好
S0510: **no, it wasn't at all I mean I still enjoyed it**
S0510: 不，哪有，我还是挺高兴的

"拒绝"指回应者做出负面回应，拒绝接受道歉，包括两个子类："抱怨"和"怀疑诚意"，分别如例[3]和[4]所示。

[3] S0589: and I bought a (.) bug spray oh sorry –ANONnameM
S0589: 我买了一瓶杀虫喷雾。哦！对不起，[匿名]
S0591: **you've woken –ANONnameM up**
S0591: 你把[匿名]吵醒了

[4] S0689: I'm sorry –ANONnameM
S0689: 对不起，[匿名]
S0690: **no, you're not, you just want pizza**
S0690: 你不是诚心道歉，你只不过想要披萨

"确认"（acknowledgement）指被冒犯方仅以"mm"（嗯）、"yeah"（对）、"okay"（好）等最简回应示意收到冒犯方的道歉，但没有进一步表明是否接受道歉（Robinson, 2004），如例[5]所示。

[5] S0632: [...] sorry if it makes you cough
S0632: [...]抱歉，要是呛到你的话
S0632: frying spices now
S0632: 正在炒香料
S0631: **mm**
S0631: 嗯

"回避"指避免正面回复，有意回避道歉，分为两个子类："忽略"（ignore）和"回避性评论"（evasive comment），分别见例[6]和[7]。

[6] S0690: so you've not met them have you –ANONnameF?
S0690: 你没见过他们，对吧[匿名]？
S0687: **I've met –ANONnameM and –ANONnameM yeah of course I have**

S0687: 我当然见过[匿名]和[匿名]
S0690: when did you meet them?
S0690: 什么时候见过？
S0687: when we were in Florida
S0687: 在佛罗里达的时候
S0690: oh yeah of course you have, sorry
S0690: 哦，对，你见过，抱歉
S0687: that's your fizzy water isn't it?
S0687: 那是你的汽水，对吗？

[7]　S0653: right, well, don't slam the door
S0653: 对，不要使劲关门
S0654: sorry
S0654: 抱歉
S0653: go hang on you get a plate for your brother as well and **don't slam that cupboard door again**
S0653: 等一下，给你哥哥也拿个盘子，**别再猛关橱柜门了**

　　Spoken BNC2014-2016 中最普遍的非典型道歉是"听识失误道歉"（apology for hearing offence），即因未听清或未听懂对方话语，需要重复而道歉。"听识失误道歉"是一种附加功能道歉：1）为打断交际顺畅，造成不便表示歉意；2）暗示请求对方重复先前话轮（Deutschmann, 2003: 72）。虽然"听识失误道歉"也是一种"他启修正"（other-initiation of repair），但这与其道歉语力并不冲突。开启话轮修正有多种实现方式（Drew, 1997），无须一定采用道歉形式。通过道歉开启修正，则表明说话人对失误负有责任（Robinson, 2006），至少部分表达歉意。

　　说话人对"听识失误道歉"的回应一般是通过重复或详述"澄清"先前话语，因此本研究将"澄清"作为一种新的道歉回应策略提出。"澄清"包括两个子范畴："重复"（repetition）和"详述"（elaboration），"重复"指回应者重复先前话轮，"详述"指回应者提供细节或以更加清晰易懂的方式重述话语，分别如例[8]和[9]所示。

[8]　S0624: do you know Donald Trump once tried and made a state company called Trump Steaks and it failed horribly?
S0687: 你知道吗？唐纳德·特朗普开过一家名叫"特朗普牛排"的公司，后来倒闭了。
S0687: sorry?
S0687: 抱歉？
S0689: **Donald Trump once tried making a company called Trump Steaks and it failed terribly.**

S0687: 唐纳德·特朗普开过一家名叫"特朗普牛排"的公司，后来倒闭了。

[9] S0613: no I couldn't quite –UNCLEARWORD er alcohol midweek
S0613: 不，我周中不能喝酒
S0589: it is midweek
S0589: 今天是周中
S0588: sorry?
S0588: 抱歉？
S0613: **only drink at weekends**
S0613: 我只在周末喝酒

综上，过往研究主要关注典型道歉，不涵盖非典型道歉，对道歉回应的分类仅考量"道歉是否被接受"，因而局限于"接受""拒绝"以及介于二者之间的回应策略。本文从真实语料出发，将英国英语中普遍存在的非典型道歉纳入讨论，拓宽了过往研究对道歉回应的狭窄界定，不再囿于"道歉是否被接受"这一单维考量，既关注典型道歉回应，也探讨非典型道歉回应，从而揭示出道歉回应的多样性和多功能性。

4.1.2 统计结果

为了清楚了解各类道歉回应在英国英语中的典型性，本研究统计了上述回应类别在Spoken BNC2014-2016中的频数和所占比例，结果见表2。

表2 道歉回应策略及分布

回应策略	频数	百分比（%）
澄清（重复、详述）	342	56.4
回避（忽略、回避性评论）	201	33.2
接受（谅解、否认道歉必要性）	35	5.8
拒绝（抱怨、怀疑诚意）	16	2.6
确认	12	2.0
总计	606	100

表2数据显示，Spoken BNC2014-2016中共有606例道歉回应语例。其中，"澄清"策略使用频率最高（342例，占比56.4%），是英国英语中最为普遍的道歉回应。这表明，在现代英语中，由于道歉语力减弱和功能变化，道歉回应也出现了相应的变化。具体而言，大部分道歉仅表微弱歉意，其主要功能是请求对方重复话语（即"听识失误道歉"）。回应此类道歉基本不涉及面子或礼貌问题，回应者忽略其致歉义，主要关注话轮修正。"回避"策略仅次于"澄清"（201例，占比33.2%），是英国英语中第二重要的道歉回应策略。与恭维回应类似（Chen & Yang, 2010），当交际

中确有冒犯发生时，回应者可能处于两难境地：接受道歉威胁自己面子，拒绝接受威胁对方面子。"回避"策略既不接受，也不拒绝，有助于保全双方面子，因而常被使用。"接受"共出现35次，占全部回应的5.8%。与Holmes（1989，1995）等研究不同，本文发现"接受"并不是英语中最常用的道歉回应策略，其频率低于"澄清"和"回避"。"拒绝"和"确认"的使用频率分别为2.6%和2.0%，远低于其他回应类别的频率。"拒绝"策略威胁道歉者面子，损害双方和谐关系，因此回应者尽可能避免使用该策略。此外，"确认"似乎是最不受欢迎的回应策略，其使用频率甚至比"拒绝"更低。"确认"通常由"mm""yeah""okay"等表达实现，也称为"最简回应"（minimal responses）。在日常会话中，最简回应通常表听话人对说话人言论的积极关注或支持（Coates，2013）。然而，用作对道歉回应时，最简回应不具有这一功能。正如Robinson（2004：303）所言，"确认"策略认同道歉所宣称的冒犯行为，承认自己的确受到冒犯，这对被冒犯方的消极面子构成威胁。Adrefiza和Jones（2013：83）进一步指出，"确认"表示被冒犯方不愿意赦免冒犯方的责任，即认同冒犯但却不接受道歉，这对致歉方的面子也构成威胁。因此，"确认"同时威胁冒犯方和被冒犯方的面子，这可能是该策略最不受欢迎的原因所在。

4.2 道歉回应的性别差异及其潜在原因

4.2.1 性别差异

为比较道歉回应策略的性别异同，我们分别统计了男、女各类道歉回应的频数和百分比，结果见表3。

表3 男性和女性道歉回应分布情况

回应策略	女性		男性	
	频数	百分比（%）	频数	百分比（%）
澄清（重复、详述）	160	47.9	182	66.9
回避（忽略、回避性评论）	135	40.4	66	24.3
接受（谅解、否认道歉必要性）	25	7.5	10	3.7
拒绝（抱怨、怀疑诚意）	5	1.5	11	4.0
确认	9	2.7	3	1.1
总计	334	100	272	100

表3显示，尽管男性和女性使用最多的回应策略都是"澄清"，但该策略在男、女回应中占比分别为66.9%和47.9%，男性使用"澄清"的频率明显高于女性。使用第二多的策略是"回避"，该策略在男、女回应中占比分别为24.3%和40.4%。这表明女性比男性更倾向于使用"回避"策略，"回避"是女性维持人际关系的重要手段。此外，女性比男性更容易接受道歉（7.5%：3.7%），而男性使用"拒绝"的频率略高于女性（4.0%：1.5%），这与Holmes（1989，1995）的发现基本一致。

上述讨论是从具体回应策略分析性别差异。从更宏观的层面来看，男、女道歉回应反映出他们在交际取向上的不同。为清楚呈现这一点，我们区分了情绪导向型回应（emotion-oriented response）和信息导向型回应（information-oriented response）。所谓情绪导向型回应是指以明示或暗示的方式传达回应者对道歉的情绪或者态度，包括"接受""确认""拒绝"和"回避"。"接受"传达积极态度，是对道歉行为的认可与接纳。"确认"和"拒绝"传达消极态度，表达对冒犯行为的不满。"回避"看似不表态，实际上也是一种态度。它是一种模糊性态度：既不原谅冒犯者，也不损伤其面子。信息导向型回应是对"附加功能道歉"的回应，不涉及回应者态度或情绪，只传递相关话语信息，主要包括"澄清"。前文指出，"听识失误道歉"兼具道歉语力和附加话语功能，"澄清"忽略道歉行为，主要回应其附加功能，提供对方要求的话语信息。根据表3的数据，"澄清"占男性回应的66.9%，占女性回应的47.9%，表明信息交流在男性回应中占主导地位。"接受""确认""回避"和"拒绝"四类情绪导向型回应共占女性回应的52.1%，占男性回应的33.1%，表明女性回应更强调情绪表达。

4.2.2 原因分析

根据上述分析，在道歉回应中，女性更容易接受或回避道歉，而男性则更多采用拒绝策略；男性更关注信息交流，而女性更强调情绪表达。上述差异可能由多方面因素所致。以往关于语言和性别的研究多从社会地位和权势关系（Henley & Kramarae, 1991; Lakoff, 1975; 段成钢, 2008；潘小燕, 2004）、礼貌观（Brown, 1980; Holmes, 1995; 李梦欣等, 2019）等视角解释言语交际中的性别差异。例如，男女的权势关系不平衡，男性处于有利社会地位，拥有优势社会权利（Henley & Kramarae, 1991; Lakoff, 1975）；男性具有利己倾向，更关注自己的面子，女性具有利他倾向，更关注他人的面子（Holmes, 1989; 1995）。权势关系和面子观等因素揭示出女性比男性采用更积极、更礼貌回应策略的可能原因，但却不能很好解释为何男性回应以信息导向型为主，而女性偏好情绪导向型回应。

本文尝试从性别文化视角探讨道歉回应性别差异的动因。社会语言学相关研究描述了男、女交际的不同模式和特点——女性借助交际维系人际关系，而男性通过信息交流建立社会地位（Tannen, 1990）。男性和女性的不同道歉回应取向符合这一模式。性别文化系统阐释"基于男女两性社会特征、社会行为和社会关系而形成的价值观念、伦理道德、知识经验、风俗习惯、制度规范等意识形态及其表现"（谭琳, 2007：25），有助于揭示道歉回应性别差异的深层原因。英美性别文化研究者认为，男女在不同社会化过程的影响和塑造下，趋于形成不同的性别文化和交际取向（Maltz & Borker, 1982; Mulac et al., 2001）。男性群体偏向"工具型"（instrumental）交际，呈现出较强的目的性：交流信息，彰显自信和权威，获取权势和支配地位；女性群体偏向"情感型"（affective）交际，强调互相关注和理解，避免冲突，建立并维系和谐关系（Maltz & Borker, 1982; Mulac et al., 2001; Saxton, 1986; Wood, 1994; 贾玉新, 1997等）。不同的交际取向导致男女在交际策略和言语特征等方面产生一系列差异，也不可避免地影响其道歉回应。

"情感型"交际注重情感交流，因为情感互动是增进关系的有效手段（Clark & Reis, 1988）。因此，女性在道歉回应中积极表露自我情绪和态度，尤其是利用"接受"和"回避"等策略调节人际关系，趋于采用情绪导向型回应。"工具型"交际注重信息交流，强调个体的优越性和权威（如知识、成就、权力等）。因此，男性在交际中更多扮演"信息提供者"的角色，并乐于在交流不畅时对相关问题进行"澄清"。在男性看来，情感交流是"无效"交际，而且有可能威胁男性身份和权威，因此在道歉回应中相对较少表露情绪和态度。

建立并保持良好的人际关系是"情感型"交际的重要目的和原则，指责或冲突则与之相悖。因此，女性在社会交互中更加注重人际和谐，在道歉回应中倾向于采取积极态度，主动接受道歉，恢复双方良好关系；或者采取回避策略，将威胁降至最低。"拒绝"策略危及双方关系，因此女性较少采用该策略。对于偏好"工具型"交际的男性文化而言，竞争和冲突是常态，个体的地位和权势居于首要地位，人际关系则居于次要地位。在受到冒犯时，男性在道歉回应中较少考虑人际关系，更倾向于利用"拒绝"策略进行回击。由此可见，道歉回应性别差异不仅受社会权势和礼貌观等因素的影响，其深层原因在于男女交际文化和交际诉求的不同。

❺ 结论

本研究依托Spoken BNC2014真实语料，分析归纳出五种道歉回应策略，包括"接受""拒绝""确认""回避"和"澄清"。以往研究主要局限于"接受""拒绝"之间的回应策略，本文揭示出英国英语道歉回应的多样性和多功能性，有助于更全面反映英语道歉回应规律，丰富变异语用学研究。

针对英国英语道歉回应策略的对比分析显示，男性趋于信息导向型回应，女性趋于情绪导向型回应；女性比男性更容易接受或回避道歉，而男性则更常采用拒绝策略。本文从英美性别文化视角探讨上述差异的潜在原因，认为道歉回应的性别差异反映出男、女不同的交际文化和诉求：男性偏向"工具型"交际，在社会交互中积极展现个体优势（如信息、权力），突出信息交流，弱化情绪表达；女性偏向"情感型"交际，积极构建人际和谐，强调情绪表达。本研究的实践意义在于，充分了解男女交际的不同模式及其动因，有助于增进不同性别文化间的相互沟通与理解，更好地解读彼此的互动行为，减少跨性别交际冲突，对于促进社会和家庭和谐具有重要的现实意义。

最后，需要指出，本文主要基于家庭和朋友会话数据研究英国英语中的道歉回应行为及其性别异同，但言语交际受多种因素影响，性别并非唯一显著变量，本研究发现的性别差异也可能是多种因素共同作用的结果。未来研究需进一步探究社会和语境因素（如权势关系、社会距离、冒犯程度）对道歉回应及其性别异同的影响，并考察不同语言、文化中的道歉回应，丰富言语行为的跨文化和变异语用学研究。

此外，受语料库检索方法所限，本研究只考察了含有道歉语力指示手段的道歉回应，未能涵盖不使用这些手段的道歉，尤其是以间接方式表达的道歉，未来研究应弥补这一缺陷。

参考文献

❏ Adrefiza & Jones, J. 2013. Investigating apology response strategies in Australian English and Bahasa Indonesia: Gender and cultural perspectives. *Australian Review of Applied Linguistics* 36(1): 71–101.

❏ Aijmer, K. 1996. *Conversational Routines in English*. London/New York: Longman.

❏ Blum-Kulka, S., House, J. & Kasper, G. 1989. *Cross Cultural Pragmatics: Requests and Apologies*. Norwood, NJ: Ablex.

❏ Brown, P. 1980. How and why are women more polite: Some evidence from a Mayan community. In S. McConnell-Ginet, R. Borker & N. Furman (eds.), *Women and Language in Literature and Society*. New York: Praeger. 111–136.

❏ Brown, P. & Levinson, S. 1987. *Politeness: Some Universals in Language Usage*. Cambridge: Cambridge University Press.

❏ Chen, R. & Yang, D. 2010. Responding to compliments in Chinese: Has it changed? *Journal of Pragmatics* 42(7): 1951–1963.

❏ Clark, M. & Reis, H. 1988. Interpersonal processes in close relationships. *Annual Review of Psychology* 39: 609–672.

❏ Coates, J. 2013. *Women, Men and Language: A Sociolinguistic Account of Gender Differences in Language (3rd edition)*. London/New York: Routledge.

❏ Deutschmann, M. 2003. *Apologising in British English*. Umea: Umea University Press.

❏ Drew, P. 1997. "Open" class repair initiators in response to sequential sources of troubles in conversation. *Journal of Pragmatics* 28(1): 69–101.

❏ Drew, P., Hepburn, A., Margutti, P. & Galatolo, R. 2016. Introduction to the special issue on apologies in discourse. *Discourse Processes* 53(1-2): 1–4.

❏ Flores Salgado, E. 2011. *The Pragmatics of Requests and Apologies: Developmental Patterns of Mexican Students*. Amsterdam/Philadelphia: John Benjamins.

❏ Henley, J. M. & Kramarae, C. 1991. Gender, power, and miscommunication. In N. Coupland, H. Giles & J. M. Wiemann (eds.), *"Miscommunication" and Problematic Talk*. Newbury Park, CA: Sage. 18–43.

❏ Holmes, J. 1989. Sex differences and apologies: One aspect of communicative competence. *Applied Linguistics* 10(2): 194–212.

- Holmes, J. 1995. *Women, Men and Politeness*. London: Longman.
- Jones, J. & Adrefiza. 2017. Comparing apologies in Australian English and Bahasa Indonesia: Cultural and gender perspectives. *Journal of Politeness Research* 13(1): 89–119.
- Jucker, A. 2018. Apologies in the history of English: Evidence from the Corpus of Historical American English. *Corpus Pragmatics* 2: 375–398.
- Jucker, A. 2019. Speech act attenuation in the history of English: The case of apologies. *Glossa: A Journal of General Linguistics* 4(1): 1–25.
- Jucker, A. & Taavitsainen, I. 2008. Apologies in the history of English: Routinized and lexicalized expressions of responsibility and regret. In A. Jucker & I. Taavitsainen (eds.), *Speech Acts in the History of English*. Amsterdam: John Benjamins. 229–443.
- Lakoff, R. 1975. *Language and Woman's Place*. New York: Harper and Row.
- Leech, G. N. 1983. *Principles of Pragmatics*. New York: Longman.
- Limberg, H. 2015. Principles for pragmatics teaching: Apologies in the EFL classroom. *ELT Journal* 69(3): 275–285.
- Love, R., Dembry, C., Hardie, A., Brezina, V. & McEnery, T. 2017. The Spoken BNC2014: Designing and building a spoken corpus of everyday conversations. *International Journal of Corpus Linguistics* 22(3): 319–344.
- Lutzky, U. & Kehoe, A. 2017. "I apologise for my poor blogging": Searching for Apologies in the Birmingham Blog Corpus. *Corpus Pragmatics* 1(1): 37–56.
- Maltz, D. N. & Borker, R. A. 1982. A cultural approach to male—female miscommunication. In J. Gumperz (ed.), *Language and Social Identity*. Cambridge: Cambridge University Press. 196–216.
- Mulac, A., Bradac, J. J. & Gibbons, P. 2001. Empirical support for the gender-as-culture hypothesis. *Human Communication Research* 27(1): 121–152.
- Murphy, J. 2016. Apologies made at the Leveson Inquiry: Triggers and responses. *Pragmatics and Society* 7(4): 595–617.
- Ogiermann, E. 2009. *On Apologising in Negative and Positive Politeness Cultures*. Amsterdam/Philadelphia: John Benjamins.
- Robinson, J. 2004. The sequential organization of "explicit" apologies in naturally occurring English. *Research on Language and Social Interaction* 37(3): 291–330.
- Robinson, J. 2006. Managing trouble responsibility and relationships during conversational repair. *Communication Monographs* 73(2): 137–161.
- Saxton, L. 1986. *The Individual, Marriage, and the Family*. Belmont: Wadsworth.
- Su, H. & Wei, N. 2018. "I'm really sorry about what I said": A local grammar of apology. *Pragmatics* 28(3): 439–462.
- Tannen, D. 1990. *You Just Don't Understand: Women and Men in Conversation*. New

York: William Morrow.
- Trosborg, A. 1995. *Interlanguage Pragmatics: Requests, Complaints and Apologies*. Berlin: Mouton de Gruyter.
- Wood, J. 1994. Gender, communication, and culture. In L. Samovar & R. Porter (eds.), *Intercultural Communication*. Belmont: Thomson-Wadsworth. 155–165.
- Wouk, F. 2006. The language of apologizing in Lombok Indonesia. *Journal of Pragmatics* 38(9): 1457–1486.
- 陈新仁、李捷，2019，当代中国礼貌观城乡差异调查与分析．《外语研究》（1）：29–36。
- 段成钢，2008，汉语礼貌语言使用的性别与年龄差异研究．《语言教学与研究》（3）：57–63。
- 高一虹、许宏晨，2015，英语变体态度研究综述．《外语教学与研究》（6）：850–860。
- 贾玉新，1997，《跨文化交际学》．上海：上海外语教育出版社。
- 李梦欣、郭亚东、陈静，2019，当代中国大学生礼貌观性别差异调查与分析．《外语研究》（1）：37–43。
- 刘风光、邓耀臣、肇迎如，2016，中美政治道歉言语行为对比研究．《外语与外语教学》（6）：42–55。
- 潘小燕，2004，汉语道歉言语行为的性别差异研究．《西南交通大学学报》（5）：89–92。
- 谭琳，2007，论先进性别文化的构建．《南开学报》（哲学社会科学版）（2）：25–34，48。

Apology Responses in Spoken British English: A Corpus Study

Abstract: This study investigates apology responses (ARs) in spoken British English. Using the data taken from the Spoken BNC2014, the investigation allows us to propose a taxonomy of ARs, comprising five categories: "Acceptance" "Rejection" "Acknowledgement" "Evasion" and "Clarification". The proposed taxonomy is subsequently used to examine whether men and women respond to apologies differently, results suggest that gender differences do exist in ARs: men's responses are more information-oriented (i.e. "Clarification") whereas women's are more emotion-oriented (e.g. "Acceptance" "Rejection" "Acknowledgement" and "Evasion"); men are more likely to reject apologies, while women tend to use more "Acceptance" and "Evasion" strategies. These observations are further discussed from the perspective of gendered communicative culture. Overall, the study offers new insights into apology and politeness studies, intercultural communication, variational pragmatics, and cross-cultural pragmatics.

Key words: apology responses; gender differences; politeness; gender culture; spoken British English

(责任编辑：冯　硕)

语言应用研究

语言象征性与阿拉伯语世界的语言冲突

基于 CiteSpace 的国内语言景观研究述评

中英民事裁决文书元话语的对比研究
　　——佩雷尔曼新修辞学视阈下的分析

教育评价语言的合作民族志
　　——杭州良渚文化村古道书院个案研究

语言象征性与阿拉伯语
世界的语言冲突

北京大学 廉超群*

[提　要] 本文依托阿拉伯语世界语言冲突经验，用语言象征性重新梳理以Nelde语言冲突研究基本原则为代表的既有语言冲突理论，指出伴随语言交际的语言评估与赋值，是在观念层面构建语言同社群认同与社会–政治价值关联的主要媒介，而语言的认同标记对象间和语言的社会–政治价值间的矛盾对立是语言冲突的主要内容，语言冲突由此同社会–政治冲突形成象征性关联，并往往被用作后者的代理。维持语言冲突象征性具有稳定冲突下社会–政治结构的效应，而语言冲突去象征化将有可能激化既有社会–政治冲突，并带来严重后果。

[关键词] 语言冲突；阿拉伯语；象征性；索引性

❶ 引言

本文考察语言冲突和社会–政治冲突的共现与同构，以阿拉伯语（以下简称阿语）世界为例，探究该现象背后的语言象征性机理。本文用阿语世界的经验回应并重审Nelde提出的语言冲突研究四原则，以期加深对语言冲突性质、肇因与效应的认识。这四原则是：1）语言接触只存在于语言使用者与语言社群间，不存在于语言间；2）不存在没有语言冲突的语言接触；3）语言是社会、经济、政治、宗教或历史冲突根本性肇因的第二位符号；4）冲突并非只有负面效应，还会带来更新、更优"结构"（Nelde，1997：292-293）。这些原则是对20世纪中叶以来欧美语言冲突研究成果的抽象概括，也是当代语言冲突研究的出发点。但这些原则仅是对语言冲突规律性特征的描述，尚需更多经验观察的检验、修正和补充及对这些特征形成机理的探索。

---

* 作者简介：廉超群，北京大学外国语学院助理教授，博士，研究方向：阿拉伯语社会语言学。Email: lian@pku.edu.cn。通信地址：100871 北京市海淀区颐和园路5号。
本文为教育部人文社会科学研究规划基金项目"阿拉伯政治冲突的符号化与媒介化趋向研究"（项目编号：19YJA740031）和教育部哲学社会科学重大课题"世界语言政策综合资源库建设及比较研究"（项目编号：15JZD047）的阶段性成果。

❷ 埃及变局中的语言冲突

首先通过一组2011年埃及政治变局中的语言冲突案例（Bassiouney，2014: 310-331）来理解和评估Nelde四原则，藉此认识语言冲突，并进而探讨语言冲突背后的语言象征性机理。

案例一：2011年2月3日，代表当局立场的尼罗河电视台报道民众示威，现场连线中，一名叫做Tāmir的男子描述示威民众身份：

他们是外国人，**英语**说得非常好。在那里，没人说**英语**之外的语言。他们一直和我们一起。事实上，他们和我们一起示威。……他们甚至和我们一起制作标语等物。他们为明天准备了口号"终结日"，但要终结什么呢？[正体为埃及方言、粗体为阿语标准语、斜体为英语]

案例二：2011年2月5日，埃及著名演员Shuʿayb在尼罗河电视台谈论示威民众身份：

伦敦正努力训练一批年轻人说埃及方言。他们[伦敦]选择的人肤色和我们一样，而非他们的白肤色。他们[年轻人]来自多国。伦敦训练他们驾驶坦克和从埃及士兵那里夺取坦克，因为*战争即将到来*。

案例三：2011年2月8日，埃及诗人Jukhkh参加阿布扎比电视台诗歌真人秀"诗王"。在平时创作中，他兼用或混用阿语标准语和埃及方言。在规定表演时间内，他先用埃及南部方言说明他将用1分钟为埃及"革命"中牺牲的烈士默哀。随后，他朗诵了一篇完全用标准语创作的诗，其中包括：

别让他们告诉你，我／是背信弃义的叛乱者
别让他们告诉你，我／已成为受外人操纵的废物

案例四："革命"之后，开罗阿拉伯语语言学会秘书长、诗人Shūshah在《金字塔报》撰文，高度赞扬"革命"青年用纯正阿语标准语表达"革命"诉求和爱国热情，并指出，"革命"爆发前，执政党用低格调的方言书写宣传语以笼络平民，这是对平民的蔑视。

❸ 语言冲突首先是语言接触

结合上述案例分析Nelde四原则：原则一隐含一个前提，即语言冲突首先是语言接触，而语言接触的前提是多种语言或语言变体共存。不同语言的共存一般用双语或多语来描述，而不同语言变体的共存则有两种情况：一是几乎全交际领域覆盖的通用标准语和主要用于亲密交流的地域方言共存，二是分别用于不同类型交际领域的不同语言变体共存。后一种情况中，语言变体间往往出现层级分化，高层级语言只在正式交际领域使用，而低层级语言只在非正式交际领域使用，这种分层现象通常被抽象为高-低语言变体二元对立，即双言。无论是多语共存还是多语言变体共存，可以体现在个人层面，即个人同时掌握多门语言或语言变体；也可以体现在社

会层面，即不同语言或语言变体在不同交际领域或/和社群间分布。

在阿语世界，语言接触表现为双言和双语（或多语）。如，埃及存在由阿语标准语和埃及方言构成的双言与阿语和英语构成的双语。上述案例表明，双言和双语共存于Tāmir个人层面，而双言存于Shuʿayb和Jukhkh个人层面。至于社会层面，Shūshah惊喜地发现"革命"青年坚持使用标准语，这暗含普通民众使用方言、政治精英使用标准语的社会共识；而Shūshah肯定用标准语进行政治表达的正确性，并指出前政权用方言进行整治宣传的违和，这暗含对标准语和方言交际领域严格分野的体认。

❹ 语言冲突存在于人的意识中

原则一进而强调，接触发生在人或社群间，而非语言间。这里Nelde反对仅在语言结构层面研究语言接触与冲突的倾向，即探讨不同语言或语言变体接触和混用时各种语言要素的相互影响、借用和混合的限制性因素、接触引发的语言变化和混合语形成等。他认为，该倾向淡化了语言接触的主因，即人或社群的相互接触，但他并没有详述后一接触因何引发前一接触。对此，存在两种解释。一是将语言视作表达和交际的符码系统：不同人或社群使用不同符码系统，相互接触进行表达和交际时，各自符码系统相互接触、彼此影响甚至混合。二是将语言视作身份认同标记和社会-政治价值载体：该标记和承载功能使语言同人的社会-政治生活形成超越表达与交际工具性的紧密关联，语言接触由此成为人或社群间接触的组成部分。解释一侧重人在表达和交际时对语言的使用，解释二侧重人对语言的评估。语言同身份认同和社会-政治价值的联系是观念层面的建构，需通过评估形成。评估有显性和隐性两种形式。显性评估是人们用言语表达的对语言的直接评估，是元语言行为，隐性评估则体现在具体语言使用中。语言使用必然伴随语言评估，解释一中那种纯粹去观念化的符码系统接触并不存在。具体语言使用中的语码混用和语码转换都非价值中性，而是语言使用者在评估不同语言或语言变体基础上所做的选择。尽管在不少情况下，这种评估和选择可能是通行观念或意识形态影响下的下意识行为。

结合埃及"革命"的案例来看，语言使用层面，Tāmir和Shuʿayb的陈述中都出现了语码混用，而Jukhkh则进行了语码转换。这种混用和转换并非任意无目的，而是反映了三人对各自所用语言变体认同标记和社会-政治价值差异的评估。三人都选择埃及方言作为表达时的主体语言，因为它一方面标记他们的埃及人身份，另一方面体现日常交流中亲密对等的权力关系，不带有使用标准语时那种高高在上的权力特征。Tāmir和Shuʿayb在方言陈述中混入标准语，很大程度上是因为标准语具有权威性和正确性，可以用来强调重要信息。而Jukhkh使用标准语诵诗，则是为了通过表明"革命"者具有标准语能力来彰显"革命"的合法性。标准语的权威性、正确性和合法性源于同宗教和政治的紧密关联。阿语标准语被认为是真主降示《古兰经》的语言，也是伊斯兰教仪式用语。标准语也被认为是最准确、最丰富、最优美的语言，因而是最合适的政治用语。近代以来标准语同阿拉伯民族主义的紧密互构，更增加了其政治合法性。

除语码混用和转换时暗含的语言评估外，上述四则案例还体现了用言语表达的直接语言评估。Tāmir认定广场上的示威者是"外国人"，依据是说英语。Tāmir依托语言的交际工具性激活了语言对其使用者身份的标记。他意识到对英语来说，这种标记多元而不确定；在全球化的时代，包括他在内的许多埃及人，多少都有一些英语知识和能力，英语是他们交流媒介的一部分。因此他特地强调，广场上的人不仅英语说得好，而且只说英语，由此将标记对象限定为"外国人"。同样是用语言标记示威者"外国人"身份，Shuʻayb则用阴谋论理据。她默认，靠英语来标记示威者从而贬低后者合法性的方式很脆弱，因为示威者主要使用埃及方言是显而易见的事实。她因此先承认埃及方言对埃及人身份的标记作用，随后抛出阴谋论来破坏该标记的唯一性，即说埃及方言者并不一定是埃及人，方言能力可能得自外部敌对势力的训练。该阴谋论有效，是因为在埃及的近代史叙述中，推行方言取代标准语往往同英国对埃及的殖民统治关联。Jukhkh回应该阴谋论，使用标准语为示威者正名，以表明"革命"者并未受外力操纵。Shūshah讨论的不是标准语和方言的标记作用，而是两者的政治价值。他认为，两者的格调有高下之分，他将这一分别同"革命"青年的政治正确性和前政权精英闭锁式傲慢联系起来，使这两种语言变体分别成为埃及新旧政治的象征。

以上分析中出现的"埃及人""外国人""标准语""方言""英语"等界阈分明的概念，在近年来对既往语言冲突研究的反思和批评中受到质疑。Heller（2007：13）指出，"语言"和"社群"不再被视作自然存在、界阈分明的现象，而是人们用于表述自身社会组织形态的诠释工具，因此须被视为社会建构。语言不是一个个截然分离的系统，而是混杂在一起的复杂的要素或资源集合，是动态的过程和行为。同样，社群和社群身份也非单一固化，两者的指涉都在实践中动态变化，而个体的社群身份认同也趋向多元多变。基于对"语言"和"社群"的多元动态认识，Vertovec（2007）和Blommaert（2013）提出"超级多样性"，指出在经济全球化时代，大规模人口流动和移民导致全球大都市中复杂的社群和语言混杂，超越了民族国家和民族语言等单一、封闭概念描述的情形。Vetter（2015）指出，"超级多样性"下，语言冲突不能被视作彼此独立的"语言"或"社群"间的冲突，而需重新寻找和定义语言冲突研究的对象。但他同时也注意到，尽管如此，处于语言冲突中的人们总是构想简单、界阈分明的语言和社群分类并进而界定自我与他者、朋友与敌人。

现实中的"超级多样性"和观念中的"界阈性"构成矛盾。化解该矛盾的关键在于认识到语言冲突很大程度是观念建构；简单粗暴、泾渭分明的分类，正是冲突形成的概念基础。若仅从"超级多样性"的现实入手，往往就会忽略观念中根深蒂固的不同"语言"与不同"社群"身份的关联性以及不同"语言"所承载的不同社会–政治价值。而所谓语言冲突，往往正是不同"语言"所标记的"社群"身份间和所承载的社会–政治价值间的差别与对立。这印证了Haarmann（1990）的观点：语言冲突是人通过评估其周遭语言状况而识别和认定的现象；若人没有该评估能力，语言冲突就无法被识别，也就不会存在。他指出："真正的语言冲突存在于人的意识中"（Haarmann, 1990：3）。

❺ 语言冲突的绝对性

以上对原则一的讨论构拟了一条由现实中语言要素或资源接触走向观念中独立语言系统间冲突的脉络。这也许会引来误解，即语言接触和语言冲突间存在线性因果关系，只有在先发生现实接触的情况下，观念冲突才有可能出现。该因果关系实际假定了语言现实与语言观念、语言使用与语言评估以及语言交际行为和元语言行为三种先后与主次关系。事实上，任何语言交际行为都同时伴随元语言行为，人们在使用某语言元素的同时都会自然根据自身所处社会—政治结构对该元素做隐性或显性价值评估，两种行为间的关系不必然为先后和主次，而是不可分离的关联和共现。相应地，语言现实与语言观念间以及语言接触和语言冲突间也存在不可分离的关联和共现。这应和了 Nelde 的原则二——不存在没有语言冲突的语言接触。

这就意味着，语言冲突是绝对的。只要对语言评估和赋值的元语言行为不停歇，语言元素或资源被归类为不同"语言"或"语言"变体，并继而获得不同认同标记对象和社会—政治价值的现象就会一直存在。但冲突有广狭之分，既包括长期、缓慢、持续的"矛盾"，也包括短期、激进、突发的"争斗"。在社会—政治关系较为缓和时，"语言"间认同标记对象和社会—政治价值的差异表现为稳定的对立结构，潜藏于集体潜意识中；当社会矛盾突出甚至发生政治动荡时，上述差异则被激活、再现和重构，表现为显性语言冲突。在埃及社会集体潜意识中，标准语同精英阶层、正式性和政治合法性的关联、方言同平民阶层、日常性和（新）殖民主义阴谋的关联以及英语同现代性和（新）殖民势力的关联共同构成了互有差异却又相对稳定的长期语言冲突结构，但在 2011 年政治变局中，这些潜伏的语言观念在"腐朽"政权、外部"阴谋"和"革命"的彼此对抗中被赋予了新的社会—政治生命力，从而构成了显性冲突。只有认识到上述隐性和显性冲突的转换，才能体会原则二提出的语言冲突绝对性。

❻ 语言冲突的象征性

梳理至此对语言冲突的讨论：1）语言冲突很大程度是观念层面的建构，人们通过语言评估，给周遭环境中不同语言和语言变体赋以不同认同标记对象和社会—政治价值，赋值的差异和对立构成冲突；2）由于上述语言评估是同与其共现的语言交际行为一样普遍的元语言行为，语言冲突也因此具有普遍性和绝对性。在此基础上可以追问：人们对语言进行评估和赋值的原因是什么？理据又是什么？Nelde 的原则三回答的正是这两个问题。

关于原因，原则三指出，相对于社会-政治冲突来说，语言冲突是"第二位"的，即后者的形成需依附前者。虽然Nelde没有明确解释该依附的实质，但已为探究人在冲突情形中对语言进行评估和赋值的原因指明了方向。顺应该思路，Schmid（2001：4）在对美国社会语言冲突的研究中指出，语言是挑战支配阶层权力的各种因素的代理（proxy）。类似地，Suleiman（2011：43）在对中东地区语言政治的研究中指出，语言的政治特性体现在语言在各种社会紧张状况中充当代理，"这通常出现在像中东许多地方所存在的激进或显著的社会冲突情形中"。基于相同的认识，Benrabah（2013：xiv）将阿尔及利亚语言冲突历史描述为"把语言用作冲突代理"。这三位学者提出的语言代理作用，指在社会-政治冲突中，人们规避冲突的深层肇因和潜在风险，转而将冲突的阵地和焦点转移到相对更安全的语言领域，通过对语言进行评估和赋值来谋求维持或改变现有社会-政治权力关系。

埃及"革命"的案例充分体现了上述代理作用。Tāmir和Shuʿayb都通过评估语言或语言变体同社群身份的关联性来贬低"革命"者的合法性和正当性。这种做法的效应是，以语言的认同标记对象为代理，通过媒体的传播和放大，无需通过激烈的政治辩论或身体冲突，只需通过语言使用和评估来表达对不同语言或语言变体的态度即可达到打击"革命"者的目的。同样，Jukhkh也以语言作为斗争媒介——证明"革命"者对标准语的掌控能力来回应类似Tāmir和Shuʿayb的做法与观点，兵不血刃地反击当局对"革命"者的诬蔑和打压。Shūshah通过诠释语言变体同新旧政治的关联，顺应了埃及"革命"中形成的"腐朽"旧政权和"革命"新青年的二元对立话语，在表示支持新政治的同时，回避了"革命"前后复杂的现实政治和党派冲突。

从埃及的案例可以看出，对语言冲突而言，语言的代理作用是冲突中人们对语言进行评估和赋值的主要驱动力，但究竟是什么使语言同社群认同与社会-政治价值产生关联从而获得代理社会-政治冲突的潜力呢？就这一点，原则三指出，语言是造成外部冲突根本原因的符号。对于符号，存在多种理解。一种是索绪尔的（语言）符号理论，指出符号由能指和所指构成，两者的关系是任意和约定俗成的。另一种来自皮尔斯的象似符、索引符和象征符分类。象似符同指涉对象存在声音或形象上的象似性，索引符同指涉对象存在时空上的临近或因果关系，而象征符和指涉对象的关系则同索绪尔能指和所指间的关系类似，为任意和约定俗成。显然，皮尔斯"符号"的范畴要大于索绪尔的"符号"。至于Nelde，他使用"符号"概念主要是为了凸显语言冲突中语言作为一个变量代表或表征（不是表达）其他社会-政治变量的特性，符号的学理争议并不是他的主要关切。

但深入研究语言冲突需要对语言评估和赋值的理据有更明晰认识，仅泛泛用"符号"来概括并不够。Silverstein（2003）的语言索引性理论提供了一种路径。他采用皮尔斯的"索引符"概念，重新解释了关联性社会语言学所关注的语言变异同地域、民族、阶层、性别等各种社会范畴间的关系，指出语言是这些范畴的索引符，即将社会范畴同语言变异的关系视作时空临近和因果关系。此外，为凸显这一索引关系的动态性和人的主观能动性对该关系的塑造作用,他还提出了"索引序位"(indexical order,又译"指示性秩序"),区分所谓第n位和第"n+1"位索引。第n位索引指已形成社会惯习而不为人注意的语言变量对社会范畴的索引。比如埃及方言对非正式场合、亲密性和埃及平民阶层的索引,阿语标准语对正式场合、权威性和精英阶层的索引。而第"n+1"位索引则是对第n位索引进行有意的、元语用应用或重新诠释。上述埃及"革命"案例中语码混用和转换这样暗含隐性语言评估的行为即是对第n位索引的应用,而用言语表达的显性语言评估则是对第n位索引的重新诠释。当重新诠释后的第"n+1"位索引经过一段时间渐渐成为社会普遍接受的惯习之后,还会有第"(n+1)+1"位索引出现,理论上此过程没有尽头。

语言索引性理论为解释语言作为社会变量标记社群身份、承载社会-政治价值的理据提供了一种看似系统、抽象的描述。然而,依赖时空临近和因果关系的索引性并不是人们通过语言评估和赋值建构语言同社会范畴关联的唯一理据,将所有语言与社会的关联置于索引性的描述框架内,会忽略另一重要理据——相似关系。这后一理据同画像与真人、相片与实景这种象似关系不同,指代表物和被代表对象间在某些方面存在相似或类同,使前者可用来表征后者。以阿语世界对双言的民族主义评估为例,可说明相似关系如何勾连语言冲突和社会-政治冲突。

双言是一种不对等的语言变体共存现象,语言变体间的层级分化与对立构成双言被用来表征其他社会-政治分化与对立的基础,其中一种是阿拉伯人的民族认同。自19世纪中叶欧洲民族主义思潮渗透到埃及和叙利亚等地知识阶层并激发后者民族意识以来,阿语世界就一直处于泛阿拉伯民族认同和地域民族认同对立共存的民族认同二重性之中。阿语标准语作为通行于阿语世界宗教、政治、学术等高层次领域的标准语,无疑是泛阿拉伯民族认同的最合法代言,而各地通用方言则往往因其同地域社群的密切关联被用作区别地域国家的重要标志。双言和民族认同二重性之间的对应、相似关系使得前者往往被用来表征后者,特别是在民族认同矛盾突显的历史时期。20世纪五六十年代,谋求阿拉伯国家联合并最终建立统一阿拉伯政体的泛阿拉伯民族主义发展为激进的政治运动,同一战之后逐步成形的阿语世界多民族国家政治架构构成显性冲突。这一阶段对双言现象的评估和诠释明显反映出用语言冲突代理社会-政治冲突的倾向,将阿语世界的语言和民族状况通过相似关系勾连在一起,民族的分裂和统一被映射到语言的分裂和统一上,使双言成为阿拉伯民族认同二重性的表现,并进而使消除双言、实现语言统一承载了超越语言表达和交流功能的社会-政治意义——实现民族统一。

该例说明,作为语言评估和赋值的理据,相似关系同索引性所依托的时空临近和因果关系一样,都发挥在观念中建构并勾连语言冲突与社会-政治冲突的作用。我们需要一个概念将这两种关系维系在一起,就是"象征性"。这里的"象征"既有别于皮尔斯的"象征符号"也有别于索绪尔的"符号",因为后两者都强调符号和所指对象或能指和所指间基于任意性的社会规约性。与之不同的是,这里采用的是对"象征"更通常、也更传统的理解,Victor Turner(1975:151)将其总结为"本体"

（vehicle）和"对象"（designatum）间在特定文化环境和社会情境中基于隐喻或转喻关联建立起来的代表与被代表的关系。Turner承认这种象征关系具有文化和社会规约性，但这种规约性绝非任意，这也是他的象征概念和索绪尔符号理论间最主要的区别。而所谓隐喻和转喻关系，正分别对应前文所描述的相似关系和临近关系。"以结果代行动、以生产者代产品、以部分代整体和以原因代结果"等关系都可以在认知层面被视为转喻所依托的临近关系（Panther & Thornburg，2007：241）。

象征关系具有模糊性和多义性。前者体现在，本体和对象间关系不稳定、不清晰，与数学符号同其所指对象间精确无疑的代表关系不同，人们无法对象征关系给出精准、清晰的描述，象征关系只是本体和对象间的近似，在很多情况下依托人在具体语境中的直觉感知，并很大程度依赖人的诠释。多义性体现在，在象征关系下，本体可能表征多个对象，且有潜力表征更多对象。以之前讨论过的阿语双言为例，作为象征本体，双言可表征泛阿拉伯民族认同和地域民族认同的二元对立，也可表征阿拉伯社会精英与平民阶层的二元对立，还可在2011年的埃及表征"腐朽"旧政权和"革命"新青年的二元对立。象征关系的模糊和多义使其在不同社会–政治情境中获得不同诠释，反映在社会–政治冲突和权力关系博弈过程中，就是对象征关系的意识形态操纵。

语言象征性，就是把语言作为社会–政治变量，通过评估和赋值，依托相似性或临近性理据，构建同其他社会–政治变量的关联，使语言成为社群身份认同标记和社会–政治价值载体。冲突情境中，语言象征性使语言获得代理各类社会–政治冲突的可能性。

❼ 语言冲突的效应

Nelde的原则四指出语言冲突会带来更新、更优的"结构"。他指的是语言结构，也即冲突导致语言要素相互借用和融合，并进而促使语言结构优化甚至新语言形成。但从语言作为社会–政治变量的象征性来看，语言冲突的效应还体现在对社会–政治结构的影响上。这种影响存在两种看似矛盾的可能性，一是隐匿或转移社会–政治冲突、维持社会–政治结构稳定，二是激化社会–政治冲突、引发社会–政治结构改变。对这两种可能性，阿语世界提供了丰富经验。

埃及知识分子对双言的评估和赋值体现了第一种可能性。自20世纪90年代起，开罗语言学会的语言评估依托双言和民族认同二元性的象征关联，通过维持标准语和双言的层级关系并突出保护标准语的民族意义，来补偿现实政治中地域国家利益对泛阿拉伯民族利益的凌驾，避免因泛阿拉伯民族主义意识形态退潮而疏离秉持或同情该意识形态的政治派别与民众。而在官方建制之外，埃及精神分析家Ṣafwān批评标准语是僵化语言，指出标准语在书面交际领域的强势地位遏制了埃及人使用母语——埃及方言进行表达的自由，是埃及走向政治专制和思想僵化的要因（Suleiman，2011：111-115）。通过构建双言同专制—民主的对应关系，他在象征层面反抗埃及僵化的政治格局与社会状态。开罗学会和Ṣafwān对双言的社会–政治性评估仅限于话语（元语言）领域，构建起的语言冲突仅停留在象征层面，其实际效应，是将现实社会—政治冲突转移到代理这些冲突的语言上，一定程度上起到了隐匿冲突、维持稳定的作用。

对于第二种可能性，阿语世界最突出的例子是阿尔及利亚在独立后奉行的"阿拉伯语化"政策（Sharkey，2012）。不同于之前所举囿于象征性的语言冲突案例，该政策表现出去象征性特征。意识形态拟构的理想语言状态通过政治手段强加于语言现实，理想和现实的落差带来严重政治后果。该政策的强力推行既使接受阿语标准语教育的普通阿尔及利亚人失去了同法语绑定的经济和文化资本，无法同接受法语教育的精英阶层一样实现个人发展、获得经济利益，也促使柏柏尔人构建起区别于阿拉伯认同的独立民族认同，为认同政治泛滥和极端主义渗透创造了土壤。Benrabah（1999：143-60）指出，"阿拉伯语化"政策是民众疏离主流政治并寻求其他政治出路的主因之一。更有学者将"阿拉伯语化"描述为"语言灭绝"和"文化内战"。该案例表明，语言冲突强行去象征化以谋求政策落地可能会激发严重社会–政治冲突。

❽ 结语

本文用阿语世界的经验细致梳理了Nelde基于欧美经验总结的语言冲突研究基本原则，并用语言象征性对其进行重新整合，指出伴随语言交际的语言评估与赋值，是在观念层面构建语言同社群认同与社会–政治价值关联的主要媒介，而语言的认同标记对象间和社会–政治价值间的矛盾对立是语言冲突的主要内容，语言冲突由此同社会–政治冲突形成了象征性关联并往往被用作后者的代理。维持语言冲突象征性具有稳定冲突下社会–政治结构的效应，而语言冲突去象征化将有可能激化既有社会–政治冲突，并带来严重后果。

本文选取的经验案例，虽对阿语世界语言冲突有一定代表性，但尚不足以支撑对既有语言冲突理论的系统反思和重构，这是本文的局限所在。本文为该反思和重构提供了一种思路，以期更多经验案例和更为系统的质性和量化分析来检验、修正与丰富。

❏ Bassiouney, R. 2014. *Language and Identity in Modern Egypt*. Edinburgh: Edinburgh University Press.

❏ Benrabah, M. 1999. *Langue et Pouvoir en Algérie: Histoire d'un Traumatisme Linguistique*. Paris: Séguier.

- Benrabah, M. 2013. *Language Conflict in Algeria: From Colonialism to Post-independence*. Bristol; Buffalo; Toronto: Multilingual Matters.
- Blommaert, J. 2013. *Ethnography, Superdiversity and Linguistic Landscapes: Chronicles of Complexity*. Bristol; Buffalo; Toronto: Multilingual Matters.
- Haarmann, H. 1990. Elements of a theory of language conflict. In P. Nelde (ed.), *Language Attitudes and Language Conflict*. Bonn: Dümmler. 1–15.
- Heller, M. 2007. Bilingualism as ideology and practice. In M. Heller (ed.), *Bilingualism: A Social Approach*. London: Palgrave Macmillan. 1–22.
- Nelde, P. H. 1997. Language conflict. In F. Coulmas (ed.), *The Handbook of Sociolinguistics*. Oxford: Blackwell. 285–300.
- Panther, K. & Thornburg, L. L. 2007. Metonymy. In D. Geeraerts & H. Cuyckens (eds.), *The Oxford Handbook of Cognitive Linguistics*. Oxford: Oxford University Press. 236–263.
- Schmid, C. L. 2001. *The Politics of Language: Conflict, Identity, and Cultural Pluralism in Comparative Perspective*. Oxford; New York: Oxford University Press.
- Sharkey, H. J. 2012. Language and conflict: The political history of Arabisation in Sudan and Algeria. *Studies in Ethnicity and Nationalism* 3: 427–449.
- Silverstein, M. 2003. Indexical order and the dialectics of sociolinguistic life. *Language & Communication* 3–4: 193–229.
- Suleiman, Y. 2011. *Arabic, Self and Identity: A Study in Conflict and Displacement*. Oxford; New York: Oxford University Press.
- Turner, V. 1975. Symbolic studies. *Annual Review of Anthropology* 4: 145–161.
- Vertovec, S. 2007. Super-diversity and its implications. *Ethnic and Racial Studies* 6: 1024–1054.
- Vetter, E. 2015. Re-thinking language conflict: Challenges and options. *International Journal of the Sociology of Language* 235: 103–118.

Language Symbolism and Language Conflict in the Arabic-Speaking World

Abstract: Based on cases of language conflict in the Arabic-speaking world, this paper reconsiders current language conflict theories represented by Nelde's essential principles of conflict linguistics, in line with the notion of language symbolism. It argues that the evaluation of language, which accompanies language communication, serves as the main medium of associating language with collective identity and socio-political values; conflicts among different identities that languages index and among different socio-political values that languages convey constitute the main content of language conflict. It follows that language conflict is symbolically associated with socio-political conflict and becomes a proxy for the latter. Maintaining language conflict at the symbolic level works to stabilize the socio-political structure in conflictual situations, while de-symbolizing language conflict may intensify extant socio-political conflicts, leading to severe consequences.

Key words: language conflict; Arabic; symbolism; indexicality

（责任编辑：郑 萱）

基于CiteSpace的国内语言景观研究述评

天津外国语大学 王晓军 朱 豫*

[提 要] 语言景观作为社会语言学的一个新兴领域，受到越来越多学者的关注。近年来我国语言景观的研究也在逐渐发展。为梳理国内语言景观的研究现状，发现研究不足，帮助语言学者了解国内语言景观的研究动态，本文以可视化分析软件CiteSpace为工具，从关键词、作者及机构等方面绘制科学知识图谱，结合文献归纳出"两个阶段三个类别"的研究现状，文章最后从五个方面讨论了我国语言景观研究存在的问题，并对该领域未来的发展做出了积极展望。

[关键词] 语言景观；可视化分析；研究现状；发展前景

❶ 引言

语言景观（linguistic landscape）一词最早出现在1997年，由加拿大学者Landry和Bourhis最先提出并使用。两位学者将"语言景观"定义为"出现在公共路牌、广告牌、街名、地名、商铺招牌以及政府楼宇的公共标牌之上的语言共同构成某个属地、地区或城市群的语言景观"（Landry & Bourhis,1997:25）。自此概念提出之后，语言景观开始逐渐受到国内外研究者的关注。

国内最早出现"语言景观"这一概念是在2009年，孙利（2009）在研究温州市语言景观的现状及翻译不规范问题时，简单地把语言景观等同于公示语。之后也有学者开展了对公共空间语言景观研究的探索。2014年，尚国文、赵守辉发表了《语言景观研究的视角、理论与方法》和《语言景观的分析维度与理论构建》两篇文章，正式介绍了语言景观的概念与功能、理论视角与研究方法。自此，我国国内语言景观的研究才真正开启。如今我国国内的语言景观研究进展如何？存在哪些不足之

---

* 作者简介：王晓军，天津外国语大学英语学院教授，博士，研究方向：语用学、社会语言学。Email：wxj290@126.com。通信地址：300204 天津外国语大学英语学院。朱豫，天津外国语大学硕士研究生，研究方向：社会语言学。Email：xyby966@163.com。通信地址：300204 天津外国语大学英语学院。
本文受到国家社科基金"我国国际化城市外国人的语言生活与语言规划研究"（项目编号：18CYY017）的支持。

处？未来发展态势如何？本文将借助CiteSpace这一可视化分析软件来考察近10年国内语言景观研究的发展态势。

❷ 分析工具及数据来源

本文采用可视化分析软件CiteSpace，将国内语言景观的研究现状以科学知识图谱这一可视化形式直观呈现，并对分析结果进行深入解读。

笔者以"语言景观"为主题词在中国知网数据库进行检索，搜索时间为2009年至2019年11月，收集到期刊、报纸、会议共210篇文献，筛选并删除期刊导读、文学作品、建筑设计类期刊文章等6篇，共得到204篇有效文献。批量导出后，导入该软件进行可视化分析。初步解读可视化图表发现，2009年至2013年数据较少，影响较小，为使数据更为清晰可观，下文图表的时间节点选择了2014年至2019年。

❸ 国内语言景观的研究现状

3.1 总体趋势及特点

将收集到的204篇有效文献进行统计，并按实证研究与非实证研究手动分类。此处实证研究特指实际收集语言景观语料进行田野调查和定量分析的研究。笔者分别绘制了文献数量折线图（图1）与两类研究的百分比面积堆积图（图2）。2009至2014年间，国际语言景观的概念、理论并未正式引入国内，以"语言景观"为主题的文献较少，因而表格将2009至2014年间的数据进行合并。从整体来看，发文趋势是不断增长的，2018年的发文量目前达到最高，为70篇。可见语言景观的研究虽然起步较晚，但逐步受到学者关注，研究成果日益增多。从实证研究的比例来看，除2017年略有下降，整体也呈增长趋势。说明语言景观近年来的研究不再局限于理论层面的探讨，逐渐重视以实地考察与定量分析为基础的实践型研究。

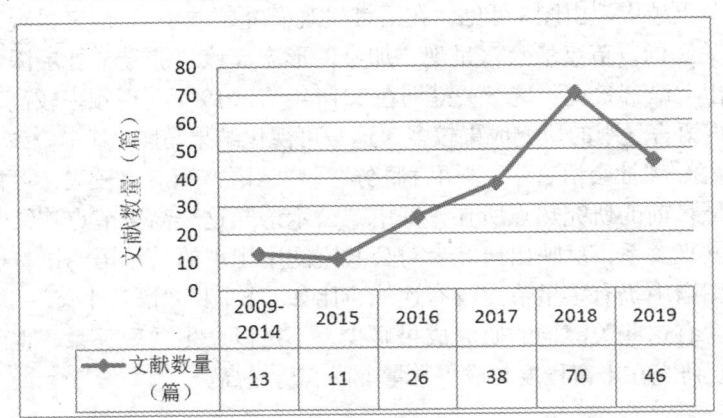

图1 国内语言景观研究文献数量折线图（2009—2019.11）

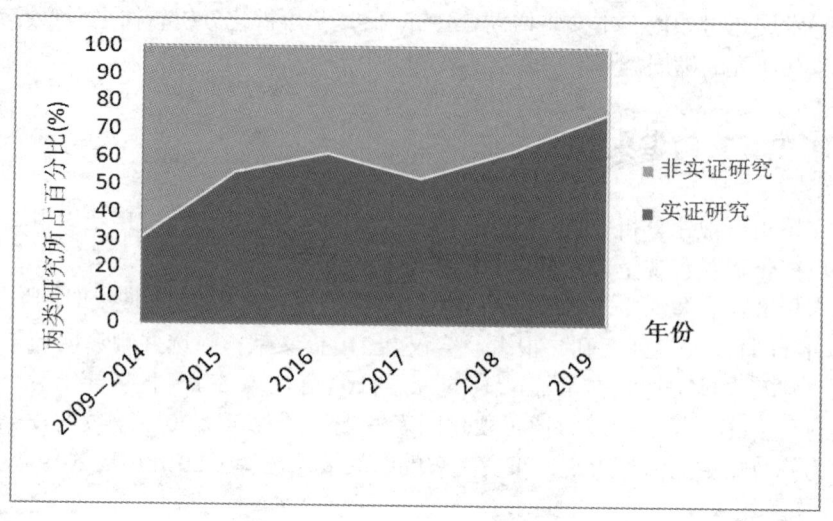

图2 两类研究百分比堆积面积图（2009—2019.11）

3.2 国内语言景观研究的两个阶段

为全面把握国内语言景观发展阶段，将文献数据导入CiteSpace中进行突现词分析。突现词指某一研究领域经过一定时间发展后出现的可影响后续研究方向的新词。按操作步骤未检测到改变研究方向的突现词，反映出国内语言景观研究时间跨度较短，研究方向并未出现深刻转变，呼应图1数据结果，研究文献数量不多，整体处于起步阶段。

关键词体现了一篇文章所要表达的核心主题和主要内容，为了解国内语言景观领域的研究热点，使用可视化分析软件CiteSpace进行关键词共现网络分析，将国内语言景观的学科结构清晰展现出来。图3是国内语言景观研究的关键词共现图谱。图中连线代表共现关系，连线粗细代表共现强度，节点代表共现关键词。节点的共现频率越高，节点越大。由图3可见，在语言景观研究领域中，"语言景观"作为共现频率最高的关键词，节点最大，呈现"加号"形态。该"加号"外层深色区域厚度较厚，体现出"语言景观"这一关键词在2018年与2019年共现频率较高，相应体现出近两年国内语言景观的研究成果较多，这一可视化结果与图1基本一致。此外，图3中"多语现象""社会语言学""语言服务""公示语"等节点较大，可视为高频节点，是该领域目前的研究热点所在。其中"公示语"这一高频节点连续三年与其他关键词形成共现关系，反映出研究者对公共空间中出现的公示语的语言研究关注较高。该共现图谱中仍有零星节点没有连线，比如"校园""语言生态""旅游"等关键词，说明含有这些关键词的研究成果略少，不足以产生共现关系，也间接预示了国内语言景观研究在丰富程度与成果数量上尚有待提高。

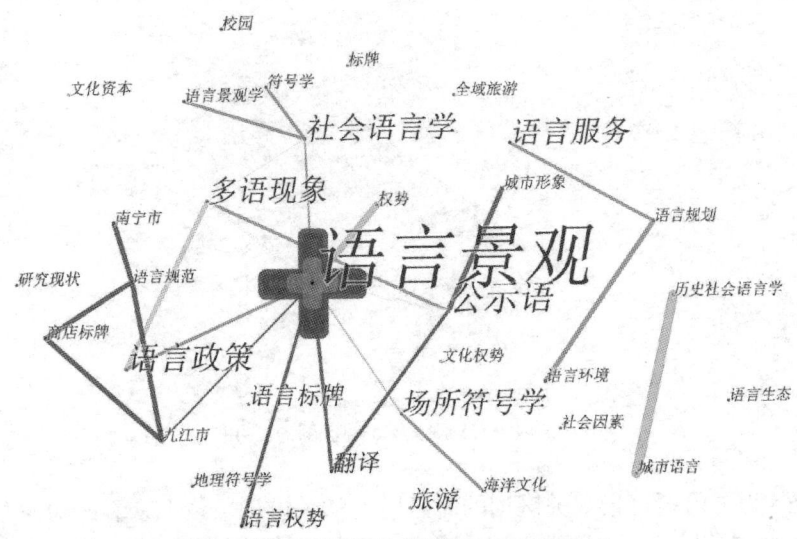

图3 国内语言景观关键词共现图谱(2009—2019.11)

此外,利用中介中心度(Betweenness centrality)这一测度节点作为重要指标,在语言景观研究的高频关键词中找出更为重点的高频关键词。如表1,中介中心度大于0.1的关键词仅有四个,即"语言景观""公示语""多语现象"和"社会语言学"。表明语言景观作为社会语言学领域的分支,目前的关注点大都集中在自上而下的公示语和公共空间内出现的多语现象解读。但是,语言景观的研究重点并非公共标牌的信息表征功能,而是其隐性功能,即探究公共标牌上各种语言信息背后的权势关系、身份地位和意识形态,以及语言景观和语言群体之间的互动关系。这些隐性功能才是语言景观研究者需要深入挖掘的理论内涵。由此可见,高中介中心度关键词还未涉及"权势关系""意识形态""身份认同""语言群体互动"等与语言景观的隐性功能相关的词,虽不排除在正文中探讨上述概念的可能性,但一定程度上也体现了目前国内语言景观研究的深度尚有待提高。

表1 国内语言景观高中介中心度关键词(2009—2019.11)

序号	关键词	中介中心度
1	语言景观	0.34
2	公示语	0.27
3	多语现象	0.18
4	社会语言学	0.14

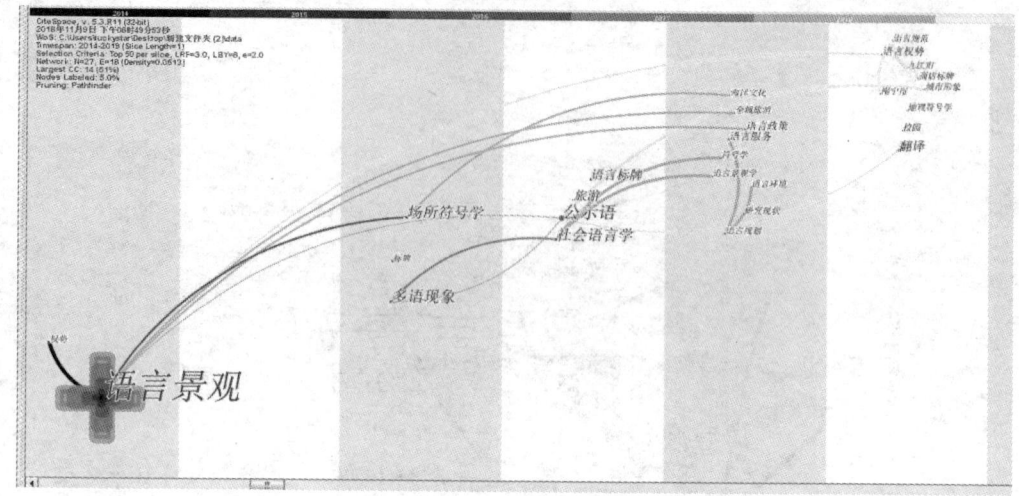

图4　国内语言景观关键词时区图谱(2014—2019.11)

图4为国内语言景观关键词的时区图。从关键词数量上来看，2018与2019年的共现关键词数量较多，种类也较为丰富，比如"海洋文化""商店标牌""校园""城市形象"等。它们反映出研究者对不同场域类型的语言景观所开展的实践研究逐渐增多。结合图1对研究结果的整体数量统计，我们发现在研究成果逐渐增长的同时，对语言景观的实证研究越来越受到研究者的重视，近两年对具体场域语言景观的定量分析是该领域的研究热点之一。

综上，以语言景观关键词的丰富程度和文章数量为分类标准，可将目前国内语言景观研究的起步阶段再简单分成以下两个阶段：第一阶段是初步探索期（2009—2017）。在此阶段中，研究者以理论引介与探索为主，以实证研究为辅，主要探讨语言景观的理论发展、研究范畴、研究视角及研究对象等。在公示语的研究中虽援引语言景观的研究成果，但主要关注翻译现状和多语使用情况。第二阶段是快速发展期（2018—2019）。由关键词共现图谱与时区图谱可见，2018年和2019年产生的共现关键词数量较多且共现频率较高且关键词的种类从2018年开始逐渐丰富，在此期间研究者对语言景观的研究开始深入到实践研究并进行定量分析，更多的学者开始关注具体场域的语言景观。

3.3　国内语言景观研究的三个类别

利用可视化分析软件CiteSpace对国内语言景观研究的关键词进行聚类分析来呈现研究热点的不同类别，把握不同的研究角度。图5是国内语言景观关键词的聚类分析图谱，可以看到有四个聚类生成：公示语、九江市、社会语言学与场所符号学。参照可视化分析软件的有效标准，发现"#5场所符号学"这一聚类不足以成立。因而可以确定三个有效聚类，分别为：公示语、九江市、社会语言学。通过查看具体的聚类信息及相关文献，这三个聚类代表了目前国内语言景观研究的三种类型：自上而下的语言标牌现状研究、具体场域的语言景观实践研究、语言学科层面的理论研究。

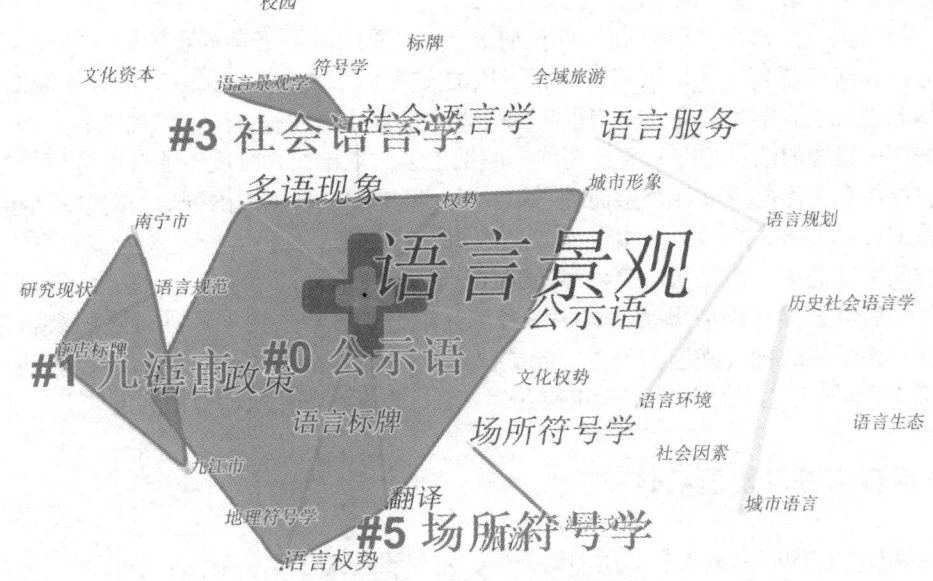

图5 国内语言景观关键词聚类分析图谱（2009—2019.11）

第一类为"自上而下的语言标牌现状研究"，在聚类图中覆盖范围较大，研究数量较多。研究者主要关注公共空间里的公示语、街道名、宣传标语等出自政府机构的公共标识，将研究重点放在了语言标牌的双语或多语使用情况、翻译问题和标牌体现的城市形象等方面；伴随翻译现状的探讨往往会给出简单对策和建议。如刘琳红等（2017）以广西南宁公示语的英译为例探讨语言景观的翻译策略；杨茵（2016）对浙江宁波的公共双语标识进行了语用学分析；赵慧媛等（2019）研究了内蒙古呼和浩特的公示语与构建良好城市形象的关系。这类研究主要关注标牌的语码类型及其翻译现状，较少关注语言标牌的美学功能、文化功能和教育功能等隐性功能，也较少触及语言背后的语言权势和语言群体的互动问题。

第二类为"具体场所的语言景观实践研究"，随着该领域在国内的发展，越来越多的学者开始了语言景观的个案研究。通读文献可发现，大部分国内学者着眼于国内的以汉语为主的多语语言景观，比如有地方特色的旅游景区、历史文化街区、工业园区、城市商业区、校园、少数民族聚集区等；也有部分学者关注国内外语语言景观的建设情况，如黄小丽（2018）研究了上海市日文语言景观的现状，对抽样得到的日文语言景观进行了细致的分类与解读，并给出了提高日文语言景观语言服务能力的对策及建议，为语言景观的研究贡献了很好的应用案例；刘丽芬等（2018）研究了中国境内语言景观的俄译现状，是为数不多的考察国内俄语语言景观的研究之一，可以很好地引发不同语种的学者对我国不同语码语言标牌的研究兴趣；有少部分学者在关注国外汉语语言景观，比如印尼华族聚集区（刘慧，2016）、日本横滨的中华街等地区（孙莲花、杜红阳，2019）。这种基于个案的实践研究体现了我国研究者对现实中语言使用问题的密切关注。

第三类为"语言学科层面的理论研究"，主要探讨了语言景观的概念功能、理论方法和研究视角以及研究现状。阅读该类文献发现，大部分文献对语言景观的理论基础进行了介绍和梳理，只有很少部分学者尝试构建理论方法，如周晓春（2019）依据语言景观的信息功能与象征功能，归纳出了"双层面六维度"的多维分析模型，从表层信息及深层意义两个层面列举了6个分析维度，尝试提供可操作的分析框架。张蔼恒、孙九霞（2019）提出了地方主体的空间实践，将语言景观视为多元主体进行空间实践的中介与结果。葛俊丽（2016）就研究方法上的五大争论给出了独到见解，为后续研究者理清思路。这些学者都在语言景观的理论层面进行了积极思考，展现对该学科的极大兴趣与关注。此类研究应受到学者重视，在对语言景观开展量化研究的同时，对其质性的探索也应并驾齐驱，以期在理论层面有更大发展。

❹ 现存问题及发展前景

纵观以往的研究成果和实质图谱分析，发现该领域有如下待改善之处：

第一，理论和研究方法有待创新。该领域主要参考框架包括Scollon和Scollon（2003）的场所符号学理论、Huebner（2009）的SPEAKING分析模型、Ben-Rafael等（2006）与Ben-Rafael（2009）的语言景观构建原则、Spolsky和Cooper（1991）与Spolsky（2009）的标牌语言选择理论及Trumper-Hecht（2010）的景观分析的三维理论模型。场所符号学理论作为地理符号学理论下的一个子系统，其包含的语码取向（code preference）、字刻（inscription）与置放（emplacement）三个方面，为语言景观的描写提供了可操作的分析框架。而视觉符号学与互动顺序这两个子系统，意在考察现实空间中的文本或图像的呈现方式，及其与作者和读者之间的动态互动关系，与语言景观的隐性功能密切相关。SPEAKING分析模型起源于人类交际学，为语言景观语言形式、互动关系、即时语境等方面的解读提供分析框架，从而探究语言景观所产生的社会意义。而语言景观的构建原则等后三个理论，均致力于将语言景观与其社会意义相联系，为语言景观的研究提供分析维度与研究视角，但理论框架并未细化，实际操作尚有难度。在研究方法上，国内外学者未达成共识，在语料收集的样本代表性、取样范围、计量单位与分类标准上尚有争议，研究者往往根据不同的研究目的自行设置取样范围与研究方法。例如单菲菲和刘承宇（2016）研究苗族聚居村寨西江村的商铺标牌时，计量方式以商铺为标牌单位，采用摄像、观察与访谈等方法，对标牌特征与群众态度进行研究；杨金龙等（2018）研究陕西、宁夏、甘肃三省（区）回族聚居区的语言标牌时，从三省（区）各选一处，除拍照、观察与访谈等方法外，还采用了快速匿名调查法对当地回族居民的阿语识别情况进行调查统计。因而可见，对标牌进行解读时，针对标牌的创作者或读者进行的访谈或问卷调查等辅助手段，能够对标牌的充分解读提供依据与帮助。黄小丽（2018）在研究上海市日文语言景观中罗马字的使用状况时采用了判断抽样法进行样本采集,用SPSS软件进行样本编码分析,增强了研究的客观性。可见,语言景观的研究设计尚无规范统一的步骤可资参照。今后应重视理论方法的持续创新与发展,例如引入民族志的研究方法,深入田野调查,开展访谈对话等,使研究设计更具可操作性与参照性;还可采用统计学软件进行样本的科学统计与分析,减少人为误差。

第二,实证研究有待深入。虽然本文图表显示出语言景观的实证研究逐渐受到重视,但对其背后的权势关系、语言活力等隐性功能的解读还不够深入。表现在研究重点停留在标牌多语现象的信息解读上。例如邱莹(2016)、俞玮奇等(2016)、张楠(2019),均将研究的焦点放在了标牌的双语或多语的使用情况,未触及语言景观的隐性功能。

结合近年研究成果,发现实证研究中存在的"四多四少":

(1)对物理空间的语言景观研究较多,对虚拟场景的语言景观研究较少。虚拟空间随着数字通信技术的增长而逐渐流行,语言景观可以通过电子空间、全球旅行及互联网等虚拟空间来界定(Bolton, 2012)。Ivkovie和Lotherington(2009)认为虚拟语言的声音是全球语言生态中的重要力量,他们在Web 1.0和Web 2.0应用环境中描述了虚拟语言景观的概念,尝试发现虚拟世界语言景观特点,为虚拟空间中的语言景观研究进行了有益探索。国内也开展了对官方网站等虚拟空间语言景观的探索,但尚未深入。

(2)对语言文字符号研究较多,对非语言文字符号含义的研究较少。研究多关注标牌的语码数量、文字使用及双语多语现状等,对标牌材料、图像声音等其他模态关注度不高。

(3)共时研究较多,历时研究较少。李贻(2011)、彭国跃(2015)的历时研究可谓为数不多的典型案例,尤其彭国跃(2015)为语言景观历时性考察做了全面的探索,值得提倡。

(4)对单一场所的研究较多,对不同场所语言景观的对比研究较少。如邓骁菲(2015)对豫园商城和上海老街两个商业区的语言景观开展了对比研究,目前该类研究仍为少数。

第三,作者及机构合作有待提高。国内语言景观领域的合作网络共现图谱呈现在图6。该图谱凸显了九个作者与机构的合作网络。其中,形成复杂密切网络的只有一个,即巫喜丽、战菊(2017),她们对广州市"非洲街"的语言景观现状进行实探,为政府部门的语言管理与语言服务提供参考。同年,她们还联合刘晓波(2017)对语言景观的研究视角及理论方法进行考察。整个共现图谱的合作网络清晰可见,并不纷繁复杂,这说明目前的研究还处于零散的个体研究的阶段,各学者、机构之间的联系并不密切,研究者数量也并不多。从各个节点的大小来看,区分不明显,说明该领域中目前还没有研究成果集中、影响力大的领军学者。目前只有一条合作网络连续两年发表研究成果,合作网络的密切程度与节点大小都体现了语言景观这一领域处于初探阶段,研究者总体数量较小,各机构、学者之间的合作有待加强。

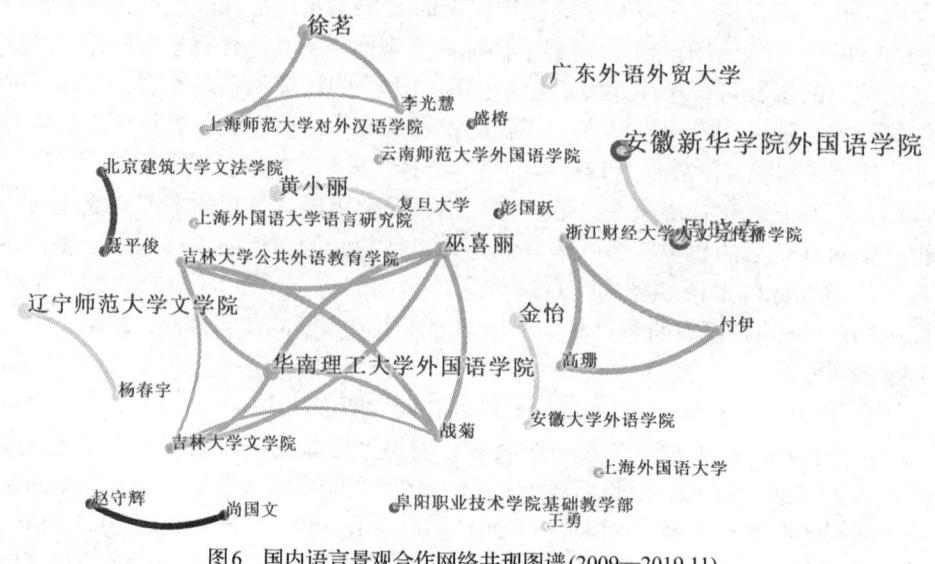

图6 国内语言景观合作网络共现图谱(2009—2019.11)

第四，跨学科研究有待加强。跨学科研究已成为学术研究的总体趋势。在国外，从话语分析、地理符号学、政治经济学开展语言景观的跨学科研究发展较快，已初具规模。例如，从政治经济学分析语言景观的研究中，Cenoz和Gorter（2009）发现政府的语言政策虽然针对官方标牌，却会影响商业标志的设计与传播，从而产生一定的经济影响。国内跨学科研究较少，主要分为两类，其一，与教学相结合，如尚国文（2017）、魏笑梅（2019）；其二，与生态学、地理学相结合，如杨金龙（2015）、徐茗、卢松（2015）。加强跨学科研究有利于丰富研究视角，有益于整合国内外各领域的专家联合攻关，提高研究水平，服务于学界和社会。

第五，国内语言景观的发展前景明朗。随着个案研究的增多，学者也在不断探讨其学科理论与研究方法，其研究正在从单纯量化研究过渡至量化质性并重的研究，在理论与应用层面逐渐呈现跨学科与多机构合作趋势，实证研究中的"四少"也会受到重视并逐步改善。而未来的量化研究的重点会逐渐从语言规范问题转变为检验性研究。如检验语言政策的执行效力、检验语言服务的能力、检验语言生态的活力、检验语言景观和语言群体的互动程度等。国际语言景观的研究热点集中在多语语言景观、英语全球化背景下的语言景观、语言景观与语言政策等方面，此类检验性研究也会逐渐向国际研究热点靠拢。Ben-Rafael等（2006）基于以色列的犹太人社区、巴勒斯坦人社区及东耶路撒冷的非以色列—巴勒斯坦人社区中的语言景观，发现不同语言社区针对希伯来语、阿拉伯语与英语这三种语码有着不同的使用模式与认同心理，揭示了语言景观和语言群体的互动程度；Tan（2014）基于新加坡的语言景观研究，认为语言景观可视为国家语言规划政策的重要组成部分，语言景观的本质与语言地位有关，但并非简单呈现，可透过语言景观检验语言政策的实施现状。相应地，有的国内学者着眼于语言政策与语言服务的落实情况，结合地方政策与中国特色的语言景观研究逐渐增多，其智库功能逐渐凸显，回归了该领域的应用性质。如屈哨兵（2018）从宏观上针对我国国际化进程中的语言景观服务提出了合理建议。高珊、付伊（2017）探究了新型城镇化进程中杭州市开发区语言使用的差异性及语言景观与经济发展的关系。刘振平、黄章鹏（2019）对南宁市青秀山风景区的语言景观考察，发现景区标牌虽符合当地语言政策与规范，但对外籍游客的语言服务依然存有偏差。杨金龙等（2018）调查了陕甘宁回族聚集区阿拉伯语语言服务的现状，并提出资政建议。

❺ 结语

结合可视化分析软件CiteSpace的科学知识图谱分析，笔者将国内语言景观的研究现状分为"两阶段与三类别"。纵向将此类研究分为两个阶段，即"初步探索阶段"与"快速发展阶段"；横向则把该领域的研究分为三类，即"自上而下的语言标牌现状研究""具体场所的语言景观实践研究"与"语言学科层面的理论研究"。作为一门新兴的语言学研究领域，语言景观正处于快速发展的阶段。虽起步时间较晚，研究成果不够丰富，理论与实证研究层面还有待加强，但其研究前景是可观的，正在逐步形成规模。本文对国内语言景观的研究现状和存在问题进行了梳理，但对语言景观研究方法的讨论较少。期待这个领域得到更多学者的关注，能够在理论构建及实践运用等方面呈现蓬勃发展的态势。

❏ Ben-Rafael, E. 2009. A sociological approach to the study of linguistic landscapes. In E. Shohamy and D. Gorter (eds.), *Linguistic Landscape: Expanding the Scenery*. New York: Routledge. 40–54.

❏ Ben-Rafael, E., E. Shohamy, M. Amara and N. Trumper-Hecht. 2006. Linguistic landscape as symbolic construction of the public space: The case of Israel. *International Journal of Multilingualism* 3: 7–30.

❏ Bolton, K. 2012. World Englishes and linguistic landscapes. *World Englishes* 1: 30–34.

❏ Cenoz, J., Gorter, D. 2009. Language economy and linguistic landscape. In E. Shohamy and D. Gorter (eds.), *Linguistic Landscape: Expanding the Scenery*. New York: Routledge. 55–69.

❏ Huebner, T. 2009. A framework for the linguistic analysis of linguistic landscapes. In E. Shohamy and D. Gorter (eds.), *Linguistic Landscape: Expanding the Scenery*. New

York: Routledge. 270–283.

- Ivkovic, D. & Lotherington, H. 2009. Multilingualism in cyberspace: Conceptualising the virtual linguistic landscape. *International Journal of Multilingualism* 1: 17–36.
- Landry. R. & Bourhis, R.Y. 1997. Linguistic landscape and ethnolinguistic vitality: An empirical study. *Journal of Language and Social Psychology* 16: 23–49.
- Scollon, R. & S. Scollon. 2003. *Discourses in Place: Language in the Material World*. London: Routledge.
- Spolsky, B. 2009. Prolegomena to a sociolinguistic theory of public signage. In E. Shohamy and D. Gorter (eds.), *Linguistic Landscape: Expanding the Scenery*. New York: Routledge. 25–39.
- Spolsky, B. & R. Cooper. 1991. *The Language of Jerusalem*. Oxford: Clarendon Press.
- Tan, P. K. 2014. Singapore's balancing act: From the perspective of the linguistic landscape. *Journal of Social Issues in Southeast Asia* 2: 438–466.
- Trumper-Hecht, N. 2010. Linguistic landscape in mixed cities in Israel from the perspective of "walkers": The case of Arabic. In E. Shohamy, E. Ben-Rafael and M. Barni (eds.), *Linguistic Landscape in the City*. Bristol: Multilingual Matters. 235–251.
- 单菲菲、刘承宇，2016，民族旅游村寨语言景观调查研究——基于社会符号学与文化资本理论视角。《广西民族研究》（6）：153–161。
- 邓骁菲，2015，豫园商城和上海老街语言景观对比分析。《语言应用研究》（10）：99–101。
- 高珊、付伊，2017，新型城镇化进程中城市开发区的标牌研究。《江苏科技大学学报》（17）：72–78。
- 葛俊丽，2016，语言与空间：语言景观研究视角。《语言学研究》（4）：68–80。
- 黄小丽，2018，上海市日文语言景观的立体化建设现状与思考。《外语电化教学》（5）：57–63。
- 李贻，2011，语言景观研究法：对广州北京路的历时性调查。《海外英语》（11）：300–301。
- 刘慧，2016，印尼华族集聚区语言景观与族群认同——以峇淡、坤甸、北干巴鲁三地为例。《语言战略研究》（1）：42–49。
- 刘丽芬、刘秀娟、鲍雪，2018，中国境内语言景观俄译考察。《中国俄语教学》（3）：20–30。
- 刘琳红、闫海居、刘维明，2017，从交际翻译的角度看语言景观的翻译策略——以南宁公示语英译为例。《海外英语》（7）：103–104,106。
- 刘振平、黄章鹏，2019，广西风景区语言服务研究——以青秀山风景区语言景观为研究个例。《广西师范学院学报》（1）：176–180。
- 彭国跃，2015，上海南京路上语言景观的百年变迁——历史社会语言学个案研究。《中国社会语言学》（1）：52–68。

- 邱莹，2016，上饶市语言景观调查研究。《语言文字应用》(8)：40–49。
- 屈哨兵，2018，我国语言活力和语言服务的观察与思考。《学术研究》(3)：155–160。
- 尚国文、赵守辉，2014a，语言景观的分析纬度与理论构建。《外国语》(6)：81–89。
- 尚国文、赵守辉，2014b，语言景观研究的视角、理论与方法。《外语教学与研究》(2)：214–223。
- 尚国文，2017，语言景观与语言教学：从资源到工具。《语言战略研究》(2)：11–19。
- 孙利，2009，语言景观翻译的现状及其交际翻译策略。《江西师范大学学报》(6)：153–156。
- 孙莲花、杜红阳，2019，横滨中华街的语言景观研究——以店名招牌为例。《牡丹江大学学报》(28)：13–16。
- 魏笑梅，2019，语言景观视角下外语教学策略研究。《牡丹江教育学院学报》(6)：55–57。
- 巫喜丽、战菊，2017，全球化背景下广州市"非洲街"语言景观实探。《外语研究》(2)：6–11。
- 巫喜丽、战菊、刘晓波，2017，语言景观研究的理论视角、问题取向及研究方法。《学术研究》(7)：170–174。
- 徐茗、卢松，2015，城市语言景观研究进展及展望。《人文地理》(1)：21–25。
- 杨金龙，2015，语言景观：生态语言学研究新视角。《兴义民族师范学院学报》(6)：49–53。
- 杨金龙、沈骑、李卫峰，2018，"一带一路"战略下阿拉伯语言服务调查——以陕西、甘肃、宁夏回族聚居区的语言景观为例。《外文研究》(6)：27–33。
- 杨茜，2016，语言景观视角下宁波公共双语标识的语用学分析。《疯狂英语(理论版)》(3)：206–207。
- 俞玮奇、王婷婷、孙亚楠，2016，国际化大都市外侨聚居区的多语景观实态——以北京望京和上海古北为例。《语言文字应用》(2)：36–44。
- 张蒿恒、孙九霞，2019，语言景观研究进展：地方主体的空间实践。《人文地理》(4)：13–19。
- 张楠，2019，九江市语言景观调查研究。《语言文学研究》(18)：28–30。
- 赵慧媛、袁晶晶、王连成、何艾琳、王清如，2019，从公示语看城市形象传播——以呼和浩特市公示语传播为例。《传媒论坛》(4)：109–112。
- 周晓春，2019，语言景观研究的多维分析模型构建。《上海理工大学学报》(2)：137–142。

A Review of Domestic Linguistic Landscape Research Based on CiteSpace

Abstract: As an emerging field of sociolinguistics, linguistic landscape (LL) has attracted increasing research attention in China in recent years. This paper draws a knowledge map of LL research in China based on key keywords, authors and institutions by using the visual analysis software CiteSpace. The current research status is then conceptualized as "two stages with three categories". Five existing problems are identified, and future research prospects are discussed.

Key words: linguistic landscape; visual analysis; current research status; research prospects

中英民事裁决文书元话语的对比研究
——佩雷尔曼新修辞学视阈下的分析

复旦大学／上海政法学院 朱 雷
上海交通大学 俞理明*

[提 要] 民事判决文书包含丰富的元话语资源，不仅用表陈述法庭立场，更具有引导与创新功能。本研究摒弃"成品式"研究，倡导对话语"生产性"修辞意图的过程考量。研究采用近几年中英两国民事裁决文书语料，通过自建文书语料库开展定性和定量对比；在佩雷尔曼新修辞学理论下对统计结果做出阐释，揭示出中英法庭方如何组织命题内容、投射自我，及系统化建构各类受众群体。我们认为：英方文书"信服"重于"劝说"，而中方"劝说"胜过"信服"，与双方的目标受众类型、权力距离、修辞目的等密切关联。

[关键词] 元话语；民事判决书；佩雷尔曼新修辞学；英汉对比

❶ 引言

元话语为话语领域的研究热点，既具有织篇功能，也反映出作者对于语篇、自身及读者的立场。Hyland(2008)认为语言兼具信息性(informational)和交际性(interactional)功能，能通过元话语(Hyland, 2005:17-37)搭建出语言选择与社会语境之间的桥梁，"表达作者观点""引导受众"并与之互动。元话语(Crismore, 1984；史顺良、王三武, 2014)能够实现交往意义，有助促成读者"理解"。辛志英、黄国文(2010)认为元话语利于阐发学术观点、赢得同行敬重等。杨信彰(2007)强调元话语手段反映作者对读者的理解能力、语境资源和语篇经历等认识。元话语与作者目的紧密关联，具有修辞劝说功能(Hyland, 2008:63)。法律话语中

---

* 作者简介：朱雷，复旦大学英文系博士生，上海政法学院语言文化学院讲师，研究方向：话语分析、修辞与论辩、英汉双语对比与互译。Email: 17110120015@fudan.edu.cn。通信地址：201701 上海政法学院语言文化学院英文系。俞理明，上海交通大学外国语学院教授，博士生导师，研究方向：二语习得、神经语言学、教育语言学。Email: yuliming@sjtu.edu.cn。通信地址：200240 上海交通大学外国语学院。

的民事判决书同样包含了丰富的元话语，能够投射作者兴趣、观点及评价等，劝说特征明显。民事判决书指案件审理后具备约束力的法律话语，包括首部、主文和尾部（张清，2009）。例如，理由部分的事实与理由：列举证据、案情分析、原告与被告的责任义务等均蕴含修辞性的元话语资源。文书面对各类受众，理应加强劝说，以促进接受。魏胜强（2012）认为国内文书存在说教刻板、模式单一、说服欠缺等问题。鉴于元话语的修辞作用不可低估，本文拟对中英民事判决文书元话语与新修辞理论关系方面展开研究。

❷ 文献综述和分析框架

目前，元话语研究聚焦于学术话语、语言教学与二语写作（Abdi，2002；Ädel，2006；Crismore，1984；Hyland，2001，2005，2010，2017; Masoomeh & Vafaeimehr, 2015; Mauranen, 1993；Rossiter, 1974；Schiffrin, 1980；Sukma & Bandung, 2014；Thompson, 2001；Thornborrow & Wareing, 1998；鞠玉梅，2018；史顺良、王三武，2014）以及新闻媒介话语研究（Dafouz-Milne, 2008；黄勤、熊瑶，2012；穆从军，2010）等领域。就研究视角而言，Harris(1959）提出"元话语"（metadiscourse）概念，认为其具有修辞性、主观性和文化独有性。Vande Kopple(1985）和Ädel(2006）探讨了元话语的对比修辞问题；Rossiter(1974）探索了言语交际视角；Schiffrin(1980）研究了言语交际的"元谈话"（meta-talk）；Hyland(2005）研究了写作的元话语修辞。Ädel(2006）分析了"语篇—作者—读者"关系。辛志英、黄国文（2010）研究了元话语的赋值。在分类上，Hyland & Tse(2004）区分了文本交互式（interactive）和人际互动式（interactional）元话语。Vande Kopple(1985）从语篇、语码、效度、叙述者角度做出了分类。Ädel(2006）提出"反身元话语"（reflexivity metadiscourse）概念。付晓丽、徐赳赳（2012）对书面元话语进行了重新分类。国内外学界的元语言与法律文体结合研究尚属发展期（如Adams & Quintana-Toledo, 2013；He & Abdul Rahim, 2017；黄萍，2010；张玉宏，2014，2016；郑洁，2014）。综上，元话语在内涵、外延、分类等方面存在分歧，且静态文本"成品"分析较多，动态话语生产和受众研究不充分，特别是法律修辞互动研究尚需深入。

在法律文书研究上，法律界主要围绕说理和文书改革展开（王贵东，1982；魏胜强，2012；张清，2009）。在语言学界，Kayam(2012）分析了以色列判决书的修辞结构；程乐等(Cheng, Sin & Zheng, 2008)、He与Abdul Rahim(2017）对比研究了中美判决书；Han(2010）分析了民事判决书的体裁；董志浩（2009）研究了辩护词的元话语语用；董敏（2007）用修辞结构理论（Rhetorical Structural Theory, RST）阐释民事文书的说服策略；李诗芳（2005，2008）研究了判决书主观性隐喻和人际意义等；杨敏（2008）探讨了立法语篇情态动词的权力意志；曾范敬（2010）探讨了我国公诉意见书的语言；程微（2011）研究了庭审语篇的态度对事实的建构；谢静（2001）分析了美国文书的情态意义。可见，功能视角下情态和人际研究居多，逻辑、语言、修辞结构与受众关系也有涉及。警察问询和法庭话语（Martin，2013；崔凤娟、于翠红、宋艳梅，2017；王品、王振华，2016）成果斐然；但"成品"式文本分析较多，结合元功能及法庭态度、话语生成、读者构成、受众接受、修辞影响等动态研究不足。无论从研究范式、分析视角或成果数量来看，文书元话语的修辞交叉研究亟待加强。

　　元话语强调对话性，既研究言者主体性，也包括言者—听者的主体间性。当代法庭的权势话源有所变化，需考虑受众的参与；文书生成与接受应成为题中之义，以促进知识增长。Perelman（1982）发展了Aristotle的理论，提出了适用于法律的"新修辞理论"，重新审视正义、言者和受众等要素。Perelman（1982：14）重视书面话语，反对将法律修辞等同三段论（Perelman & Olbrechts—Tyteca，1969：5-6），提倡结合修辞效果区分受众。Perelman提出所谓"复合听众"（composite audience），认为修辞受众为作者系统性（systematized）建构，分为"普遍受众"（universal audience）与"特定受众"（particular audience）（下文分别为UA和PA）；作者转换和加强事实（fact）、真理（truth）和假设（presumption）以劝说建构出的UA；作者转换和加强价值（value）内容来劝说PA（Gross & Dearin，2002：31-33）。Perelman & Olbrechts—Tyteca（1969：28-29）区分"劝说"（persuasion）与"信服"（conviction），前者仅对特定受众群体，侧重论述效果；而后者则争取几乎所有受众的支持。

❸ 研究方案

3.1 研究设计

　　本研究试图揭示文书作者如何组织命题、投射自我以及如何处理与受众的关系，在语言对比及文书改革领域进行英汉对比探索。研究基于Hyland（2008）元话语经典模型，将文书话语不仅视作产品，更视作过程，在新修辞视角下审视话语生产与说服效果。我们参考了Hyland（2010）、Kim和Lim（2013）的分类。在观察、分析与提炼语料基础上，列出英汉话语资源表单，开展定性定量分析。研究围绕自建双语语料库展开，采用软件与人工赋值结合方式，与同行研判、校对后裁定元话语的归类。采用语料库手段搜索和辅助甄别，借助Antconc（3.4.4）等检索（Concordance）工具对库中元话语进行"关键词模糊检索"操作，考虑可能的形符和义符后得出示例。然后根据英汉字词比和库容量确定统计单位（千词/字）[①]，结合R语言技术分析定类数据，将讨论与解释纳入新修辞框架，分析异同直至得出结论。

3.2 本文语料

　　语料来自中国裁判文书网（http://wenshu.court.gov.cn/Index）及英国高等上诉法庭网站（https://www.supremecourt.uk/index.html）。中国裁判文书网是公布各级人民

[①] 考虑到英汉分属不同语系，信息比固定（约为1:1.5）。我们采用千词（字）为统计单位，可有效避免文本长度变量的干扰。

法院生效文书的官方网站；而英国最高法庭则是英格兰、威尔士和北爱尔兰各类案件的上诉法庭，将案件终审结果在官网公布。研究共采集200份文书（中英各100份）。经"偶遇抽样"（convenience sampling）方式，较多采用年代较新的文书。其中英汉各20份，共计40份。英语共202 902词，中文为129 971字。考虑到文书的文体与结构的稳定性、两种目标元话语对象，样本含量是合理的。研究选取5年跨度（2012—2017）的语料，构成英汉民事裁决书语料库（分别命名为BCJC和CCJC）。就元话语资源数量而言，CCJC库远低于BCJC库（其中英汉分别为1.9和12次/千字）。

表1 BCJC和CCJC语料库来源及构成

	资料来源	样本含量（篇）	总字（词）数	平均字（词）数/篇
英国民事判决书语料库（BCJC）	https://www.supremecourt.uk/	20	202 902	10 145
中国民事判决书语料库（CCJC）	http://wenshu.court.gov.cn/	20	129 971	6 499

3.3 研究问题

1）根据文献研究以及自建文书语料库，英汉各类型元话语资源的频次和分布密度如何？

2）就本语料而言，文本交互式与人际互动式元话语占比如何？中英方面有无异同？如有显著差异，是如何分别投射作者命题内容，以及对受众的互动劝说功能的？

❹ 结果与讨论

首先，文书元话语具有显著法律特色，各类资源各司其职，与学术元话语不尽相同。文书元话语采取视角选择（如："本案现争议焦点是……"）等"干预"（intrusion）手段投射法庭说服意图。作为"显示作者的读者意识"（Hyland, 2008：17）的方式，元话语展示法庭方"详述、阐明、主导和（与受众）互动"的需要，现将主要资源罗列如下（表2）。文书元话语帮助作者实现现实构建、意图投射、劝说及引导各类受众等。其中，文本交互式元话语（过渡、框架、内指、证源和阐释标记语）主要搭建作者建构的法律现实（Hyland, 2010）。英语内指与证源标记语（如：see its para 80 to 82 quoted in para 24 above；under(in) Section 774）和汉语框架、内指、证源和阐释标记语（如：裁定如下；上述笔录；鉴定意见认为；辽宁省高级人民法院认为《中华人民共和国城镇国有土地使用权出让转让暂行条例》第二十条；"以下简称民诉法"）的法律特色鲜明。而人际互动元话语（模糊限制语、加强语、态度标记语、参与标记语和自我提及语）则主要起到"引导"（direct）作用

(Crismore, 1984：280)，法庭秉持鼓励受众参与交流的修辞意图，借助"话语之话语"(discoursing about discourse) 主导互助，从而使得命题内容更易"抵达"受众端(accessible)。较之英语，汉语人际互动元话语法律特色更为显著，如态度标记语和自我提及语，但数量较少，类型单一（如：恶意、本院等）。（表2）

表2 自建库中的典型元话语资源

元话语类别	BCJC 的元话语资源	CCJC 的元话语资源
文本交互型元话语		
过渡标记语	in addition ; but also ; thus ; furthermore ; because ; however ; although ; moreover ; despite ; in contrast ; additionally ; therefore ; since , and（此外；也；因而；再者；因为；然而；尽管；而且；尽管；相反地；另外；所以；既然；和）	并；但；因此；然而；但是；而且；不仅；所以；又；另外；此外；除了；除；虽然；也；还要；以及；因而；因为；反而
框架标记语	firstly ; secondly ; thirdly ; fourthly ; fifthly ; finally ; in summary ; its purpose is to ; for this purpose（首先；第二；第三；第四；第五；最后；总之；目的是；为此目的）	首先；第一；第二；第三；第四；为了；其次，再次；一审法院为了慎重处理，采用的目的是；本案现争议焦点是；本案再审争议的焦点问题为；判决如下；裁定如下；综上
内指标记语	similarly ; this type ; in so doing ; that is ; if so ; these questions ; this question ; this issue ; that question ; this case ; that case ; these issues ; noted above ; see para 22 above ; see its para 80 to 82 quoted in para 24 above ; the court below（同样地；此种类型；这样的话；即；如果这样；这些问题；这个问题；这件事情；那个问题；这件案子；那件案子；这些事宜；如上所陈；参见以上22段；参见以上24节所引80-82段内容；如下法庭）	上述判决；上述笔录；综上所述；以上事实；以上借条；以上第三项；以上款项；此类；此种；其余债券；其余理由；本案中；该款；对此；据此；一审判决；原判决；其他证据；以上鉴定
证源标记语	the Rules of the Supreme Court ; under (in) Section 774 ; in subsection (3) to paragraph 22 or 29 of Schedule 2 to the Immigration Act 1971（高级法院的裁决；第774条；1971年《移民法案》第2细则的22或29节（3）分款）	鉴定意见认为；辽宁省高级人民法院认为《中华人民共和国城镇国有土地使用权出让转让暂行条例》第二十条；《中华人民共和国城镇国有土地使用权出让转让暂行条例》(第二十条 47号民事判决；2007) 锡执字第363号执行令
阐释标记语	namely ; e.g. ; such as ; in other words（即；例如；比如；换句话说）	"以下简称民诉法"；（一审原告，二审上诉人），（甲方）；本案争议的主要问题是

（续表）

元话语类别	BCJC 的元话语资源	CCJC 的元话语资源
人际互动型元话语		
模糊限制语	might；may；perhaps；possible；about；tending to，tend to；less likely；could；appearing to，appear to，appears to；likely（可能；也许；或许；有可能；大约；易于；容易；不大可能；可能；看起来；看来；可能）	可能
加强语	in fact；it is clear that；of course；significantly；it becomes apparent that；no doubt；must；it is noteworthy that；clearly；apparently；it is important that；it is important to；importantly（事实上；……是很清晰的；当然；重要地；……变得很清晰；无疑；必须；值得一提的是；清楚地；明显地；重要的是；重要的是；重要地）	显然；事实上；实际上；尤其；甚至；必然；特别；完全；根本；很明显
态度标记语	uniquely；powerfully；adequately（独一无二地；强有力地；恰当地）	非法；恶意
参与标记语	consider that；note that；you can see that；it is difficult to see that；be aware that you may have to justify the resulting decision；If you feel there is insufficient time to digest new information；it follows that；as is sometimes suggested（鉴于；注意；如你可见；很难看到；要知道你可能要证明之后的决定；如果你觉得消化新信息的时间不足；由此可见；如有时显示的那样）	可见；考虑到；应注意；应该认为
自我提及语	I；we；my；our（我；我们；我的；我们）	本院，本裁

注：基于Hyland（2008）元话语模型及本语料。

第二，英汉人际互动型元话语差异显著[②]，分别为12和1.9次/千词（字）（见表3和图1）。英汉人际互动元话语存在显著差异（χ^2=7.3388, df=1, p<0.05= 0.006748）。英汉文本交互元话语（表3、图1）分别为14.8和15.8次/千词（字），英汉之间不存在显著差异（χ^2 = 0.3268, df=1, p>0.05= 0.8565）（表4）。英方的人际

---

② 采用R软件（3.4.3），输入：X<-c（14.8, 15.8），chisq.test（X），进行卡方检验得出统计结果。

元话语更高，与包括 PA 在内的广大群体互动，以"说服"为目的，力图避免"赞成的原因"演变成"反对的原因"，唯恐忽略少数受众致使劝说打折（Perelman & Olbrechts-Tyteca, 1969：20）。中方崇尚法庭权威，受众心理分析不够，忽略了 PA 的阶层与教育等因素。英语文书则默认平等协商，涵盖了教育水平高的 PA 群体。中方人际互动资源较少，与传统上官民权势悬殊有关。Perelman 和 Olbrechts-Tyteca（1969：19-23）倡导"现实与受众心理"，而中方弱化了互动。如魏胜强（2012）所言："修辞力度不够，有法无情，自言自语……"反映出人际沟通欠缺，目标受众类型单一。需要指出，上诉人申诉或陈述中互动资源较多，而判决部分刻意回避。而英汉交互元话语频次接近，在信息性（informativeness）传递、利用真实（real）事实投射作者命题方面类似，涉及了"作者–受众"的共享事实、真理与假设等内容，关注 UA。

表3 中英民事裁决文书中的元话语使用情况

一级项目	二级项目	英国民事裁决文书			中国民事裁决文书		
		总次数	频次/千词	占BCJC中元话语总数的%	总次数	频次/千字	占CCJC中元话语总数的%
文本交互元话语		3 009	14.8	55.4%	2 059	15.8	89.2%
	过渡标记语	1 214	6	22.3%	813	6.3	35.2%
	框架标记语	89	0.4	1.6%	162	1.2	7%
	内指标记语	580	2.9	1.7%	300	2.3	13%
	证源标记语	907	4.5	16.7%	614	4.7	27%
	阐释标记语	219	1.1	4%	170	1.3	7.4%
人际互动元话语		2 425	12	44.6%	249	1.9	10.8%
	模糊限制语	1 162	5.7	21.4%	15	0.1	0.6%
	加强语	524	2.6	9.7%	39	0.3	1.7%
	态度标记语	9	0	0.1%	10	0	0.4%
	参与标记语	79	0.4	1.5%	10	0	0.4%
	自我提及语	651	3.2	12%	175	1.3	7.6%
共计		10 868	53.6		4 616	35.2	

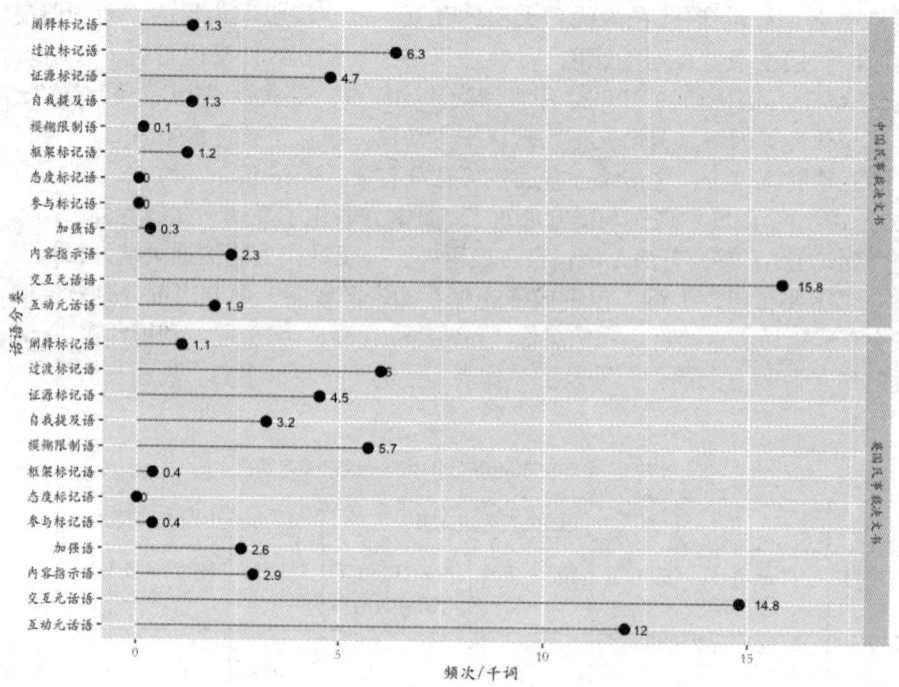

图1 元话语资源频次/千词（字）箱线直观图

表4 元话语资源频次/千词的卡方检验与显著度值

一级项目	二级项目	英国民事裁决文书次数/千词（字）	中国民事裁决文书次数/千词（字）	χ^2	P值
文本交互式元话语		14.8	15.8	0.0327	0.8565
	过渡标记语	6	6.3	0.0073	0.9318
	框架标记语	0.4	1.2	0.4000	0.5271
	内指标记语	2.9	2.3	0.0692	0.7925
	证源标记语	4.5	4.7	0.0043	0.9474
	阐释标记语	1.1	1.3	0.0167	0.8973
人际互动元话语		12	1.9	7.3388	0.0067
	模糊限制语	5.7	0.1	5.4069	0.0201
	加强语	2.6	0.3	1.8241	0.1768
	态度标记语	0	0	\	\

（续表）

一级项目	二级项目	英国民事裁决文书次数/千词（字）	中国民事裁决文书次数/千词（字）	χ^2	P值
	参与标记语	0.4	0	0.4000	0.5271
	自我提及语	3.2	1.3	0.8022	0.3704

第三，从二级项目来看，人际互动元话语的5个子项目中，仅英汉模糊限制语存在显著差异（χ^2=5.4069, df=1, p<0.05=0.0201）。中英模糊限制语不利于建构权威身份，数量都不多（中文文书仅为0.1次/千字，仅有"可能"一例）。模糊限制语承认价值不确定，从而保护话语生产者。中国文书敦促受众接受既定判决，采用真理和事实加强手段，将受众定位为无差别的UA；缺乏模糊限制语，或造成个别群体指向性的损伤。

加强语表明对恶行的斥责；态度标记语传达法庭的态度。同样，因"价值判断明确"而易忽略个别PA群体（Gross & Dearin，2002：31-32），以及法律惯习原因，中文加强语和态度标记语极少，分别为0.3和0次/千词（字）；英语则为2.6和0次/千词（字）（表3）。汉语态度标记语如"恶意"等（见[1]），作为主观浓厚的"罚言罚语"（曾范敬，2010：83-87）应予避免。

[1] 本案很明显属于被上诉人恶意抬高诉讼标的额、提高管辖级别、从而恶意规避法院管辖的情形。

汉英参与标记语较少，或为规避与受众结盟所致。英语个别标记语如[2]"it is difficult to see that"便于聚焦信息、引导特定受众及理性展示法庭观点。

[2] Even more importantly in this connection, it is difficult to see that the Administrative Court could have been assisted in its task on the central issue, even if it had concluded that the phrase "Man Fridays" was used.
（更重要的是，很难看出行政法院即便已断言"男仆从"说法已经使用过，还能够在核心事宜上获取协助。）

中文自我提及语常用"本院"提示权威出处，具有训诫意味。该类型价值取向明确，面对广大文化程度低的群体，为法庭偏爱（preferable）受众群。若要"说服"而非"劝说"，法庭需纳入教育程度高的受众，兼用商榷型资源。另一例示"本裁"（2次）也体现出身份的取舍，余未见其他变体。英语采用第一人称——"我"和"我们"以加强受众联盟，赋予信任，默认受众为理性、独立的对象。因两国法律传统迥异，受众文化水平不同，宜采用符合受众社会角色的认知指称方式，在交际距离上拉近或疏远。

文本交互式二级项目多见于案由、请求、事实、法律依据等。英汉过渡标记语分别为6和6.3次/千（字）词，较为接近。英语"in contrast"大致对应汉语"而"，表强烈对比。中文框架标记语（43次/千词）有"判决如下""裁定如下"等固化型式，而英语采用日常语言作为框架标记语，法律特色不明显。

中文内指及证源标记语分别为2.3和4.7次/千字，便于诉诸法条及查证知识。内指标记语回溯共知法律法条及信念，将不在场因素转为"在场"（Pereleman & Olbrechts-Tyteca, 1969: 14, 17），作为劝说基础以形成共识。英国文书内指标记语为2.9次/千词（字），指引文本与普遍受众加强"思想接触"（contact of minds），如：

[3] See section 24 (1) of the Crime and Courts Act 2013 which came into force on 7 January 2014...
（参见2013年版《罪名与法庭法案》第24条第1款，该法案于2014年1月7日生效……）

中英证源标记语关涉事实，频次为4.5和4.7次/千词（字），便于援引法律条例来增强、激活双方共享知识。Perelman（1982: 12-13）认为需适应受众，选取恰当知识如："公众意见"等来开展"劝说"。中英文书均大量使用证源标记语，如法条来巩固加强UA的法律认知。

[4] Between 5 February 2002 and 11 March 2005, he was detained under section 21 of the Anti-terrorism, Crime and Security Act 2001.
（根据2001年版《反恐怖主义、犯罪与安全法案》第21条，于2002年2月5日至2005年3月11日期间将该犯羁押。）

[5] The question raised by this appeal is whether there exists a power under the Immigration Act 1971 ("The 1971 Act") to grant immigration bail to a person who can no longer be lawfully detained.
（上诉提出的问题是：是否可以根据1971年《移民法》（即"1971年法案"），来给予一名不可合法羁留人员的移民保释权。）

[6] "依照《中华人民共和国民事诉讼法》第一百五十条第一款第（五）项、第二百五十六条第一款第（五）项的规定，裁定如下："

[7] 上诉人中国工商银行股份有限公司余姚支行（以下简称工行余姚支行）为与被上诉人四川信托有限公司（以下简称信托公司）、一审被告浙江好当家电器有限公司（以下简称好当家公司）、宁波哲豪电子科技有限公司（以下简称哲豪公司）……

[8] 2012年4月23日，信托公司（甲方）与好当家公司（乙方）、工行余姚支行（丙方）、哲豪公司（丁方）及宝洁公司（戊方）签订了SCXT2012（JXD）字第12号—12《监管协议》，其中约定甲方将向乙方发放信托贷

款,甲、乙、丁、戊方共同委托丙方作为本信托贷款资金的安心账户托管人。

中文阐释标记语有如下特点:1)在[7]中,"以下简称"构成习惯型阐释标记语,以提示重要信息。2)中文阐释标记语借助"( )"提挈关键概念,以激活作者和UA的共同知识。如[8]中,(甲方)等五方协约关系一目了然。当然,英语"( )"也具备阐释标记功能。如:[5]中的("The 1971 Act")。

❺ 结语

在投射法庭意图有效性上,中方判决书为"'劝说'>'信服'",体现为人际互动资源总量较少;加强语、态度标记和参与标记语等均显示权力指导态度(如:非法;恶意;应该认为),无意打开多重受众的对话空间;法院仅关注权威与正义性。而英方为"'信服'>'劝说'",意欲打开最大受众的对话空间,涵盖知识程度高的特殊受众,在"信服"方面着力,如大量商榷型模糊限制语(如:might; may)和加强语(如:it is important that)皆以默认知识为说服基础,易赢得较多受众群的信服。Perelman的理论揭示了法庭如何倾向性、系统性地处理目标受众、权力关系和修辞策略关系。鉴于文书元话语文献有限,且研究中难免涉及主观因素,未来与法律界联袂或能继续深入研究。Perelman的理论关注言者对受众的建构、调整言者以适应受众和普遍受众观等视角,有待推出更完善的修辞模型。此外,法律话语中是否存在他类元话语,也需要后续的研究。

❏ Abdi, R. 2002. Interpersonal metadiscourse: An indicator of interaction and identity. *Discourse Studies* 4 (2): 139–145.
❏ Adams, H. & Quintana-Toledo, E. 2013. Adverbial stance marking in the introduction and conclusion sections of legal research articles. *Revista de Lingüística y Lenguas Aplicadas* 8: 13–22.
❏ Ädel, A. 2006. *Metadiscourse in L1 and L2 English*. Amsterdam: Benjamins.
❏ Cheng, L., Sin, K. K. & Zheng, Y. L. 2008. Contrastive analysis of Chinese and American court judgments. *Critical Approaches to Discourse Analysis across Disciplines* 2 (1): 49–58.
❏ Crismore, A. 1984. The rhetoric of textbooks: Metadiscourse. *Curriculum Studies* 16 (3): 276–296.

- Dafouz-Milne, E. 2008. The pragmatic role of textual and interpersonal metadiscourse markers in the construction and attainment of persuasion: A cross-linguistic study of newspaper discourse. *Journal of Pragmatics* 40 (1): 95–113.
- Gross, A. G. & Dearin, R. D. 2002. *Chaim Perelman*. New York: State University of New York Press.
- Han, Z. R. 2010. *An Applied Genre Analysis of Civil Judgments: The Case of Mainland China*. Hong Kong: Doctoral dissertation of City University of Hong Kong.
- Harris, Z. 1959. The transformational model of language structure. *Anthropological Linguistics* 35 (1): 288–290.
- He, M. & Abdul Rahim, H. 2017. Exploring implicit metadiscourse in legal discourse: An analysis of the Chinese and American constitutions. *Indonesian Journal of Applied Linguistics* 7 (2): 391–403.
- Hyland, K. 2001. Humble servants of the discipline? Self-mention in research articles. *English for Specific Purposes* 20 (3): 207–226.
- Hyland, K. 2005. *Metadiscourse: Exploring Interaction in Writing*. London: Continuum.
- Hyland, K. 2008. Disciplinary voices: Interactions in research writing. *English Text Construction* 1 (1): 5–22
- Hyland, K. 2010. Metadiscourse: Mapping interactions in academic writing. *Nordic Journal of English Studies* 9 (2): 125–143.
- Hyland, K. 2017. Metadiscourse: What is it and where is it going? *Journal of Pragmatics* 113: 16–29.
- Hyland, K. & Tse, P. 2004. Metadiscourse in academic writing: A reappraisal. *Applied Linguistics* 25 (2): 156–177.
- Kayam, O. 2012. The rhetorical structure of argumentative discourse as expressed in Israeli supreme court verdicts. *Journal of Public Administration and Governance* 2 (4): 144–163.
- Kim, L. C. & Lim, J. M. 2013. Metadiscourse in English and Chinese research article introductions. *Discourse Studies* 15 (2): 129–146.
- Martin, J. R. 2013. Users in uses of language: Embodied identity in youth justice conferencing. *Text & Talk* 33 (4-5): 467–496.
- Masoomeh, E. & Vafaeimehr, R. 2015. A comparative analysis of interactional metadiscourse markers in the introduction and conclusion sections of mechanical and electrical engineering research papers. *Iranian Journal of Language Teaching Research* 3 (1): 37–56.
- Mauranen, A. 1993. Contrastive ESP rhetoric: Metatext in Finnish—English economics texts. *English for Specific Purposes* 12 (1): 3–22.
- Perelman, C. 1982. *The Realm of Rhetoric*. Notre Dame: University of Notre Dame Press.

- Perelman, C. & Olbrechts—Tyteca. L. 1969. *The New Rhetoric: A Treatise on Argumentation*. Notre Dame: University of Notre Dame Press.
- Rossiter, J. 1974. *Theories of Communication*. Oxford: Oxford University Press.
- Schiffrin, D. 1980. Meta-talk: Organizational and evaluative brackets in discourse. *Sociological Inquiry* 50 (3–4): 199–236.
- Sukma, B. P. & Bandung, Jl. R. 2014. Interpersonal metadiscourse markers in opinion articles: A study of texts written by indonesian writers. *International Journal of Applied Linguistics & English Literature* 3 (2): 16–21.
- Thornborrow, L. & S. Wareing. 1998. *Patterns in Language: Stylistics for Students of Language and Literature*. London/New York: Routledge.
- Thompson, G. 2001. Interaction in academic writing. *Applied Linguistics* 22 (1): 58–78.
- Vande Kopple, W. J. 1985. Some exploratory discourse on metadiscourse. *College Composition and Communication* 36 (1): 82–93.
- 程微，2011，庭审语篇中"态度"对法律事实的建构。《西安外国语大学学报》（1）：34–38。
- 崔凤娟、于翠红、宋艳梅，2017，庭审中的话语角色与模糊语使用关系研究。《解放军外国语学院学报》(2)：42–50, 160。
- 董敏，2007，一篇中国民事一审判决书的修辞结构分析。《外语与外语教学》(9)：21–25。
- 董志浩，2009，模糊限制语在律师辩护词中的语用分析。《语文学刊》(外语教育与教学)（12）：23–24。
- 付晓丽、徐赳赳，2012，国际元话语研究新进展。《当代语言学》（3）：260–271。
- 黄萍，2010，法律语篇中模糊限制语的人际意义——以中文判决书为例。《学术交流》（2）：159–161。
- 黄勤、熊瑶，2012，英汉新闻评论中的元话语使用对比分析。《外语学刊》（1）：99–103。
- 鞠玉梅，2018，跨文化修辞学视阈下中国英语学习者二语学术论文写作立场表达研究。《天津外国语大学学报》（5）：142–143。
- 李诗芳，2005，中文民事判决书的情态意义分析。《现代外语》（3）：272–329。
- 李诗芳，2008，中文刑事判决书语体的人际意义研究。《外语学刊》（2）：60–64。
- 穆从军，2010，中英文报纸社论之元话语标记对比分析。《外语教学理论与实践》（4）：35–43。
- 史顺良、王三武，2014，英语学术语篇中元话语的交往行为意义分析。《山东外语教学》（5）：40–48。
- 王贵东，1982，判决书受众研究。《人民论坛》（11）：84–85。
- 王品、王振华，2016，作为社会过程的法律语篇和概念意义研究——以《中华人民共和国婚姻法》为例。《当代修辞学》（4）：56–67。

- 魏胜强，2012，当面说理、强化修辞与重点推进——关于提高我国判决书制作水平的思考。《法律科学》（5）：48–60。
- 谢静，2001，美国刑法司法判决书的情态意义研究。《现代外语》（3）：311–316。
- 辛志英、黄国文，2010，元话语的评价赋值功能。《外语教学》（6）：1–5。
- 杨信彰，2007，元话语与语言功能。《外语与外语教学》（12）：1–3。
- 杨敏，2008，立法语篇人际功能的权力意志剖析。《外语与外语教学》（4）：5–8。
- 曾范敬，2010，美国检察官法庭陈述语言分析——兼谈我国公诉意见书的语言运用。《法律语言言说》（2）：12–15。
- 张清，2009，我国刑事判决书的结构及构成。《山西财经大学学报》（1）：245–246。
- 张玉宏，2014，《汉语立法语篇的元话语研究》。华中师范大学博士论文。
- 张玉宏，2016，英、汉法律文本的语法元话语考察。《华中学术》（3）：167–172。
- 郑洁，2014，元话语视野中的律师辩护词劝说策略研究。《信阳师范学院学报》（哲学社会科学版）（1）：63–71。

A Contrastive Meta-discourse Analysis of British and Chinese Civil Judgments: Perelman's New Rhetoric Perspective

Abstract: Rich in meta-discourse resources, civil judgments not only state stances and attitudes of the court, but also play a role in guiding and persuading audiences. By rejecting the tradition of merely viewing "discourse as products", the present study emphasizes the author's rhetoric intentions and persuasion efforts in the "production" of legal discourses. Data include judgments of recent years in UK and China, which were constructed into a small corpus. Both qualitative and quantitative methods were adopted. The framework of Perelman's New Rhetoric Theory, particularly his "Universal Audience (UA)" and "Particular Audience (PA)" perspectives, were applied to examine how authors of civil judgments organize the propositional content, project themselves, and handle their relations with UA and PA in terms of their target audience groups. It is concluded that the UK civil judgments carry more "conviction" than "persuasion", whereas Chinese civil judgments prefer "persuasion" to "conviction", due to differences in respective target audience types, power relations and rhetoric intentions.

Key words: metadiscourse; civil judgments; Perelman's New Rhetoric; English-Chinese contrast.

（责任编辑：冯　硕）

教育评价语言的合作民族志
——杭州良渚文化村古道书院个案研究

上海外国语大学　余　华
浙江金融职业学院　郭敏飞*

[提　要]　在标准化考试、分数、排名等主流评价的教育文化下，本研究通过对杭州某社区国学机构的参与行动研究与合作民族志探究多元的评价语言，试图让评价语言从数字化排名中走出来。本研究借鉴四书五经等中国传统经典文本中对人物描述的丰富语言来反思并设计基于理解学生的语言，从合作民族志的平行叙述中来反思数字排序评价对人的分类、区分与排斥本质，并试图从反思后的行动来探究更具人文关怀的评价。

[关键词]　评价语言；合作民族志；反思；行动

❶ 教育中的评价语言

语言具有社会构建功能，同时也是个人构建社会身份的基本手段（赵蓉晖，2017：161）。人们以言行事，语言研究聚焦社会与个人的意义建构实践（Pennycook，2004：6）。教师对学生的评价语言是一种能够影响学生情绪与学习积极性的语言，构成学生学习经历的一部分，影响学生对自己的看法进而形成积极或消极的自我评价。教师对学生的评价也是管理与激励学生的有效方式。教师拥有评价学生的权力，通过这样的权力来评价学生，进而影响甚至控制学生的言行举止（Torrance，2017：92）。Pole（1993）提出应该评估和报告学生能做什么，而不是学生不能做什么，需要纳入学生对社会和政治的理解和态度，学生的社会服务等。评价语言需要适应不同时代对人才的要求而进行改革和变化。

---

*　作者简介：余华，上海外国语大学语言研究院副研究员，博士，研究方向：语言民族志、教育语言学、教育人类学。Email：yuhua@shisu.edu.cn。通信地址：200083 上海外国语大学中国外语战略研究中心。郭敏飞，浙江金融职业学院马克思主义学院讲师，博士，研究方向：中国思想史、传统教育思想。Email：guomf2000@163.com。通信地址：310018 浙江金融职业学院。
本项目得到教育部人文社科青年项目"语言生活与城市社区发展的人类学研究"（项目编号：15YJCZH213）和浙江省教育厅一般科研项目"中华优秀传统文化推广普及与社区教育发展的人类学研究"（项目编号：Y201737163）资助。

工业制造时代，教育是一种稀缺资源，评价的目的是选拔人才，挑选出精英接受大学教育，大学毕业后在社会政治经济体系中发挥领导作用，排斥落后者，淘汰出局的大部分人进入工厂，成为大规模生产所需的劳动力大军之一（Torrance, 2017）。评价语言根据考试结果将学生分为好生与差生，"优秀"学生会获得奖励和认可。经受过应试训练的"差生"虽然没有成功地进入大学，也在应试训练中养成了驯服、忍耐、吃苦等工厂需要的劳动力品质。

知识经济时代，经济学家和政策制定者认为创新、创造力和灵活性是通过提供智力和人力促进经济增长的方式，而非大规模重复制造。知识成为国家的新资本，国家需要受过教育的知识型劳动力。英、美、德、法等国的大学开始向所有人开放，进行大规模扩招。学校教学内容除了数学、科学、语言等传统科目，还有问题解决能力、数据分析能力、报告撰写能力、小组合作能力、人际沟通能力等在知识经济时代需要的能力培养。知识经济时代需要的人才是可以通过评估语言进行引导和培养的。这对中国教师的评价能力提出了挑战，如何在具有选拔与淘汰功能的高考评价机制下培养学生的合作、沟通交流、社区服务等各方面能力，这是教育工作者面临的一大困境。

教师的评价语言能影响到教师与学生、学生与学生之间的关系。Popham（2009）提出教师在评价素养（assessment literacy）上的缺失会影响到学生的教育质量，认为教师发展应将评价素养列为关键内容。反思现在中国社会流行语中描述学习者身份的词，比如"学霸""学神""学渣""学酥"等，以及由此引申出的"碾压一大片"等戏谑被学霸比下去的学渣群体。考试分数的多少及排名成为主流评价方式，"排名前三""排名倒数"等成为评价学习者的语言，学习者与学习者之间形成竞争关系，争夺名次、老师和家长的表扬、内心对自己的肯定。我们习惯使用的"人才选拔"和"淘汰"这样的语言，像淘汰废物一样淘汰了一部分人。我们的评价语言制造出被淘汰的这部分人，剥夺了学习者的自信心，损害了其为人的尊严。事实上，我们的社会运转并非只需要精英，每个人都有生活和发展的权利。激烈的竞争和考试为导向的教育适用于工业制造时代对人的选拔与淘汰，却不能培养出知识经济时代所需的人才。评价语言能力不仅需要更契合时代发展的评价机制，也需要教师拥有丰富的评价语言。针对目前教师评价语言存在单一、重复与数字化排序倾向，我们或许可以从中国传统文化教育的实践中探究评价语言的另一种可能。

❷ 研究方法与研究过程

古道书院的发展历程折射了21世纪初以来中国传统文化传承的民间教育机构所做的努力。截至2017年全国范围内的国学教育机构共有2 319所（杨东平等，2019：12），杭州的古道书院是其中之一。2012年6月，经过几位热心家长的努力，万科在良渚文化村大雄山按照宋代建筑的模样建起了现在的古道书院（沈毅晗，2016）。志愿者教师自2013年10月制订了书院国学教育教学大纲，同年家长爱心基金会成立，资助书院的公益活动。书院的授课主要在周末和暑期进行,学生年龄在5—13岁之间。课程分为三部分:静定课、基于四书等传统经典文本的诵读或研讨课、诗词吟诵或历史故事课。这个由志愿者教师与热心家长共建的周末国学教育机构,教学与管理都在探索中进行。

在教育人类学经典方法参与式观察的启发下,笔者于2012年开始从观察者的角色转变为参与者,成为书院的三位志愿者教师之一。2014年笔者正式向书院创始人提出希望能将书院的语言教育作为研究课题,开启了参与行动研究(Participatory Action Research)。参与行动研究意在与研究对象共同设计、描述、反思研究问题并产生后续行动,这是一种邀请研究对象来定义问题、分析问题并解决问题的研究策略(Szala-Meneok & Lohfeld, 2005)。参与行动研究经常运用于社区管理或学校发展中,研究者的角色是敏锐的观察者、问题的提出者以及事件叙述者,而问题的解决及决策权则在社区意见领袖、学校管理者或教师处。反思是参与行动研究的重要环节,是通过经验来生产知识的必要方式(Pettegrew, 2000)。Chiu(2006)提出需要对"厚描"(thick description)的叙述进行反思,并让学者的观察与思考参与到对事件的改变或推进中。

在书写与反思过程中,我们采用了合作民族志的理念与方法(Lassiter, 2005)。合作民族志源于人类学家对研究者与被研究者、表征者与被表征者之间不平等关系的反思,提出文化知识的生产应纳入研究对象的声音,邀请研究对象参与到研究、写作与修改过程。Lassiter(2005:94)总结了五项与研究对象合作进行知识生产的方式,包括:1)研究对象作为读者与编辑参与到研究文本的生产;2)通过焦点访谈,倾听研究对象对研究文本的意见与建议;3)邀请研究对象担任编辑委员会委员;4)邀请研究对象担任合作民族志研究者与顾问;5)邀请研究对象参加社区论坛;6)共同书写研究文本。在本研究中,研究对象的身份转变为研究实践者,我们以星星评价事件为例,同时呈现研究者与研究实践者的声音,邀请研究实践者一起书写与反思评价语言,促进评价语言与奖励方式的改变。同时,星星评价事件反思过程中,Wendy的分享为评价方式的改变提供了至关重要的经验和改变契机,两位家长的分享提供了及时反馈,共同成就了我们对评价语言的探究。

❸ 星星评价及其反思

3.1 研究者的观察与叙述

3.1.1 星星评价中的意外

为了激励小朋友读书的积极性,2014年秋季学期中,教室黑板区右侧突然多了一张蓝色评比表,评比表上方有"我最棒"三个粗体字,下方用黄色彩笔画出了一本打开的书的样子,中间是18行竖格,每位小朋友的姓名在格子的最下方,姓名上方则根据小朋友在家读书和在书院领读的次数盖上大红色的五角星(见图1)。下课后，孩子们会在评比表前排队，告诉老师自己在家的读书情况，老师则在这位孩子的姓名上方盖上星星印章（见图2）。老师需要小朋友领读或回答问题的时候也会把印章拿在手上，站在评比表旁，随时准备奖励领读或回答问题的孩子。

图1　旨在激励的星星评价表

图2　书院学生对星星评价表的态度

郭老师在上课前说了一句，"在家每天都读书的小朋友下课后来领一颗五角星。"坐在我后排5岁的哈哈说，"我不要星星。"哈哈妈妈说，"恩，我们不是为了星星来读书的。"我回过头安慰哈哈说，"哈哈，天上有很多星星的，没关系。"我再次转过头，哈哈的眼泪在眼眶打转，情绪变得激动起来，"这些星星是天上的星星掉下来的，银河系的星星坠落下来挂在这里会爆炸，炸到小朋友的。"并大声叫郭老师，"郭老师你不要发五角星，它们会爆炸，炸死我们的。我不要好好读，我不要五角星，我不要被炸死。"郭老师安慰哈哈说，"哈哈，我们觉得你读得很好啊！你会有五角星的！"哈哈大哭起来，"我不要读好，我故意不读好的，我不要五角星！"他用小手抹着眼泪，"五角星要给那些不想要五角星而去读书的小朋友，那些为了得五角星而读书的小朋友他们不知道，星星会爆炸的，你要告诉他们。"郭老师继续请小朋友带读，奖励是五角星。哈哈大哭着喊，"郭老师，你是坏人，五角星是会爆炸的。"

哈哈妈妈安慰着不断抹眼泪的哈哈。第二次上课结束后，我突然看见哈哈的书封底上画满了格子，格子中全是他画的心。哈哈妈妈说，"这是哈哈在家自己画的"。这些大小不一、形状各异的心似乎在给我们传达一个隐喻，教育者需要用心来教育学生，而不是简单地用奖励星星来控制学生的学习行为。

3.1.2　反思星星评价的契机：形成叙述与讨论

两星期后，邻居Wendy在社区举办了一场"学龄前孩子的亲子教育经验分享"沙龙，Wendy曾任国际学校校长，退休后热心公益和分享（余华，2018）。我在讲座后的提问时间分享了哈哈的故事，郭老师说她在教室前面只觉得后面有一阵骚动，根本听不清楚哈哈说了些什么。我们开始一起反思星星评价的利弊，探讨有没有一种方法既能激励学生又不伤害到学生。

3.2　研究实践者郭老师的叙述

3.2.1　哈哈大哭之后

在哈哈大哭之后，只有课堂上短暂简单的沟通，我无法了解他的真实想法。为了不影响课堂进度，我选择了不再询问，继续上课，想着课后再去与哈哈沟通。但课还没结束，哈哈因为哭得太伤心无法止住，哈哈妈妈抱着他离开教室，先下山了。于是我错失了与孩子进一步交流的机会。课后，余老师向我讲述了她的观察，并提出一个问题：我们能不能换一种奖励方式？我一直认为星星奖励模式是理所当然的，似乎从来没有思考过这个问题，或者说从来没有意识到这是一个可以被探讨的问题。反思我们设计的初衷，是为了激励孩子们更好地完成诵读任务，但是没有意识到这样的评价会对孩子有伤害。

3.2.2　来自史书的启发

观察着孩子们的变化，感受孩子们的个体差异，如何有效激励成为我日思夜想的问题。一日在读史书，读到《佛祖统纪》[①]中对历代高僧的描述，在描述唐代大历中期（776—779）的一位僧人时，读到"洞悟幽玄""无所凝带""性实同源""明敏之姿"等描述人的语言。于是我又专门翻查了其他人物的描述，发现史学家在描述人物时几乎没有一个重复的词。寥寥几字，就把人物特点紧紧抓住，一个个鲜活富

---

① 《佛祖统纪》是一部由宋朝志磐大师于1269年仿司马迁《史记》的体裁编撰而成的一部纪传体通史，撰写了中国佛教历代祖师传记、佛祖事迹等。

有个性的人物形象呈现在我们面前。这让我想起书院那一个个独特的孩子。我们的评价何不仿照史书中的人物那样，突出其特点，用丰富的语言让孩子感受到不同的自己呢？这样的鼓励或许能达到激励的效果，同时也可以消除横向比较带来的压力。

3.2.3 Wendy分享会中的讨论

我们在一场教育沙龙中开展了如何进行有效激励的讨论。

邻居Wendy热心且幽默，因为她有过十多年国际学校校长的工作经历，是我们心中的教育专业人士。在沙龙现场，我提出了评价困惑，余老师讲述了哈哈对星星评价的反应。也有人提出孩子对奖励的要求会随着年龄的增长而增加，特别对大孩子而言，一般的语言鼓励和物质奖励已无法打动他们。最终大家的讨论落到了一个问题上：有没有更好的方式来替代物化和量化的激励？

Wendy认为奖励并不一定是具体和物质的，可以奖励一种特权、一种做事的资格，比如，劳动的特权、阅读的特权、让老师或家长搞怪的特权、优先的特权等。同时她也分享了一些案例，比如为了鼓励同学们在全区考试中脱颖而出，副校长承诺学生要是能取得好成绩，就光脚爬上学校最大的树。最终同学们考出很好的成绩，副校长履行诺言，光脚爬树，引来全校师生的围观。Wendy提出让奖励成为一种好玩而有趣的形式，每个人就能把注意力放在自己想要得到的乐趣中，而不是某物质上。

Wendy的这番分享，让我茅塞顿开：或许书院也可以试试这种方式。

3.3 反思后的行动

3.3.1 研究实践者：设计四字评价奖状

受到史书启发后，我开始留心观察与记录书院孩子们的特点。总结特点并不难，但是对于习惯了用"可爱""认真""努力""勤奋"之类评价语言的我来说，如何用一种语言精练地描绘，还是有难度。因此，我意识到必须到中国经典文本中去重新学习古典语言的用词。我搜集了近50位历史人物的特征描绘语言，"志业聪敏""剋意好学""才悟机敏""一闻能达""辩而不华""质而不野"等，反复读诵揣摩。我发现古典语言的用词精当，常常是一个字就能表达丰富的信息；四字结合，便是一幅人物画面。这些语言丰富了我的词汇库，一些生动的字也开始进入脑海。于是我便开始尝试着组合，根据孩子们的特点，对班里20位同学逐一进行描绘（见图3）。

A组 小学生组 7人		B组 幼儿组 8人		C组 小儿组 5人	
王▇	广博易良	曹▇	含章可贞	徐▇	聪颖无畏
高▇	慧思融明	黄▇	言信行义	高▇	粹正多奇
魏▇	盛德日新	吴▇	洁净朴秀	褚▇	聪洁利智
朱▇	悦学敏行	李▇	方德笃厚	费▇	谦默秀婉

A组 小学生组 7人		B组 幼儿组 8人		C组 小儿组 5人	
高■	质慧妙音	戴■	淳德知远	徐■	静翕动辟
钱■	慎静尚宽	周■	善行不怠		
阮■	庄敬不倚	高■	守静善书		
		潘■	奇思妙想		

图3 仿照古书对不同孩子的四字描述（郭老师笔记，2014）

在学期末的最后一节课上，我仿照古语，用四字评语来描绘孩子。孩子们对这些陌生又高深的词，充满了好奇。他们知道老师有特别关注到他们，这是老师在表扬与肯定他们，他们相信自己在老师眼里是特别的。收到评语的孩子都很高兴地接过奖状，即便是之前抗拒星星奖励的哈哈。希望这个肯定，能化解他之前的苦恼。

3.3.2 研究者的观察与叙述：奖状的惊喜

学期末总结课前一天，郭老师将电子版奖状发到微信QQ群里，请大家核对孩子姓名。哈哈妈妈在群里发了一条信息，"郭老师，你好！明天最后一次课可能是要总结和发奖励的吧？为了避免哈哈受刺激，就不带他去上课了。"亨亨妈妈回应道，"哈哈妈妈，不要纠结。哈哈也有奖状和奖品的。郭老师已经把奖状贴出来了。"随即，郭老师将哈哈的奖状又发了一次，大红金粉纸的奖状上，从右到左、自上而下用繁体字印着这些文字：

查古道書院誦讀一班學員……本學期表現優良，被評為奇思妙想小童生，特給獎狀以資鼓勵。

郭老师为每位小朋友准备了一份奖状，奖状上用四字短语来描述每位小朋友的学习表现或性格特征，比如，行动力强，能够积极完成读书任务，而且非常享受读书的同学为"悦学敏行"小童生；敦厚寡言，虽然读书进度较慢，但一直默默努力的同学为"方德笃厚"小童生；通过努力进步非常明显的同学为"盛德日新"小童生；诵读声音婉转动听的同学为"质慧妙音"小童生；上课静若处子下课动若脱兔的同学为"静翕动辟"小童生；内心敏感、知书达理的同学为"谦默秀婉"小童生等等。发奖状时，郭老师没有直接报出孩子们的名字，而是对这位同学进行了一番特征描述，班里其他同学来猜老师说的是哪位同学，由小朋友们一起喊出同学的名字，场面热闹而欢快。书院翠翠老师亲手为每位小朋友做了一匹小布马挂饰，挂饰的流苏上挂着一个小铃铛，铃铛下缀着一张黄色小卡片，上书"奇思妙想""慧思融明""盛德日新"等评语。孩子们接到礼物很惊喜，让爸爸或妈妈读小卡片上的文字。一位家长记录下她4岁孩子获得奖状后的表现：

元元人生第一张奖状来自古道书院。老师给的奖状红色、精致。最让我印象深刻的是，老师给每个孩子四个字的评价，人人都不一样。元元得到的评语是"谦默秀婉"。孩子可能不懂，但是我很感动。四字评价挂在红色的手工制作马上，配上铃铛，有过年的喜庆！元元拿着奖状和奖品，很想跟自己喜欢的人分享。对老师布置的寒假作业—通读也表现出来极大的热情，超额完成！（微信访谈，2014）

3.3.3 研究实践者郭老师与家长的声音：多样化奖励的尝试

次年，Wendy分享所带来的启示，开始在书院的教学中进行尝试。比如，让善于提问的孩子拥有帮老师发课业纸的资格，让行动力强的孩子拥有去菜地里浇水的资格，让认真做笔记的孩子拥有敲上课铃的特权等等。

书院高龄段孩子（10—12岁）的期末，我准备了一场提问式的复习。我设计了各种复习题与闯关环节，还精心设计了期末奖励卡。奖项如下：到郭老师家借书、在菜地里采摘、零食奖励卡、郭老师请吃饭看电影等等。最让孩子们兴奋的是当天生效的"恶搞郭老师奖励卡"。家长雅惠在经历了现场之后，在她的微信朋友圈记录下当天的情景：

> 今天是本学期最后一次《道德经》课，每个同学从老师那里抽一个题目，回答并顺利完成老师和同学们的质疑后，还有一次抽奖机会。
>
> 题目都是围绕学过的《道德经》或阴阳八卦周易五行，比如"你最喜欢的卦及卦象？五行是哪些及相互关系？上善若水，水有哪些品质是被老子赞美的？老子和儒家对水的评价有哪些不同？"自由欢快的教室掀起一轮又一轮高潮！
>
> 同学们在讨论那个当天生效的奖励，让郭老师扮瞎子歪嘴或拐子时，有同学大声呐喊，别忘了"她是我们的老师啊……"，最后达成一致意见，老师扮瞎子15分钟。于是，最后赠送书院礼物（葫芦）和拥抱再见环节，郭老师摸了一个又一个葫芦，又摸了一个又一个头，拥抱了每个孩子，孩子鞠躬和老师说再见……
>
> 哥哥更是乐坏了，因为他抽了最简单的题目：五行及相互关系，却抽到了最好的礼物：凭此卡可复制两张奖励卡。
>
> 于是这个暑期，老师要请他吃大餐还要陪他看场电影。
>
> （雅惠微信朋友圈，2017）

那天的课堂结束后，我也相当感怀，感受到孩子们发自内心的欢喜。他们得到的是一种肯定的赞许，更是一种具有温度的尊重，这也使得他们馈赠给老师尊重与温情，同时还有对学习的信心与期待。那天我在朋友圈记下了以下文字：

书院周日大孩子们本学期的课今天结束，在游戏中掀起一轮又一轮高潮。孩子既互相讨论，又互相帮助，向着真理进行思辨。为师也兑现诺言，为这批优秀的孩子搞怪扮15分钟瞎子。

趁着扮瞎，与同学们拥抱作别，旁观者说孩子们向我鞠躬告别，虽然没看到（因为在扮瞎）但内心相当感动。下山时扮瞎时间还没结束，有同学过来挽着我的手说，老师我带你下山。这份搞怪奖励居然让老师如此温暖，差点泪奔。

同学们，为师这个学期自问对你们要求十分严格，在课堂上思辨，时不时抽背，但期末你们的问题解读都给出了相当不错的回答，为你们感到高兴。

下午的分享讲座，发现原来书院的孩子们给了我们如此多的灵感和启示。

"让孩子教会我们如何教他们。"

（郭老师微信朋友圈，2017）

刚好那天下午有一场蒙学教育的讲座，我也做了分享。我在讲座中提出"让孩子教会我们如何教他们"，即以教学观察和反思为基础的开放式教学，其评价语言也应是多样化的。

❹ 讨论

4.1 排名评价对学生的规训与多元评价语言的探索

星星评价方式通过公开展示星星数量的多少来呈现学生的学习情况，如郭老师笔记中所述，"这种评比方式其实使用很普遍"。在中小学课堂中，教师检查作业或学生掌握知识的情况时，经常使用贴贴纸奖励、评分排名、张贴优秀作业等习以为常的评价方式，习以为常到没有意识到表扬先进生的同时，也是一种让后进生对自己失望的行为。如Gramsci（1971）指出的，习以为常的常识是一种镶嵌在潜意识中看不见的权力，构成大众不假思索的认可。而数字排名成为解读"'黑匣子'的修辞技术"（Rose，1999：208），让复杂、有活力、处于变化并难以把握的人得以纳入同一种计量方式进行排序评价。Ozga（2008）将其称为用数字进行的教育治理。Ball（2015：299）进一步批判现代教育机构的数字管理文化，指出"数字定义我们的价值，衡量我们的有效性，以无数的方式来告知或建构今天的我们是谁"。

教师在用数字、排序的语言呈现学生学习成果时，只认为这是有效激励学生奋发学习的方法，却没有意识到教师对学生的评价是一种上对下的观察与评价，构成了对学生的规训力量。Foucault（1977：170）曾指出，"规训权力的成功在于其使用了位高者对位低者的观察，将评价正常化，这两者的结合就构成了检查"。在奖励与评比中，同辈之间的比较在同一标准的约束下进行，进而将规训对象向"优秀学生"

的标准进行压制,即"在规训权力中,惩罚的艺术目标在于压制,是指一个处于比较场域的整体,一个区分高下的空间,必须达到一致的约束"(Foucault, 1977:182-183)。通过这样的奖励、评比、排名,教师达到用同一个标准来评价与管束学生的目的。

郭老师在反思后采用的多元评价语言,打开了理解学生的另一个空间。当区分高下的语言缺席时,教师从不同的视角看学生,每位学生都是独特的,都有得到奖励的机会。奖励学生一段有趣的经历,比如奖励学生在书院的菜地里采摘一种蔬菜,回家后送给自己的父亲,奖励学生和老师一起看电影等等。学生在答题和讨论中获得有趣的学习经历。多元的评价语言能让教师与学生建立更多的联系与沟通,知识从师生的讨论中来,就像两千年前的孔子和柏拉图通过与学生的对话来"生产"知识一样。

4.2 评价语言的多样性能建构教师对学生的多元理解

多元的评价语言不仅赋予教师多元理解学生的可能性,也能帮助构建学生对自我的理解与认知。语言建构论认为语言构建了社会现实的意义,也构建了社会主体(Pennycook, 2004:14)。语言建构了我们对世界的认知,同时也形塑我们对人与事的理解方式。教师的评价语言有建构学生对自我认知的能动作用,学生也通过教师的评价语言来建构对自我的认知。教师对学生的评价语言改变了,也能改变学生对自我的认知及行动期许。Wittgenstein(1922)指出,我们的语言局限就是我们的世界局限。中国学者与中国教师可以通过挖掘中国传统话语为描述与理解学生注入一种不同的语言,将过去视为一种话语资源,一种能拓展文化视域的另类思维(吴宗杰、余华,2013)。中国传统经典中的语言,如《史记》《论语》《孟子》等经典文本描述人性的复杂、多样的性格、为人处世的精微细妙等语言可以作为教师重新描述、认识与理解学生的语言资源库,如郭老师在设计四字评价奖状中所做的那样,从经典语言中看见丰富的人性(见3.3.1)。教师在阅读、观察、创作学生评语的过程,也是理解学生的过程。朱光明(2008)通过教育现象学研究指出,表扬是教育者对孩子们的指引,蕴含的是对孩子的真正理解与欣赏的态度。

4.3 合作民族志的平行叙述

合作民族志既是一种研究方法,也是一种叙述方式,构建了研究者与被研究者的合作关系。我们采用平行叙述的方式,让研究者和研究实践者对同一件亲历的事情共同发声、叙述与反思,并对反思后的行动进行商议。在这个过程中,研究者的叙述、批判与解构和研究实践者的叙述、反思与行动共同构成了对评价语言与方式的探究。多声部杂语(polyphonic heteroglossia)的叙述(Bahktin, 1981)让教师、研究者、家长的声音出现在对同一事件的描述中,其意义正如Szala-Meneok & Lohfeld(2005:53)所述,"参与行动研究的理念是让人们对共同面临的问题进行有意义的对话,让不同的人能畅所欲言"。

❺ 结语

本研究通过参与行动研究与合作民族志来探究评价语言，提出评价语言可以通过挖掘中国传统话语来获得（吴宗杰、余华，2013），同时也注入理解中国学生的不同文化思维。丰富的经典语言能帮助我们对学生产生多元理解。教师针对每位孩子的独一无二的评价语言，可以让学生感觉到教师对自己成长的关注，也能引导学生向老师所评价的内容去发展。在反思应试教育对学生的工具化与模式化培养的今天，中国传统经典文本为我们提供了丰富的语言资源，让我们反思，今天的教育希望培养什么样的人？教师可以用什么样的语言来认识和评价学生？在人工智能时代，当知识对象不再是解题能力、背诵能力和忍受重复的能力，教师不再用分数、排名及权威来控制学生时，教师将如何与学生相处？什么样的评价语言适用于不断被科技改变的生活和社会？希望这篇文章能起到抛砖引玉的作用，未来能有更多的学术同仁参与到对评价语言的探讨中。

- Ball, S. 2015. Education, governance and the tyranny of numbers. *Journal of Education Policy* 3: 299–301.
- Bakhtin, M. 1981. *The Dialogic Imagination: Four Essays*. (M. Holquist ed., C. Emerson & M. Holquist trans.). Austin: University of Texas Press.
- Chiu, F. L. 2006. Critical reflection: More than nuts and bolts. *Action Research* 2: 183–203.
- Foucault, M. 1977. *Discipline and Punish*. London: Allen Lane.
- Gramsci, A. 1971. *Selections from the Prison Notebooks*. (Q. Hoare & G. Smith, eds., trans.). New York: International Publishers.
- Lassiter, L. 2005. Collaborative ethnography and public anthropology. *Current Anthropology* 1: 83–106.
- Ozga, J. 2008. Governing knowledge: Research steering and research quality. *European Educational Research Journal* 3: 261–272.
- Pennycook, A. 2004. Performativity and language studies. *Critical Inquiry in Language Studies* 1:1–19.
- Pettegrew, J. 2000. *A Pragmatist's Progress? Richard Rorty and American Intellectual History*. Lanham, MD: Rowman & Littlefield.
- Pole, C. 1993. *Assessing and Recording Achievement*. Buckingham: Open University Press.

- Popham W. J. 2009. Assessment literacy for teachers: Faddish or fundamental? *Theory into Practice* 1: 4–11.
- Rose, N. 1999. *Powers of Freedom: Reframing Political Thought*. Cambridge: Cambridge University Press.
- Szala-Meneok, K & Lohfeld, L. 2005. The charms and challenges of an academic qualitative researcher doing Participatory Action Research (PAR). In D. Pawluch, W. Shaffir & C. Miall (eds.), *Doing Ethnography: Studying Everyday Life*. Toronto: Canadian Scholars' Press. 52–64.
- Torrance, H. 2017. Blaming the victim: assessment, examinations, and the responsibilisation of students and teachers in neo-liberal governance. *Discourse: Studies in the Cultural Politics of Education* 1: 83–96.
- Wittgenstein, L. 1922. *Tractatus Logico-Philosophicus*. London: Routledge & Kegan Paul.
- 沈毅晗，2016，《走进梦想小镇》。杭州：浙江大学出版社。
- 吴宗杰、余华，2013，民族志与批评话语分析。《外语与外语教学》（4）：11–16。
- 杨东平等（编），2019，《中国传统文化教育发展报告2018》。北京：社会科学文献出版社。
- 余华，2018，社区营造：协商空间的构建及地方归属感——以杭州良渚文化村为例。《广西民族大学学报》（哲学社会科学版）（1）：19–26。
- 赵蓉晖，2017，语言社会功能的当代理解。《中国社会科学》（2）：159–171。
- 朱光明，2008，《表扬与批评的意义》。北京大学博士论文。

The Language of Assessment in Education: A Cooperative Ethnography of *"Ancient Way Academy"* in Liangzhu Culture Village

Abstract: In the educational culture dominated by standardized examination, scores and rankings, this research makes an inquiry into the language of assessment by participatory action research and cooperative ethnography in a community's weekend school for national studies in Hangzhou, China. The aim was to step out of the governance of scores and rankings, and draw on the rich language of describing historical characters in ancient Chinese classics to reflect on the diverse dimensions of humanity and design four-character phrases to describe and understand the students of different affective dispositions. Through the parallel narratives in our cooperative ethnography, the researcher and research practitioner work in the concerted cycle of action, narrative and reflection, leading to the reflective analysis of ranking as the technique of classification, differentiation and exclusion, attempting to explore alternative language of assessment in the following actions.

Key words: language of assessment; cooperative ethnography; reflection; action

（责任编辑：郑　萱）

经典译文

心智研究的模块论

心智研究的模块论

[美]麻省理工学院　诺姆·乔姆斯基（著）
广东工业大学　陆志军（译）*
李桂东、钱军（校）

[提　要]　"心智研究的模块论"是乔姆斯基心智哲学思想体系的纲领性文章。本文主要讨论心智表征的研究意义、适用场合、本质、系统与规则问题，以及心智表征如何关联人类思想、信念与行为的问题。文章认为身体概念的确定有助于心—身问题的解决。心智是一种特定的生物系统，其具有的规则和原则系统能够运算并生成语言表达式的句法和语义表征。心智的内部结构是高度模块化的，是由互动的若干次系统所构成的。刺激贫乏论表明，心智可以依据一些合理原则而准确地解读人们完全陌生的语句。语言的约束原则和视觉的刚性原则等心智的天生原则决定并产生人类各种知识和信念。

[关键词]　乔姆斯基；心智；模块化；心智表征；刺激贫乏

　　我要概述的一系列问题属于认知心理学领域，该领域旨在依据理性主义来解决人类思想问题，它排除并摒弃了方法论的教条式约束，就如多年前盛行的几种典型行为主义流派。我会采用认知心理学这个术语，它整合多个学科——哲学、心理学、语言学、人工智能——并且紧密结合神经科学和普通生物学。

　　在心智表征与运算的理论框架内解决认知心理学问题，这被证实是很有益的。我要讨论几个与此概念相关的问题以及几个能用于探索的问题。这些讨论的范围很广，因而个别问题的处理必然会有些肤浅。其中一些主题存在更多——甚至重要的——文献。这种真实性特别体现在视觉、视觉感知和想象的理论，语言理论的某

---

* 作者简介：诺姆·乔姆斯基，美国麻省理工学院语言学及哲学系教授，生成语法理论创始人。研究方向：语言理论、生成句法学和语言哲学。
译者简介：陆志军，广东工业大学副教授，博士，研究方向：生成句法学、语言哲学。Email: luzhijun@gdut.edu.cn。通信地址：510006 广东工业大学外国语学院英语系。
本文原文为 Modular Approaches to the Study of the Mind (N. Chomsky, San Diego: San Diego State University Press. 1984) 原著中的一篇同名文章（pp.1-24）。译稿得到作者 Chomsky 教授的邮件授权以及圣地亚哥州立大学出版社（版权方）的官方授权。译者增加了摘要与关键词，并完善了参考文献的所有信息。
本译文是教育部人文社科青年基金《乔姆斯基心智哲学思想体系》（项目编号：18YJC740005）的阶段性成果。

些方面以及其他几个领域。我在此会采用一定的历史视角：也就是说，我会尝试解释这些问题在几百年前现代意义的认知心理学初现之时是如何被观察、阐述和解释的。第二，我会讨论这些问题在今天是如何被观察的。其中某些领域出现了不少进步；许多其他领域则极度缺少进展。这种差异本身可能揭示了具有特殊限制和特性的人类智力这种特定生物系统的本质，还可能表现出探索与理解的特定模式，这些模式可能在某些问题的研究方面没有得到合适的改变和设计。这个观点被普遍认为是难以理解的，但我认为是有道理的。

显然，有关心智表征的第一个问题是，它们是什么，或者它们会否是某种物质。这本质上是二元论问题：当我们谈论心智有别于身体时，我们在谈论什么？假设我们能够确信心智表征的研究意义，这个问题的第二个方面是恰当假定心智表征的场合问题。例如，人们普遍认为，对心智表征的假定应该出现在对语言的研究和理解方面，或者对视力空间的诠释方面，但不合适出现在对一个人如何知道怎样骑行自行车的研究方面。

假设这些问题能够得到某种解答，我们确信有必要在某些场合中假定并谈及心智表征。第二个主要问题是心智表征的本质问题。它们是什么？它们的特性是什么？这里我们可以将这种探索分为几个次问题。首先是所谓的格式问题，即你们所说的"心智表征的句法"问题。它们是由什么成分构成的，以及它们是如何组合的？其第二个方面是系统问题。也就是说，各种认知系统——知识和信念的系统——是如何组成的以及如何相关联的？这里就引发了模块化的问题。认知结构的组成是否在所有范围内都是一致的？或者是否存在分离的系统？你们可能依据身体器官将之隐喻为"心智器官"。我认为后一观点是对的，就是约翰·马歇尔（John Marshall）提及的弗朗茨·约瑟夫·盖尔（Franz Josef Gall）"新器官学"，前者认为后者的文献——我认为有道理——已经广为所知却被低估了。

心智表征本质问题的第三个方面是我们所说的规则问题。这个问题就是——假设存在这种意义的心智器官——是否存在具有各自特性和结构的认知结构的问题；即是否有时有必要依据一套决定其特性的规则系统来描述这些认知结构的问题。语言就是这样的。我们可能质疑：语法这种概念能否延伸地适用于其他心智器官？

如果我们设法解决心智表征本质的问题，那么第三个问题涉及这些"心智器官"与世界其他部分的关系。这又进而分为几个问题。

第一个问题是心智表征如何参与思想和行为，即它们的"使役作用"，这是很普遍但我认为极具误导性的短语。具体来说，假设我相信天会下雨，我就带雨衣上班。我相信会下雨的信念被视为一种心智表征，它依据杰瑞·福多（Jerry Fodor）所言的"思想语言"来编码这种信念。我们想知道我和信念之间的这种关系如何参与我的行为，即我带雨衣的行为。或者，我们想知道我的英语知识如何参与我正在做的事。或者我的三维空间知识如何参与我对自己所见的诠释。

第二个更为深刻的问题是这些知识与信念系统的起源问题。心智器官在我们人类心智中如何发展？我们如何习得关于语言、算术、个性、我们生存的社会结构、三维空间的物体行为等知识？

最后一个问题是意识与可及性的问题。也就是说，我们多大程度上了解、我们是否基本了解心智表征的功能及其与我们行为的关联性？

我认为可以这么说，笛卡尔（Descartes）350年前就几乎把所有这些问题列入现代智力研究议题，很多方面我们一直努力地在解答他的问题。我认为他对这些问题的看法值得关注。就像这些问题的第一个问题，本体论问题，即心智表征的存在性问题。这些问题的传统经典观点——笛卡尔观点——其实是相似的。你们应该记得，笛卡尔假定心和身这两种分离物质，这引发了这两者关联方式等问题。如今人们往往贬低笛卡尔观点，但值得注意的是，笛卡尔是有道理的，其部分观点值得思考。其实，我认为笛卡尔二元论的许多道理在当代表现出非常令人困惑的形式，因而值得深思。

笛卡尔如何推导出这种二元论理论？我们如何能重构其理论的推导方式？他的做法是合理的；他先构建身体的概念。他有一些力学的概念，他的身体概念就是从我们机械论来理解的，机械论表明物体之间的相互拉伸和相撞等。依据这种接触力学，笛卡尔认为他可以解释无生命物体世界的一切现象、动物的一切现象以及人类的许多现象。但他承认一种局限性，而且他所定义的力学存在局限性。这种局限性涉及很多事物，但其中重要的一个就是选择和意愿的问题。

我现在引用一下拉·福吉（La Forge）这个笛卡尔评论家。他评论这种局限性，"动物身体的隐性部分（特别是大脑）的秘密特性表明，当受到某物影响时，人类受激并主动——动物则受迫——做相应的行为和举动"。总之，人类有别于机器——人类和机器之间的裂痕——在外部因素的压力下，人类受激并主动为之而机器受迫为之。

为什么只有人类是受激并主动呢？拉·福吉认为其原因是"灵魂，尽管身体具有意向性，能够阻止这些行为和举止，当它有能力思考这些行为，而且当身体能够遵照它的指令"。例如，笛卡尔学派正确地认为，如果我们愿意，我们可以选择弄伤自身，这表明虽然我们是受激并主动避免受伤，但是我们可以选择冲入火堆等等。我们可以故意选择这样。在这种说明过程中，笛卡尔强调了语言使用的许多有趣现象。他指出语言使用是无限的；它没有特别的限制。也就是说，我们可以说任何东西。他认为语言使用不受刺激的控制，而且，笛卡尔认为语言使用可以适用于多种情境，能够在别人心智中唤起我们心智中的思想。这三个特性，即无限性、免于刺激控制以及适用性/焕发性，我们称为"语言使用的创新方面"。没错，它们就是语言日常使用的特性。笛卡尔使用该例子来说明人类灵魂有能力做出选择，这是机器无法做到的。灵魂如何作选择？不是通过力学原则，我们还记得他的力学含义。笛卡尔认为，鹦鹉或机器能够发出类似语言的声音，但它不具备创新性。因此，他觉得需要某种新原则——我们称之为"创新原则"——它超出了物体特性的力学原则。依据他的物质形而上学，这种第二原则称为第二物质，即心智，它的实质是思想：一种思维物质。

它如何运作？灵魂如何依据这种创新原则而做出选择？笛卡尔观点是，它是一种谜团，其实是一种无法理解的谜团。笛卡尔认为，我们无法"具备足够的智力"来理解自由动作如何能够具有不确定性，虽然"我们意识到那些存在于我们自身的自由和淡漠，那么我们对此理解得最清晰、最完全"，而且，"如果仅仅因为我们无法理解之事物的本质是我们自知无法理解的，我们就怀疑那种我们感觉是存在于我们自身的事物，这是很可笑的"。

他认为选择的能力以及我们受激并主动（而不是受迫）的事实表现出现象学的明显性。也就是说，我们知道我们选择的能力，就像我们看到红色的事物就知道我们看到的是红色等。这好像是合理的。他还认为我们知道这种现象学的明显特性是无法理解的。人们也许会在几个方面质疑这种结论。人们可能问，我们是否知道或者只是猜测这种事物的本质是无法理解的，我们也可能问，未分化的心智是否无法理解它，笛卡尔认为心智并非生物世界的一种特性。这些结论会受到质疑；我稍后再讨论这些。然而，我认为人们不能忽视他的这种观点。也就是说，显然还没有人就这些问题提出合理的解答。很有可能，即使有解答，它超出了人类智力范围，我们的观点是将之视为一种特定的生物系统。

如果你看看物理学、观点变迁、进化论等，我认为现在没有理由让我们相信我们能够找到这些问题的答案，除非将问题限定在某些狭窄的范围之内。可能这些问题超越我们人类智力这种特定生物系统的范围。这是一种推断，但可能不是一种不合理的推断。笛卡尔假定了属于心智的创新原则以及描述身体的力学原则。其观点随后被瓦解了，但我们感兴趣的是它的瓦解过程。被瓦解的不是心智的理论，而是身体的理论。也就是说，牛顿（Newton）数年后提出，身体并非按照笛卡尔自动机的方式运作。他们没有遵从笛卡尔的力学原则。因此，牛顿基于彼时以及自己的观点，假定一种神秘力量，即超距作用，这种物体特性违背了笛卡尔力学原则。如果你看看十七、十八世纪对物理学的评论，你会发现许多物理学家否决笛卡尔机械论，因为超距作用这种不可思议的神秘原则。

那么，牛顿对超距作用的假定很类似于笛卡尔对创新原则的假定。也就是说，每一种原则，比如笛卡尔力学原则，无法扩展应用到某种范域。牛顿确信它们不能用来解释实际物体的运动，就假定一种神秘的新原则来解释它。笛卡尔认为它们不能用来解释意愿和选择的问题，就假定了另一种神秘原则，即创新原则。当然，它们之间存在区别，牛顿让他的原则派上用场；它真的具有解释力。可以想象笛卡尔也是这么做的。其实，当他听说伽利略（Galileo）的事情后，他就摧毁了有关心智的所有文献，所以我们无法知道他的成就何在，不过我们可以认为他的成就并不突出。不管怎样，心智理论的提出及其功能展示是一种挑战，这种挑战在过去的350年中还没有得到积极的回应。

身体理论瓦解后，笛卡尔观点何在？我们提出身体并不是笛卡尔的机械论。我们对笛卡尔问题也束手无措。这些问题还是原来的问题。我认为从这段历史得出的重要教训就是：如果人们将心身问题视为一种还原性问题，将心智讨论还原为身体讨论，则我们不得不经历笛卡尔的遭遇。我们应该先提出一种身体概念以及某种身体的看法。但历史表明，事实是我们并没有身体的概念；身体概念是开放和发展的。它在变化。它因新发现而变化。其实，身体概念只包括特定时代对身体的普遍理解水平。在笛卡尔时代，它是拉伸的力学，在一个世纪后的牛顿时代，超距作用成为科学共识，它就是超距作用。随后，它是电磁力，谁知道将来的身体概念会是什么？那么历史的教训是我们要了解更多，把我们能够了解的知识视为身体的一种特性。进一步的教训是，我们不应该过于担忧我们所假定的理论或事物的本体论状况，不应该要求认知心理学的发展与自然科学发展是一致的。所以我并不认为，本体论问题即心智表征的存在问题，是一种非常严谨的问题，因为身体是封闭式概念的这种预设没有也从来没有得到满足。这是近几百年来科学革命历史的教训之一。

我们来看第二个方面的问题：在什么情况下可以合理假定心智表征？笛卡尔的回答就是我们应该这样做；亦即，思维总是参与人类动作和行为的每个方面。而我认为应该远离其理论框架而提出不同观点。我们可以提出如下经验问题：是否可以应用内在的心智表征和运算？这是一个事实问题。答案取决于这能否准确描述心智的运作方式。为了解释这种重要性，我们可以先思考一个与人类行为无关的问题。这个问题更容易思考。假设我们面临的问题是设计一个撞向月球的导弹。我们想象两种不同的解决方式。一种导弹采用二战期间斯金纳（B. F. Skinner）提出的原则，这也许理论上是可行的。想法就是导弹头锥里关着一群鸽子，里面的屏幕显示一张月球照片，而且鸽子已经被训练有素了，当导弹偏离飞行轨迹时，鸽子通过啄月球图片的方式将导弹拉回正确方位——这是一种伺服机制。这个导弹应该这样才可以撞到月球。

我们想象不同运作的另一种导弹。它已经内置了物理法则以及太阳系物体、月球、太阳及其距离等信息。它还具有起始方位、速率等信息。导弹将其具体方位比照月球方位投影，并依据这些运算而实时调整其飞行轨迹。

这两种导弹可能执行完全相同的事情。它们可能表现完全相同的方式。但是它们实际起着不同的运作方式。第一种错误地模拟了心智表征系统。另一方面，第二种是正确的。可以这么说，它类似于心智表征，而且它具备内在表征并使用这些表征的运算。

这种假设的例子表明，只靠观察系统的行为不可能决定哪一种更好。我们应该做一下复杂的工作，比如，将之分解或采用深入测试，但还是有对或错的答案，这种是对的，而另一种是错的。这也适用于更复杂的问题，比如，语言使用等问题。这个系统是否以这种或那种方式运作的问题是一个事实问题。

普遍的看法认为，语言系统类似于配备鸽子的导弹。牛津哲学家迈克尔·达米特（Michael Dummett）提出知识是一种实践能力。它是做事、说话、理解、判断句子正确与否等的能力。该观点看似合理；其实也广为人知。但是，我认为，当我们深入探索该能力的本质，这种合理性就没有了；具体而言，我们自问：当听到从未听到的句子时，我们为什么有能力判断某一句子是这种意思而不是别的意思。

我列出两个实例来表明哪个有助于继续讨论。考察如下例句：John is too clever to expect us to catch Bill（John很聪明，他不希望我们抓住比尔）。想想谁在提出希望。答案是John。它的意思是，John很聪明，因而他自己并不希望我们抓住Bill。

现在考察几乎相同的句子：John is too clever to expect us to catch（John很聪明，别人不希望我们抓住他）。是谁在提出希望？如果你思考一下，它的意思是John很聪明以至于别人（不是John）不希望我们抓住John。John很聪明，以至于别人不应该希望我们抓住他。如果你比较这两句话，它们的区别在于Bill的出现，这时你做了一个不同的决定；也就是说，你心智中的运算系统就动词expect（希望，期待）的隐形主语做了一个不同的决定。如果你思考一下，它是一个很微妙的计算，这个主语不必出现，因为它是唯一有意义的解读。其他都很有意义，但心智系统促使你做出这个结论。

再举一个例子。看看这个句子：John bought Mary a dog to play with（John为Mary买了只狗给她玩）。想想谁在跟谁玩耍。它的意思是Mary在跟a dog（一只狗）玩耍，即John bought Mary a dog for Mary to play with the dog（John为Mary买了只狗，让Mary跟狗玩）。当然这两个成分还是隐形的。也就是说，这是你心智的功劳。有人会问为什么你的心智没有得出别的结论。为什么这个句子的意思不是John bought Mary a dog for Mary to play with John（John为Mary买了只狗，让Mary跟John玩），或者John bought Mary a dog for the dog to play with John（John为Mary买了只狗，让狗跟John玩），或者John bought Mary a dog for the dog to play with Mary（John为Mary买了只狗，让狗跟Mary玩）。你做的判断是非常微妙的判断，不会在句子中表现出来的。它的选择也不是基于一种合理的意思，因为这些解读的任何一个都是合理的。其实，这种情况的微妙性是非常奇怪的。John bought Mary a dog to play with这句话是表示for Mary to play with the dog，而不是for the dog to play with Mary。试试想想Mary playing with the dog（跟狗玩的Mary）和the dog playing with Mary（跟Mary玩的狗）的区别。如果意义有区别，这是非常微妙的区别。Mary is playing with the dog（Mary在跟狗玩）当且仅当the dog is playing with Mary（狗在跟Mary玩）。这里的play with（跟……玩）是一个对称谓语。因此，决定Mary is playing with the dog（Mary在跟狗玩）的任何事实也可以决定the dog is playing with Mary（狗在跟Mary玩）。所以，如果你要做一个这些句子的训练语序，很难知道你怎么区分这些句子意思。然而，我们都知道John bought Mary a dog to play with（John为Mary买了只狗玩）表示for Mary to play with the dog（为了Mary跟狗玩）。这就是说，我们准确无误地选择这两个近义句子的其中一个作为释义。同理，我们拒绝所有其他合理的释义。

这些都是典型的例子，也是非常简单的句子，长度是八至十个单词，远低于平均句子长度，它的运算也少于我们正常语言使用、听和读等。尽管如此，只要你开始认真对待这些句子，你会发现，当我们看到这些词组，当我们将之分解成更小成分，当我们心智这样做的时候，我们能够立即、一致而且无意识地做出准确且微妙的判断。这些例子都很有特点。我选取它们是因为它们有助于我们理解其中缘由。

许多其他的情况则无助于我们理解。可以这么说，我们的语言知识是一种做事的实践能力，当我们开始（或者当我们试着开始）重视这些语料来描述这种能力，我们很快受迫认为心智包括的规则和原则系统能够以特定方式运算语言表达式的各种表征。例如，上述例句中，我们心智所运算的这种表征能够识别出 expect 以及 play with 的真正主语。我说的是我们受迫认为存在一种规则系统来生成这样的表征。我们当然不是在逻辑上受迫为之；只是目前没有提出任何其他理论。其实，超出正常水平的任何理论都会假定某种规则系统，我们称之为语法。

哲学、心理学和语言学界就语法假定的合法性开展了大量的讨论与争论，如果无法提出合理的备选理论，我认为这种争论是毫无意义的。深入考察这个问题的本质使人不情愿相信类似这样的备选理论。从这种意义上说，我们是受迫假定语法的。

第一个问题到此为止。我们来看第二个问题——心智表征系统的本质。这是实在的研究。这已经取得实际成就，所以就此我无需多言。这个问题的探讨需要一次讲座，而不是一次座谈，因为它真的值得探讨。在最近几年，语言方面已经取得实际成就，所发展的一些原则能解释我刚才描述的语料。在这种特殊情况下，有理由相信这些原则涉及一些变量的约束，类似于逻辑的约束，但不是很像，因为约束原则是语言特有的原则，而不是先验的逻辑原则。

视觉方面也存在类似的情况。目前，视力处理的一些有趣理论所揭示的事实类似我提到的语言事实。例如，如果你看到一连串动作，你会将之视为一种刚性的运动，这似乎是一个事实。其实并非如此。或者，我给你看一张与视线垂直90度的平面图，然后将之旋转成与视线平行的一条直线，你感知的就是我所描述的，即正在旋转的平面图，也可以理解为正在收缩直至消失的平面图。但是，你眼睛感知的是正在旋转的平面图。同理，眼睛会将一连串动作视为一个运动中的立方形，诸如此类。

这两种情况都反映某种原则——我们称为"刚性原则"——其主要内容是：心智和视觉系统运作的前提假设是，你所看到的是运动中的一个刚性物体。其实并非如此，这可能是错误的，这似乎是心智大范围处理视力信息的方式。我们将这种备受关注的刚性原则等同于能够产生前述语言事实的那些约束原则。

一个重要的探索方面是在不同范域中决定这些系统。虽然深究这些主题肯定超出了评论的范围，这就引起了模块化问题。模块化的传统观点，即笛卡尔观点，认为不存在模块化。笛卡尔的观点是"我们只具有一种灵魂，这种灵魂本身的各个部分没有多样性……心智是完全不可分割的"。要言之，不存在任何心智机制。该观点也出现在别的领域，它其实长期存在。例如，它出现在现代版的心理学领域。这种同质原则应用于从斯金纳这个极端到皮亚杰（Piaget）那个极端（这包括每个人）的一系列观点之中。皮亚杰的确假设一种认知模块论；即认知发展包括多个阶段。但是皮亚杰学派和日内瓦学派认为，在认知发展的每个阶段所获取的原则在所有范域中是一致的。它们在系统之间是没有区别的。那么皮亚杰和他追随者认为，语言的结构是其他范域早期结构的反映。他们声称，语言的结构反映的是感觉—运动构造。

其实，在实验心理学、认知心理学、发展心理学、哲学、人工智能等方面，它已是一个首要主题。据称，心智是同质的，归纳原则、分析原则、问题解决机制等可以简单地应用到某个范域，但都是相同原则。

我们会问——还是一个事实问题——这正确与否。以视觉的约束原则和语言的刚性原则为例。它们可以还原为同一原则吗？它们属于同一原则吗？这是一个事实问题。我们没有时间深究它，但这些例子表明它们是完全不同的原则。难以想象适用于一种领域的一些原则能够类推应用到另一种领域。这些例子具有一定的误导性，因为我是原子式地展现这些例子。当你展示它们是如何融入一个整合的原则系统时，我认为这个结论就很明显了。现在的情况可能是，我们开始理解的这些系统至少是相互分离的。它们当然交互作用；视觉和语言毫无疑问以各种形式交互作用。我们谈论我们所见的，等等。但决定这些系统特性的原则是不尽相同的；它们可能以不同方式得到发展并具有不同特性，它们之间在不同系统中没有实用的类比性。这是一个经验问题，所以当然值得质疑，但我认为心智的结构其实是模块化的，尽管存在相反的普遍看法，人们不必对此过于惊讶。我们所知道的每个复杂生物系统的内部结构都是高度模块化的。人类心智类似于其他复杂生物系统，这并不是惊人的发现；它是由互动的次系统构成的，这些次系统具备特定性质和特点以及不同组件之间的特定互动模式。

应该说，当我们观察一种特定系统，比如语言，我们也发现内部的模块化。也就是说，我们发现次系统各自以高度自定方式互动的特定性质。其实，公正地说，我们无论在哪里知道的任何事情都是我们所发现的。在很多领域我们是一无所知，情况就不同了，但这是一个很不可信的结论。我认为模块化的假设作为一种"新器官学"，非常值得进一步探索，至少在我们了解一些的领域。

我们来谈第三个问题，即心智器官与世界其他部分的关系。这里要问的第一个次问题是我们心智表征在决定我们行为的过程中是如何发挥其"使役作用"的。经典笛卡尔观点认为，没什么可说的。此时，人们无需谨慎。记得笛卡尔观点表明，由于不是机器，我们是受激并主动的，而不是受迫去做某些事情。注意，这就提供一些可能性。例如，一种可能性是可能存在一种极具前瞻性的行为理论。我们可以预测，比如，如果我用机关枪对准人群并命令他们跟我重复某个口号，那么每个人都会这么做。我们可以极为准确地预测这个。然而，一个重要的事实是每个人可以选择做其他的。所以，构建一个预测性理论的可能性难以真正解释选择行为，即使你所选择的可以从统计数据上被预测出来，或者甚至可以百分之百预测到我们所知的。

换言之，对人类行为或动机的（甚至成功）理论迥异于对无限行为的真正解释。受迫和受激的区别很大，我认为现代认知心理学或者现代思想对此没有任何建树。我认为还没有理论对此给出解释。所以，这个中心问题正处于谜团状态之中的最初推测（也是笛卡尔二元论的核心）。从这个意义来说，我认为这个观点应该得到重视，虽然还缺乏特定结论。

我们来谈一个有着些许希望或者些许成就的话题，即第二个次问题：心智表征如何与经验相关联？它是心智表征与世界相关联的另一个问题，即信念和知识的起源问题。

笛卡尔理论很有趣并值得深思。笛卡尔要我们想象一个还没有任何相关视力经验的婴儿正在看纸上画的一个三角形。笛卡尔问的是这个事例的具体情形。婴儿实际看到的当然不是一个几何的三角形。当然，他看到的是一个边角没有合拢而且边线弯曲的不规则图形。至少这是一个视网膜图形，但你感知的，或如笛卡尔所言，这可能正确，其实是一个扭曲图形。你看到一个扭曲图形，一个并不完美却有点古怪的图形。他的问题是：为什么这是真的？为什么没有任何经验的婴儿感知的是一个扭曲三角形，而不是某种完美的平面图形？笛卡尔的答案是，心智主要是依据欧几里得几何（Euclidian geometry）而组织的。因此，心智施加了一种样板，并依此样板解读它所看到的。

笛卡尔提出的论点是很重要的论点。它是基于刺激贫乏（poverty of stimulus）的论点。不是说，我们知道我们所见的是扭曲的三角形（其实，笛卡尔所想象的情形中，婴儿是没有相关视力经验的），而是说，这是心智在缺乏任何经验时所做的事情。这是个经典论点；它追溯到柏拉图（Plato），它是个好观点。如果我们发现心智在缺乏经验时进行运作，我们不得不将之归因于心智的复杂结构。同理，在研究身体的发展时，如果我们发现肝在营养环境中缺乏足够指引信息时能够决定其发展进程，我们毫无疑问地认定，被内在引导的复杂成长过程能够决定这种细胞集合形成了肝。它是好论点、经典论点，它可以也应该融入这些问题的现代分析之中。其实，再看我提及的约束原则和刚性原则。在这些例子中，现有证据不足以证明这些原则的真实性，这很有道理——其实，如果你细想，这是完全明白的。这在语言方面尤为明显，因为你根本没有任何相关证据。显然这些原则是我们赖以获取知识的系统的一部分，而不是我们通过经验学会的事物。如果我们注意事实，我真不知道任何其他结论怎么成为可能。这可能在语言方面尤为明显，我们完全陌生的语句却可以依据一些合理原则而获得非常准确的解读，这些原则并不是先验的正确，但却是非常合理并极具解释力。

这是富有成效的总体思路，我认为它非常合理。当然，它是非论证性的，虽然存在实证性学科，不包括数学，但我认为，当你查看相关细节时，它极具说服力。我们假设它是如此，再深入考虑知识和信念的起源问题。

本体论和心理学的诸多讨论在某种意义上是原子式的，即所问的问题是我怎么知道，或者我为什么相信，所有乌鸦都是黑色的，或如果有乌云，天就会下雨，等等。你具备知识和信念的某些特定项，然后问它们为什么成为知识或信念的特定项。上例可以类推为：你怎么知道，或者你为什么相信，某某句子表示某某意思，或者某某动作是运动中的立方体，等等。这些情况的答案可能是非原子式的。也就是说，你知道这个，或者你相信这个，因为某种知识系统在心智中得以发展，由此产生的这些知识特定项没有任何诱导基础和经验基础。决定这种知识的原则——比如变量约束原则和刚性原则——可能是心智的天生原则，你们可能称之为生物先验（biological a priori）原则。现在需要注意的是，心智不一定以这些方式组织起来；这不是逻辑必要性问题。你可以设计一种不同运作的心智。但是，心智可能确实以这些方式组织起来的。

我们可以得出一些结论。首先，如果心智缺少这些原则——这有可能，因为它们在逻辑上不是必要的——我们就没有任何相关经验，也没有学会什么。这类似于肯特观点。比这更复杂的说法可能会更有趣：如果心智具有别的原则，它可能具有完全相同的经验以及不同的知识。例如，假设某个火星人具有跟人类相同的感官系统，但缺少刚性原则和约束原则。在相同情况下，这个火星人可能发展不同的信念集合；在语言方面发展不同的知识系统。我们知道某某句子表示某某意思，然而火星人可能知道这个句子表示不同的意思；我们感知这个物体在旋转，然而火星人感知它在收缩。也就是说，如果心智只是依据不同原则而组织起来的，那么完全相同的经验会产生不同的知识和信念系统。

这种观察跟知识的概念有关。现在，有关知识的传统观念大致如下所述：知识是基于经验的真实信息，人们应该有理由了解他们想知道的。众所周知，这观点有问题。标准问题表明，正当理由不是很强烈的要求，我们需要更强烈的要求。然而，我已经讨论的事例与此不相符合。这些事例表明，你能够拥有知识，这可能根本不需要任何正当理由。例如，这个句子表示某某意思，这个物体是运动中的立方体，一个沿着抛物线运动的物体从屏幕后面出现，这些都是我们的知识。所有这些知识没有表现任何依据、基础或理由。这些知识是心智的原则系统所产出的，有助于认知结构的发展。如果这是对的，那么传统观念根本就是错的。知识不是以这种方式而组织起来的；这种思考知识问题的方式是错误的。因此，传统观念真的要改写。这些问题必须以别的方式重新思考。

传统观念在某些范围内是正确的。例如，我们有关所有乌鸦都是黑色的知识是基于归纳性证据的，其实这可能是正确的，但是这只是一个事实问题。我们可以假设一种不一样的心智具有不同的原则，就这种心智来说，这种知识是因为生物先验原则而得以发展的。换言之，正当理由对于知识概念并非必不可少。当然，哪些知识是这种类型，而哪些知识是别的类型，这都是事实问题。

在对人类生活至关重要的领域中，知识主张必须具有依据；例如，在科学领域、知识系统的辛勤构建中。但是，在人类知识极为重要的一个领域，可以说是我们存在和功能的核心领域，这好像是错误的观念，而且我们的知识是以迥异的方式得以发展的。要言之，关于知识的传统观念好像不可信，而且可能是错误的。在很多有趣的情况下，知识系统只是在心智中得以发展和成熟，由此产生了在更大甚至无限领域中的特定知识。

这让我们想起你们所说的发育问题：所有这些系统是如何发展的？在传统观念看似合理的方面，比如所有乌鸦都是黑色的事实，我们都有必要探寻归纳性证据、基础知识以及认识论的所有传统概念。然而，在我列出的视觉和语言事例中，知识的发展好像是器官式的而不是原子式的，这好像是完全错误的观点。整个过程似乎更像是器官发展的成熟过程。换句话说，我们被引回到了一种器官学观点，即心智器官的发展方式跟身体器官是一样的，也许是基于经验的触发效果以及内在指引的进程。心智的外围部分也可以获取知识。在对人类生活重要的领域中，这好像是正确的。在这个领域，知识主张必须具有依据，但是对大多数人类知识和经验来说，知识主张和信念似乎不具有依据，但可能是合理的。

我关于最后一个问题——意识可及性的看法是：我们能否理解我们的心智表征？传统研究都说我们可以。这是笛卡尔理论的核心。这对理性主义方法是至关重要的，理性主义认为，如果你努力思索，你可以理解你自己见解和知识中最核心的那些清晰且明白的想法。这些想法基本上能被心智所理解。经验主义者，至少那些头脑清晰的经验主义者，认为这显然是对的；例如，大卫·休谟（David Hume）认为心智就像剧场，而想法是演员。想法在舞台上出现，心智就是想法当面在舞台上的出现。显然，它们都能被理解。肯特也认为是对的，"……所有表征跟可能的经验意识有着必然的联系。如果它们没有这种联系，如果它根本不可能成为它们的意识，这其实就承认它们的不存在。"这可能是关于心智表征可及性的一种强烈且明确的观点，而且我认为，如果你把这种观点放在现代情境里，这是很普遍的。其实，就拿强调无意识的弗洛伊德（Freud）来说，如果你真的读他的著作，就会发现他的文本是有问题的。大多数弗洛伊德研究者可能不认同我想说的，但我认为是这样。我认为，如果你仔细读文本，你会发现当弗洛伊德谈论不可及性的时候，他有时会谈论到，字里行间表明这是一种闲谈，他真正表达的是可及性的困难。

在现代研究中，它大致被视为心智表征存在的标准，这样你能够感知这种存在，事实上心智表征的确存在。这个讨论出现的背景是跟随规则（following rules）以及规则引导式（rule-guided）行为的概念。有人认为，如果你声称某人在跟随一些规则，你必须说明的是，当这引起他的注意时，他会告诉你这些规则是在跟随他。显然，这不属于我讨论过的任何事例。例如，就我提及的约束原则来说，你不可能在苦思后得出的结论是"哦，是的，这是我在做的。"如果这是你在跟随的唯一原则，我们能够找出的唯一方式是把将我们自己置身其外来构建关于我们自身的理论，就像我们构建关于太阳本质的理论。我们没有进行内在式理解以及内省式理解。许多情况也是如此：手臂的生长、刚性原则和约束原则的发展和使用。如果某人提出替代方案，那么我们可以分析这种方案是否可行。然而，只要没有出现这种方案，那么就无以言说。

❏ Blank, M. 1975. Mastering the intangible through language. In D. Aaronson & R. W.

Rieber (eds.), *Developmental Psycholinguistic and Communication Disorders*. New York: The New York Academy of Sciences. 44–58.

❏ Descartes, R. 1664. *L'Homme et un traité de la formation du foetus, avec les remarques de Louys de La Forge*. Paris: J. Le Gras.

❏ Dennis, M. 1976. Dissociated naming and locating of body parts after left anterior temporal lobe resection: An experimental case study. *Brain and Languages* 3: 147–163.

❏ Fodor, J. A. 1975. *The Language of Thought*. New York: Thomas Y. Crowell Co.

❏ Fodor, J. A., T. G. Bever, & M. F. Garrett. 1974. *The Psychology of Language: An Introduction to Psycholinguistics and Generative Grammar*. New York: McGraw—Hill.

❏ Gall, F. J. 1809. *Recherches sur le système nerveux en général, et sur celui du cerveauen particulier*. Paris: F. Schoell.

❏ Hale, K. L. 1975. Gaps in grammar and culture linguistics. In M. D. Kinkade, K. Hale, & O. Werner. (eds.), *Linguistics and Anthropology: In Honor of C. F. Voegelin*. Lisse, Netherlands: Peter de Ridder. 295–315.

❏ Jerison, J. J. 1976. Paleoneurology and the evolution of mind. *Scientific American* 234: 90–101.

❏ Jespersen, O. 1965. *A Modern English Grammar on Historical Principles, Part VI, Morphology*. London: George Allen and Unwin Ltd.

❏ La Forge, L. de. 1666. *Traité de l'esprit de l'homme, de ses facultés et fonctions et de son union avec le corps, suivant les Principes de René Descartes*. Amsterdam: Abraham Wolfgang.

❏ Marshall, J. 1980. The new organology. *The Behavioral and Brain Sciences* 3: 23–25.

❏ Premack, D. & G. Woodruff. 1978. Chimpanzee problem-solving: A test of comprehension. *Science* 202: 532–535.

Modular Approaches to the Study of the Mind

Abstract: *Modular Approaches to the Study of the Mind* is the programmatic paper of Chomskyan mind philosophy. This paper discusses mental representation regarding its research significance, applying situations, nature, system and rules, together with its relation with human thought, belief and behavior. It is argued that determining the concept of body helps to solve the mind—body problem. The mind is a particular biological system, the rule and principle systems of which can calculate and generate syntactic and semantic representations of linguistic expressions. The internal structure of the mind is highly modular and consists of several interactive sub-systems. The "stimulus poverty" argument shows that the mind can adopt some reasonable principles to accurately interpret entirely new expressions. Some innate principles of the mind, such as the binding principle of languages and the rigidity principle of vision, can determine and produce various human knowledge and beliefs.

Key words: Chomsky; mind; modularity; mental representation; stimulus poverty

（责任编辑：钱　军　李桂东）

书评

《概念转喻——方法论、理论以及描述性问题》述评

语用学的实验转向
　　——《实验语用学：认知科学的构建》述评

《概念转喻——方法论、理论以及描述性问题》述评

东南大学　曹燕黎*

Olga Blanco-Carrión, Antonio Barcelona, & Rossella Pannain (eds.), 2018. *Conceptual Metonymy: Methodological, Theoretical, and Descriptive Issues*. Amsterdam/Philadelphia: John Benjamins Publishing Company.

❶ 引言

20世纪80年代以来，转喻的认知语言学研究蓬勃发展。2013年，在加拿大阿尔伯塔大学举办的第12届国际认知语言学会议上，Barcelona、Blanco-Carrión和Hernández-Gomariz共同主持了转喻的专题研讨（issues in metonymy）。基于此次小组讨论后完善的数篇论文，编写了《概念转喻——方法论、理论以及描述性问题》（*Conceptual Metonymy: methodological, theoretical, and descriptive issues*）一书，从认知语言学的视角讨论了转喻数据库建立中的方法论、转喻理论建构、语言与认知中的转喻运作等问题。

❷ 内容简介

本书含引言和正文。正文11章，分为三个部分，分别是"转喻描写的常规问题：转喻数据库的设计与实施中的问题"（1—3章）、"转喻的一般特性的讨论"（4—6章）以及"转喻在语言中的普遍性"（7—11章）。

前三章简要描述了Barcelona、Blanco-Carrión等人在研的科尔多瓦项目中转喻数据库的进入模型（entry model）及其字段（field）设置，阐明了其中重要的术语，展示了如何用该模型的某些字段分析实例。

进入模型指的是转喻数据库的进入模型，有一系列丰富的参数标准，可以用来

---

* 作者简介：曹燕黎，东南大学海外教育学院副教授，博士，研究方向：认知语用学、对外汉语。Email: misscao1998@aliyun.com。通信地址：210096 东南大学海外教育学院。
本文得到国家社科基金青年项目（17CYY060）和中国国家留学基金资助。

描写转喻实例的分类、功能等。进入模型的参数包括原出处标记的概念转喻模式（字段1）、转喻等级结构（字段2）、纯图式/典型/原型转喻（字段3）、原出处中转喻来源/目标概念的分类域（字段4）、转喻的规约度（字段5）、英语/西语/手语等语言类型（字段6）、转喻运作的语言层次（字段7）、转喻触发器（字段8）、转喻链（字段9）、该转喻与其他转喻分类的概念联系（字段10）、该转喻与隐喻或其他转喻的互动（字段11）、相关语境下的实例（字段12）、其他研究该转喻的文献（字段13）、每次修改的日期与人员（字段14）。

第一章"科尔多瓦项目中转喻数据库的整体描述：侧重于等级性、原型性与分类域的问题"，作者是Antonio Barcelona。该章首先简述了转喻数据库的项目背景及其进入模型的整体架构，接着详细讨论了进入模型的字段2与字段10转喻的层级问题、字段3转喻的原型度以及字段4转喻来源/目标概念的分类域。由于这些字段的设置，建立了新的转喻等级（高级、基础级、低级），更易于区别相似的概念转喻，系统检验转喻的原型度，发掘转喻来源/目标概念的分类域（taxonomic domains）及其规律性。

第二章"转喻描写中的规约度和语言域（旨在创建一个详尽的转喻分类）"，作者是Olga Blanco-Carrión。该章继续介绍了进入模型中的字段5转喻的规约化程度与字段7转喻运作的语言层次。就字段5而言，作者认为转喻的规约度与转喻的社会认可度以及理解转喻的认知能力有关。转喻的规约度又可分为纯概念规约度（conceptual conventionality）和概念与语言规约度（conceptual and linguistic conventionality），前者中转喻仅引导推理，后者中转喻构成意义和形式的理据。其次，字段7与转喻运作的语言层次有关，包括语言转喻的语法层次、以转喻为理据的意义、以转喻为理据的结构形式、以转喻为理据的语法过程、转喻的主要功能等五方面。

第三章"科尔多瓦项目转喻数据库中关于转喻触发器（trigger）、转喻链以及转喻与隐喻或其他转喻的相互作用的分析"，作者是Isabel Hernández-Gomariz。该章继续讨论了进入模型中的字段8转喻触发器、字段9转喻链以及字段11该转喻与隐喻或其他转喻的互动。转喻触发器指的是促成转喻的因素，包括语言语篇和语境因素，后者又包含对语法结构的认识、ICM框架（理想认知模型）、认知文化语境、交际语境、说话人/作者的交际目的和修辞目标等。作者对随机抽取的转喻语料进行统计，发现60%的转喻由语言语篇和语境因素共同触发。作者还用实例The Zidane of Villa讨论了转喻链，不同学者对其有不同的解读：理解为实体代活跃区+特征代表人物代典型特征+整体规模代最好规模的转喻链或模范人物（paragon）。在该数据库中不判断二者对错，一并收入。另外，作者发现已收集的语料中，无一例外都是转喻促动隐喻的互动模式；美国手语中，转喻还能促动其他结构的形式或意义，与多个转喻相互影响，产生手语的基本意义及更多的修辞意义。

中间3章对转喻理论研究中的一些典型问题进行了回顾，提出了一些新视角、新看法。

第四章"转喻中的一些对比效果"，作者是John Barnden。他指出转喻的对比维度的研究很重要，分析了转喻中的5种对比效果：（1）来源概念与目标概念形成对比，比如去人性化（de-personalization）；（2）说话人对来源概念的态度（或缺失）与语境中被期待的对于目标概念的态度形成对比，比如去人性化的一些负面例子；（3）来源概念对于目标概念的角色非相关性与目标概念更相关的其他特征形成对比，比如去角色化（de-roling）；（4）目标概念与被期待的更合适的目标概念形成对比；（5）对来源概念的关注与对目标概念的关注形成对比。该章还讨论了反语（irony）、移就（transferred epithets）中的对比效果，这些现象与转喻存在千丝万缕的联系。

第五章"转喻是一种什么样的推理模式？"，由Klaus-Uwe Panther和Linda L. Thornburg合撰。该文首先重新界定转喻，探索来源意义与目标意义之间的概念关系，从多个维度证明转喻关系是一种真实世界的偶然关系，即可被取消的关系，而非蕴涵关系；转喻是语义充实或细化，是一种来源意义被包括在目标意义中的现象。接着，区分了三种思维方式：演绎、归纳和溯因推理（abduction），认为与语境不协调而触发的一大类转喻可以通过溯因推理的策略进行阐释。作者们也指出，与语境协调却有默认的意义的另一大类转喻，因其可被取消、可被加强（reinforceability）等特性引发出乎意料的语用效果，更接近于一般会话含义。

第六章"莫莉嫁给了钱——对概念转喻的一些思考"，作者是Günter Radden。该章尤为关注转喻的概念基础。除了讨论转喻的来源与目标概念、转喻的联系（association）、转喻关系（metonymic relation），作者还讨论了两个不太受关注的概念转喻特性：（1）来源概念到复杂目标概念（complex target）的转变（shift）；（2）来源与目标概念的整合（integration）以及其形成的意义。作者的重要观点有：（1）转喻的目标意义其实很复杂，包括推理出的目标意义、转喻关系以及来源意义，来源意义实际在转喻解读中起到了十分重要的作用；（2）转喻关系的激活与神经元网络形成的动态联系很相似，存在概念的共同激活、可推理性和联系强度等共同点；（3）转喻关系仅用邻近性（contiguity）、指代性（indexicality）概括还不够准确，还应加上来源与目标概念的非对称性（asymmetry）以及内在邻近性（internal contiguity）、外在邻近性（external contiguity）；（4）转喻的意义转变是从来源意义转变为复杂的目标意义的动态过程，受交际场景、文化规范等一些语言外因素的影响；（5）转喻的来源与目标意义进行概念整合，形成与字面表达相比更加具体、强烈的推理意义。

最后四章考察了词汇、句法等各层面的语言转喻，反映了转喻在语言结构、意义建构等方面的理据作用。

第七章"转喻如何促动语法结构：以英语单一从句If-only P结构为例"，作者是Boguslaw Bierwiaczonek。作者认为，部分代整体的转喻除了广泛存在于概念、词汇以及形态层面，也体现在句法层面，促动新的语法结构。以If-only P为例，这不是单一的结构，而是至少包括四组If-only P结构，它们的时间参照、认知立场以及言外之力有一定区别。这样的依存结构（dependent construction）通常是由部分代整体的转喻促动，从原先的独立结构（autonomous construction）获得其形式和意义，并形成一些新的言外之力。

第八章"采用建构主义的方法概念化情感中转喻所起的作用",作者是Benedikt Perak。作者通过分析克罗地亚语strah(fear)的概念化,提出了一个浮现建构主义模型(emergent constructionist model),反映情感的句法—语义概念化中转喻和隐喻的层级组织。就该模型而言,感官—运动结构的转喻凸显是情感概念化中最基础的层级,在其上依次叠加本体结构(ontological construction)、空间结构、主题结构(thematic construction)以及施事结构(agentive construction)层级。该模型表明转喻凸显是最基础的、独特的、信息充分的认知机制,因其传达情感状态相关特征的知识,使得叠加其他认知机制来表现情感的概念化成为可能。

第九章"说话人的嘴——意大利语中表示语言行为的转喻",作者是Rossella Pannain。她考察了当代意大利书面语中malalingua/mala lingua, lingua lunga/lingua-lunga, boccaccia和linguaccia四组词语使用说话器官(speech organs)"嘴"和"舌头"指代说话人/语言行为的转喻分布以及附带的贬损评价。该章分析了四组表达的内在结构、语义表现及形态句法特征,证明这类转喻在意义构建、价值评价中发挥了重要作用。作者认为,除了malalingua含贬义"mala"的负面意义,其他三组均是通过标量(scalar)维度的转喻链(超长→超大→超量)触发了负面评价。

第十章"智能手机脸和谷歌头是真实的还是假现象?语义离心性中转喻的作用",作者是Carmen Portero-Muñoz。"离心复合词"(exocentric)是一类指代复合词之外的实体的复合词,比如智能手机脸(smartphone face)指的不是脸的一种特别类型,而是脸的一种自然状态。离心词往往被认为是一类边缘现象,实际上却可能是一种非常重要的、多产的语言现象。因此,作者考察了所属关系复合词(possessive compounds)、描述疾病(ailment descriptors)的诊断/症状复合词以及其他表无生命指称对象的复合词等不同类型的离心词。其中,利用部分代整体转喻指代人或者人的某种身体状况的离心词十分高产,并且旧词新解的现象也很普遍。这些现象反映了21世纪青年一代的语言创新。

第十一章"西班牙手语中的转喻和认知操作的动态性",作者是Ana-Laura Rodríguez-Redondo。该章展示了概念转喻如何促动西班牙手语形成过程中的象似识解(iconic construal)、短语构成等多个层级,探索了转喻与象似性的相互作用。转喻机制在手语形成和解读中发挥重要作用,基于转喻的发音器官的概念化构成其他结构、语义层面上转喻运作的基础。另外,上下文和场景的触发也对手语形成起到了至关重要的作用。

❸ 简要评价

近20年来,以转喻为主题的专著并不多,主要有Panther 和 Radden(1999)、Panther 等人(2009)、Benczes 等人(2011)、Bierwiaczonek(2013)、Littlemore(2015)、Denroche(2015)等。本书的编者Barcelona碰巧参与了其中Panther 等(2009)、Benczes 等(2011)两本书的编纂。笔者发现,近年来,Barcelona等学者试

图就转喻的主要认知理论形成统一的看法,并逐渐将主要的共识付诸实践。本书即是一个阶段性成果:从认知语言学的视角对概念转喻进行细致入微的描写,既有方法论创新,也有理论创新以及研究语料的创新。

首先,本书最重要的贡献在于展现了一个视角全面的转喻数据库的进入模型,并详细阐释其重要的参数标准,这是前所未有的创新。本书展示了自2013年起西班牙Antonio Barcelona教授为首的科研小组在研的"语法、语篇以及手语中概念转喻的实证研究:转喻数据库的建设"项目第二阶段的部分成果。这个正在建设的转喻数据库可应用到词素、词汇、短语、从句、句子和语篇的各个结构层面,从转喻的层级性、原型性、规约性、分类域、功能性等多个维度描写真实语篇中的概念转喻,揭示以概念转喻为理据的结构形式、意义与语法过程的规律性,使得未来的转喻搜索与研究可以更加系统、全面,并且便于在认知语言学、神经科学、人工智能等多个领域开展跨学科应用研究。此外,该数据库可根据需要修改、更正参数标准,或者增加新的字段和次字段,比较灵活。

其次,本书更新甚至挑战了现有的转喻、隐喻理论。在第一章中,Barcelona指出,转喻层级(hierarchies)实际是类别(taxonomic)关系,而非部分与整体(meronymic)关系,这是以往研究未明确表达的。类别关系的转喻层级对于研究相似转喻的细微差别极有帮助。在第五章中,Panther和Thornburg挑战了传统认知理论中转喻的三重分类(整体代部分、部分代整体、部分代部分)和Ruiz de Mendoza(2000)的双重分类(目标意义包括来源意义、来源意义包括目标意义),认为所有的转喻都可归纳为部分代整体这一个类别;就内涵意义而言,所有转喻的目标意义包括来源意义,来源意义通过概念整合进入目标意义。转喻即是一种语义细化或充实的过程。在第六章中,Günter Radden的看法基本相同。他认为转喻的目标意义是一个复杂的整体,包括推理出的目标意义、转喻关系以及来源意义等三方面,并且强调来源意义对转喻解读起到十分重要的作用。这三章关于转喻层级、分类和目标意义的研究颠覆了对概念转喻的传统认识。另外,第八章在对情感的概念化研究中,改进了情感的隐喻识解,提出情感概念化实际是基于感官—运动的转喻凸显之上的本体、空间、主题等多层级叠加的认知建构。

同时,本书也提出了转喻的一些新的研究维度。在第四章中,Barnden考察了转喻产生的五种不同类型的对比效果以及一些转喻通过去角色化的对比方式产生的贬低效果,这是以往研究所忽视的方面,却可作为转喻和反语、移就等其他辞格研究的一个重要维度。他进而提出在转喻数据库中应用转喻对比效果的一些建议,如在字段4中增设一项"对比",在字段7的备注(additional remarks)中写入对比所产生的态度、情感等语用功能。在第九章中,Rossella Pannain从内在结构、语义变化、形态句法等角度分析了意大利语中表示语言行为的转喻词语,指出其使用造成的负面评价的语用效果及来源。这两章中对转喻的语用效果及其成因的关注,是以往研究所忽视的。

最后,本书的研究语料既包括英语、西班牙语,又包括美国手语、西班牙手语，后者的研究在传统的转喻认知研究中相对较少。在第三章中，Isabel Hernández-Gomariz通过分析美国手语中"固执"（stubborn）和"驴"（donkey）的手语展示了"动物的凸显特征代特质"（salient characteristic of an animal for quality）的概念转喻如何促动这两个手语的形成，详细解释了手语中多个转喻和隐喻的相互作用。

尽管本书呈现的转喻数据库是转喻研究的一个巨大成果，未来的数据库建设还有一些问题需要考虑。首先，转喻数据库还可以收集来自广告、电影等视觉艺术的转喻，使得语料来源更加丰富，更好地解释转喻的概念本质及其语用功能。其次，转喻数据库中，字段11转喻与隐喻或其他转喻的相互作用或许可以扩展到转喻与其他修辞格的相互作用，因为在真实语境中，往往存在转喻、隐喻、反语、夸张等多种修辞格共用的情况。最后，转喻的语料库往往依赖于提取目标概念的关键词，而Panther和Thornburg提出转喻的溯因推理模式可以用于大部分转喻的识别与理解，或可应用于转喻数据库的语料识别与采集。

- Benczes, R., Barcelona, A. & Ruiz de Mendoza, F. (eds.), 2011. *Defining Metonymy in Cognitive Linguistics: Towards a Consensus View.* Amsterdam/Philadelphia: John Benjamins Publishing Company.
- Bierwiaczonek, B. 2013. *Metonymy in Language, Thought and Brain.* Sheffield, UK: Equinox.
- Denroche, C. 2015. *Metonymy and Language: A New Theory of Linguistic Processing.* New York & London: Routledge.
- Littlemore, J. 2015. *Metonymy: Hidden Shortcuts in Language, Thought and Communication.* Cambridge: Cambridge University Press.
- Panther, K-U., Thornburg, L. & Barcelona, A. (eds.), 2009. *Metonymy and Metaphor in Grammar.* Amsterdam/Philadelphia: John Benjamins Publishing Company.
- Panther, K-U. & Radden, G. (eds.), 1999. *Metonymy in Language and Thought.* Amsterdam/Philadelphia: John Benjamins Publishing Company.
- Ruiz de Mendoza, F. 2000. The role of mappings and domains in understanding metonymy. In Barcelona, A. (ed.), *Metaphor and Metonymy at the Crossroads.* Berlin/New York: Mouton de Gruyter. 109–132.

（责任编辑：万明瑜）

语用学的实验转向
——《实验语用学：认知科学的构建》述评

四川外国语大学　邓　宇　鱼　帆*

Ira Noveck. 2018. *Experimental Pragmatics: The Making of a Cognitive Science*. Cambridge: Cambridge University Press.

❶ 引言

语用学的早期研究以哲学思辨为主，到20世纪七八十年代成为独立学科之后，其实证研究成果不断涌现，尤其是与心理语言学范式相结合，使得语用学理论的心理真实性得以充分验证。Noveck和Sperber于2004年出版了编著《实验语用学》(*Experimental Pragmatics*)，对指称、言语行为、隐喻、等级隐含[①]、歧义消解等理论做了实验研究，标志着实验语用学这一流派正式出场。实验语用学的诞生是语用学研究内涵扩展的必然，并引领着当今语用学研究之前沿（周榕、冉永平，2007）。实验语用学主要围绕大脑对语言使用的认知机制展开，特别是"所言"的组成（字面形式有无意义，与隐含的关系如何），"所言"的性质（是语义还是语用范畴），理解"所言"的过程（是何种模式）以及条件（如语境作用）等等（参见刘思，2008：253）。近年来，实验语用学的研究手段愈发丰富，融入了社会心理学、认知心理学、实验心理学、认知神经科学等诸多技术方法，有效促进了语言使用的认知、神经机制研究。

在此背景之下，Ira Noveck的新著《实验语用学：认知科学的构建》(*Experimental Pragmatics: The Making of a Cognitive Science*)于2018年在剑桥大学出版社问世。

---

* 作者简介：邓宇，四川外国语大学语言脑科学研究中心副教授，博士，研究方向：神经语言学、认知语义学、语言病理学。Email：adam611@163.com。通信地址：400031 重庆市沙坪坝区烈士墓壮志路33号四川外国语大学语言智能学院。鱼帆，四川外国语大学硕士研究生，研究方向：神经语言学、认知语言学。Email：yufano@163.com。通信地址：400031 重庆市沙坪坝区烈士墓壮志路33号四川外国语大学研究生院。
本文是重庆市教委人文社科规划项目"汉语状态变化和实现事件的概念化和词汇化实证研究"（编号：18SKGH082）和四川外国语大学教改项目"脑科学视野下的英语写作反思性学习模式探究"（编号：JY1869269）的部分成果，并得到国家社科基金青年项目（18CYY004）和四川外国语大学"嘉陵青年学者"人才计划的资助。

① 姜望琪（2020）建议把"implicature"统一译作"隐含"，本文遵循了此译法。

本书中，作者将格莱斯理论（Gricean theory）贯穿始终，并从认知科学视角向读者呈现了实验语用学的新方向和新技术。作者不仅对实验语用学所涉理论做了扩展，还对具体实验方法做了详释，将语用学研究置于认知科学的宏大视野之下。此外，作者强调交际过程中应该秉持"以人为本"的语用观，抛弃依靠句子字面意义实现交际目的之观点。全书共十四章，本文介绍各章内容并做简评。

❷ 内容简介

第一章（定义语用学：研究对象、研究方式和主要分歧）首先强调句子的意义因说话者的意图而变化，语用学就是利用已有字词来理解说话者的潜在意图。接着，Noveck 介绍了理想语言学派和日常语言学派对字面意义与说话者意图之关系的不同观点，认为句子中总是存在一定的间隙（gap）将语词与说话者欲表达的意义分离开来（p. 4）。作者以指称、背景知识、缺失成分、一词多义、不确定性和说话态度为例，论证对句子间隙的把握有利于深入理解说话者的潜在意图。就如何解决句子间隙而言，我们首先要厘清句子本身的语词及其在特定情境下所表达的说话者意义；此外，像推理、说话者的具体言语以及心理、语用相关知识均有助于听者对说话者意图做出预测，进而保证交际成功。正是这些思想使得实验语用学发展成为一门综合性的认知科学。

第二章（Grice 不朽的观点及后世的反响）介绍实验语用学的理论源泉。Noveck 从说话者和听者视角分析成功交际的前提：一是从说话者的表达要让听者意识到其意图，并让听者产生相应的现实行为；二是听者可通过非言语行为（如手势、表情等）推测说话者的意图（p. 16）。Grice 的会话合作原则以及与之关联的自然意义和非自然意义、所言和所指理论对实验语用学的发展产生了深远影响，由此而来的早期、后期格莱斯理论都成了实验语用学的理论之基。

第三章（实验主义者的思想体系）介绍实验心理学及其与实验语用学相关的理论范式。作者通过解释语用异常的内涵，认为某一情形下的语义异常在其他语境中可能是合理的、有意义的（p. 36）。Noveck 指出，通过内省方式对句子异常进行分析具有局限性，而实验有助于科学地观察和解释说话者言语表达的心理和认知机制。作者通过 Wason 的 2-4-6 实验任务阐述认知心理学如何通过直觉进行语用判断和推理。在此基础上，作者认为 Nisbett 和 Wilson 提出的自我叙述法（self-reports）虽非实验证据的可靠来源，但正是这些经典范式为实验语用学的发展奠定了基础。诚然，要证实一个理论的前提，最重要的是具有一个检验和证伪的系统，并通过检验理论或者得出新的检验结果来推动理论的发展（p. 45）。此外，作者还介绍了认知科学的成果，其中以心灵解读理论（theory of mind）和模块学说（modularity）为典型代表，这也是 21 世纪以来实验语用学重要的理论依据。

第四章（实验技术回顾）述介实验语用学研究的启动——探测法（priming-probes）、眼动追踪法（eye-tracking）、鼠标追踪法（mouse-tracking）、功能核磁共振成像（fMRI）、事件相关脑电图（EEG）、事件相关电位（ERP）等技术手段。Noveck重点论及语用学（尤其是语境）研究中，人脑对异常表达做出反应的两个脑电成分：N400和P600，前者表示语义异常，后者表示句法结构异常。N400通常在情境语境违反时诱发，P600则在句法语境违反所需的重新分析中诱发，二者均有助于探测语用推理和预测的精确时间进程。作者还介绍了Mechnical Turk（M-Turk）线上实验采集技术，此技术收集数据量大，速度快，利于集聚世界各地的实验数据（p. 61）。以上方法为实验语用学提供了技术支撑，推动了实验语用学的科学化。

第五章（早期实验语用学）从两方面回顾格莱斯理论对实验心理学产生的影响。从积极角度看，格莱斯理论间接为以下三种实验提供了理论基础：第一是由Piaget提出的发展任务(developmental tasks)，第二是Kahneman和Tversky提出的成年人认知偏好任务，第三是对从句加工的研究。这三种实验范式涉及的具体任务主要有：保守任务（conservation task）、类属包含任务（class inclusion task）、启发式任务（heuristic program）。从消极角度看，心理学家基于格莱斯理论提出的加工三阶段标准语用模式（standard pragmatic model）在隐喻理解的实验中得出了相互矛盾的结论，部分实验揭示隐喻加工相比非隐喻加工更慢，但亦有实验发现二者的加工速度和认知负荷并无显著差异。作者论述了Marr的三层次理论、标准语用模式与格莱斯理论的关系，强调格莱斯理论侧重计算层次（computational level），而标准语用模式侧重在规则层次（algorithmic level）模拟Grice的原则。这些层次之间是互补的（p. 75）。因此，标准语用模式的证伪并不能抹杀格莱斯理论的价值。Grice的观点于20世纪80年代就在实验圈中风靡一时，可见格莱斯理论在实验语用学中的重要地位。

第六章（如何丰富逻辑词的用法——揭示语义和语用之别）介绍逻辑词的理解过程。作者以"or"为例，强调逻辑词的解释应区分语义和语用，以充分理解句子字面意义和说话者的真正意图，实验语用学为逻辑学研究提供了理论依据和新的视野。随后，作者介绍了五种包含逻辑词的实验条件句，发现逻辑词可以促进句子字面意义的深层次理解。但在实验语用学之初，由于逻辑词在语义和语用之间的界限模糊，实验法并未产生太多价值（p. 80）。接着，作者质疑先前"鹦鹉—小熊"（parrot-bear）选择推理实验并加以改造，结果表明句子意义可有不同解释：一是句子本身的正确字面意义，二是因语义知识而产生的错误理解（p. 81）。作者进一步从认知发展过程、儿童在理解中是否运用语用知识以及发展效力在成人间的差异维度阐释了发展语用效力（developmental pragmatic effect）的内涵。此外，作者还通过Huang和Snedeker (2009)的眼动追踪实验，揭示语用意义推理并非取决于句子长短，而是取决于句中具有特殊隐含的词，但要把握词的特殊隐含不仅需要理解说话者的口头语言，还需理解其潜在意图。

第七章（等级隐含的语法、语义视角）主要介绍语义学家解释等级推理（scalar inference）的方法。作者认为过去的语义分析法已成为实验语用学的一部分，其中Grice的语用推导理论发挥了重要作用，但许多学者对语义延伸是整体性而非局部性这一观点持反对意见。对此，作者总结了等级隐含语义实验的演进轨迹：第一阶段是句法环境实验(syntactic environment approach)，包括自上而下的语境蕴含(downward entailing contexts)和三段论(syllogisms)两种实验方法，前者指的是自上而下、从普遍到特殊的包含关系，后者指的是对条件句的先行词或疑问句、肯定句的词进行析解分离的结果。实验结果表明，语法驱动的解释、理想语言的解释以及日常语言的解释三者之间具有潜在的兼容性（p. 111）。第二阶段是嵌入等级隐含词的实验，主要对等级隐含词（如some, all）进行字面、局部和整体分析，结果发现说话者趋向于提供"some"这类具有局部延伸意义的词。以上实验都是实验语用学的重要组成部分，其发现间接证明在理解过程中存在隐性语法机制。

第八章（条件句）从心理学视角阐述条件句的分类。具体而言，条件句可细分为两类可靠推理和两类不可靠推理，可靠推理包括肯定前件式推理 (modus ponens) (*If P then Q; P//Therefore, Q*) 和否定后件式推理 (modus tollens) (*If P then Q; not-Q//Therefore, not-P*)，不可靠推理包括结果肯定推理和先行词否定推理。针对条件句的延伸并不等于等级隐含这一论点，Noveck认为完全条件句实际上是在不同语境中的延伸。O'Brien等人的实验表明，随着年龄的增长，幼儿对条件句的理解更多依靠语用知识，而幼儿的反应行为也会相应提高。同时，反应时实验证明已知结论比演绎推理更具影响力，但因其他认知因素的影响（如记忆力、智力），条件句的理解存在个体差异，这表明用条件句的语义延伸去描述特定情景时，结果往往截然不同。此外，作者介绍Bonnefond等人的行为和EEG实验，主要通过句对句（sentence-to-sentence）的形式呈现条件句刺激（e.g. If P then Q; P→Q vs Q→P），最终结论认为条件强化（conditional perfection）的概念及其推理只是未被证实的假设而已（p. 135）。

第九章（指称）回顾与实验语用学相关的指称加工（reference-resolution）研究。Noveck介绍了指称符号范畴化的过程，主要包括信息冗余、信息适中和信息不足三方面。其中，信息不足在等级隐含词和指称词实验中结果迥异，儿童年龄越小对信息的敏感度越低，在信息不足的情况下，等级隐含词和指称方式表达的意义也随之变化。实验表明，婴儿对清晰可见的线索可直接反应，对指向的事物具有天生的理解能力（p. 145）。接着，作者从规约—创新和语境限制两方面分析成人指称词加工。规约—创新限制由心理学家Clark提出，旨在说明说话双方经过共同努力在会话中达成一致；语境限制通过眼动追踪来监测句子理解过程，结果发现当说话者使用指称时，若谈话双方拥有相同背景知识，理解过程会更容易。概言之，实验表明，指称言语的意义可以像等级隐含词一样得以延伸，未习得语言的婴儿亦可通过指向某个事物进行简单交际，这使得指称加工成为了重要的语用能力。

第十章（口误及避免口误：后格莱斯理论对隐喻和其他词汇适应性的解释）首先论述了后格莱斯理论(post-Gricean theory)对非字面意义的解释，如隐喻和反语。在修辞的语用加工中，后格莱斯理论对实验语用学有着深远的影响，它旨在回答心理语言学的理解问题，强调比喻性语言的字面意义在理解过程中所发挥的作用，具体表现为直接通达法（direct access view）和层级突显假说（graded salience）两种视角。直接通达法由 Gibbs 提出，认为听者在理解隐喻时不需考虑其字面意义，而由 Giora 提出的层级突显假说则持相反观点，认为我们理解词的比喻性用法时总会考虑其字面意义。虽然这两种观点本质上都是语用的，但其研究方法并未表现出与格莱斯理论的关联性，同时亦未否认标准语用模式的存在（p. 163）。对此，作者基于关联理论阐述语境在隐喻义理解中的重要角色。Noveck 通过儿童和成年人隐喻理解的启动实验来揭示隐喻理解和字面意义之关系，发现隐喻义的解读需要额外的认知成本。隐喻句和本义句加工的 ERP 实验亦表明，字面意义启动词抑制了 N400 效应，这表明隐喻义的解读并非直接通达是有其神经基础的。本章的实验和理论从侧面反映了 Grice 的思想，即隐喻通过词的字面意义表达"所言"(what is said)，而非字面意义解释则通过合作原则的违反激活，进而表达"所指"(what is meant)。这表明词汇语用学可以解决传统心理语言学遗留的问题（p. 171）。

第十一章（反语——注意力转移和意图的解读）首先描述了反语的两个特征：一是对非字面意义的理解，二是在语境中的理解。格莱斯理论对反语的关注集中在态度所属与反语的关系上，认为说话者的态度是反语出现与否的重要标志（p. 173）。Noveck 基于反语的神经镜像实验和行为实验指出：反语所表达的态度可以重新建立；从未出现过的反语会对理解造成阻碍；确定的实验情景和个人倾向使得部分被试能预测相关的反语表达（p. 182）。总之，隐喻和反语作为修辞的一部分，尽管在语义上都被视为是错误的言语，但这两种表达背后隐藏的认知机制是不同的，隐喻理解在于通过调整关键词的概念对句子进行延伸，而反语理解的关键在于听话人通达说话者的态度。

第十二章（自闭症人群的语用能力）主要论证自闭症患者如何理解语用信息丰富的言语。作者通过 Simon Baron-Cohen 等人的实验阐述了自闭症人群的心盲特征（mind-blindness），发现自闭症人群在理解隐喻、反语这类句子时具有不同层次的困难，表明自闭症会对语用推理能力产生不同程度的影响，但并不意味着自闭症人群完全丧失了语用推理能力。

第十三章（实验语用学的其他议题）介绍了实验语用学尚未引起足够关注的对象，如逻辑转喻、转喻、否定、预设以及韵律等。转喻的眼动追踪实验发现，被试对转喻用法和字面意义的加工并无显著差异（p. 196）。而转喻的 ERP 研究却发现转喻义诱发了 N400 和 P600 成分（p. 196）。不同实验结果迥异，可见转喻的语用研究和认知加工值得深入探究。接着，作者通过前人的实验探讨了否定词如何影响句子理解速度、预设表达对语用推理的促进或抑制、韵律学的语用属性、韵律学与等级隐含推理、自闭症、反语等前沿话题。

第十四章（结语及未来展望）总结全书。首先，作者归纳行为中的语用推理，认为心理过程的变换可影响语用范围的大小，读者对句子意义的语用理解可根据语境对其进行深层次加工。其次，作者通过回顾等级隐含研究，阐证实验语用学中宽式挖掘法（the wide-excavation approach）的重要性，这一方法以格莱斯理论为基础，既重视交际过程中句子本身的意义，又重视对说话者意图的理解。最后，作者指出，实验语用学这本书的副标题之所以被称为认知科学的构建，是因为本书理论不仅来自语言学，还兼顾心理学、神经科学以及哲学等多种学科。相关实验研究促进了学科交融，为实验语用学的发展起着至关重要的作用(p. 225)。

❸ 简评

本书对实验语用学的发展、研究范式、研究方法、研究前沿做了全面系统的梳理，整体而言，具有以下特色：

第一，对实验语用学研究的论证具有超学科性。作者将语言学、心理学、逻辑学、认知神经科学等理论和技术应用到语用学研究，尤其是对等级隐含、转喻、指称加工、反语、隐喻理解、条件句推理等话题所做的系列实验研究，彰显出语用学研究的跨学科性，亦指明了实验语用学的前沿和新方向。

第二，本书强调语用能力的心理真实性和神经认知基础。早期语用学主要是哲学思辨，后来逐渐融入调查、访谈等数据，但是要系统挖掘语用能力的认知和神经机制，汇聚各类实验数据势在必行。作者充分利用行为、眼动、脑电、功能磁共振等实验数据论证实验语用学的理论体系，如隐喻、转喻理解的行为和ERP实验、指称加工的眼动追踪实验、条件句推理的EEG实验、反语的脑成像实验、情境语境违反的N400效应等，这为证实或证伪语用学理论的可靠性提供了科学依据。语用理论基础和丰富的实验数据相辅相成，共同促进了实验语用学的发展。在直觉和思辨的基础上，辅以实验研究，能更加科学地确定或否定语用理论假设。同时，实验检验能促进实验语用理论的发展和创新（刘思，2008: 250）。

第三，本书强调实验语用学研究"以人为本"的思想。作者通过大量实验揭示认知加工主体在实验中发挥的重要作用，强调语言使用和交际主体应该以人为主，不应对言语的字面意义进行机械地加工解码，而应充分考虑到人真正想要表达的潜在隐含和意图，从而确保交际的顺利进行。

第四，本书既强调实验语用学的动态性，又注重理论的融会贯通。在实验语用学的发展过程中，不论是理解言语的字面意义还是语用意义，作者始终将Grice的思想体系作为实验语用学的理论和实验基础贯穿始终，并与隐喻、反语、转喻、韵律、心灵解读等新兴话题相结合，探究所言与所指的辩证关系及其心理、神经认知基础。如此，语用学的经典理论在新兴的实验技术辅助下得以创新发展。

第五，全书不仅对儿童、成年人的语用能力及其发展演进规律做了系统研究，还探讨了语言障碍特殊人群，如自闭症群体的语用障碍。作者基于格莱斯理论对自闭症人群的推理和理解能力的研究为临床自闭症和脑损伤病人的语用能力康复提供了理论和实践基础。

同时，本书中亦存在以下不足：

第一，书中所涉数据以介绍他人的实验研究为主，作者提出实验语用学理论并结合前人实验进行分析固然具有科学性，但缺少自己独立的实验设计和操作，因而其结论的可靠性有待商榷。

第二，本书虽然对语用学实验相关的感知、范畴化、逻辑推理、记忆、智力等认知因素做了实验考证，但有关言语交际和语用推理的情感因素实验显得薄弱。新格莱斯(neo-Gricean)派语用推理的致命弱点之一便是未能充分考虑情感因素，因为人类交际不仅传递信息，也传递情感（Jiang, 2017: 446-447；姜望琪，2013: 13）。由此可见，只考虑信息，而忽略情感因素，乃当前实验语用学"人本"思潮之局限。作者在书中（如第二章）虽强调了表情等传递情感意义的副语言手段对于语用交际具有重要意义，但局限于思辨，未来研究应加强这些语用情感因素的实验研究。

瑕不掩瑜，本书作为实验语用学的又一力作，为语用学乃至认知科学的发展指明了新的方向，也为今后实验语用学的跨学科多视角研究开创了新的局面。

❏ Huang, Y. T. & Snedeker, J. 2009. Semantic meaning and pragmatic interpretation in 5-year-olds: Evidence from real-time spoken language comprehension. *Developmental Psychology* 45(6): 1723–1739.

❏ Jiang, W. Q. 2017. A socio-cognitive approach to pragmatic inference. *Intercultural Pragmatics*, 14(3): 421–451.

❏ Noveck, I. A. & Sperber, D. (eds.), 2004. *Experimental Pragmatics*. New York: Palgrave Macmillan.

❏ 姜望琪，2013，语用推理——逻辑学与语言学的交汇点。《语言学研究》（2）：6–19。

❏ 姜望琪，2020，格赖斯语用学再探——《逻辑与会话》翻译心得三题。《当代修辞学》（3）:1–10。

❏ 刘思，2008，实验语用学研究综述。《当代语言学》（3）：246–256。

❏ 周榕、冉永平，2007，语用学研究的新取向——实验语用学研究。《外国语》（5）：2–15。

（责任编辑：万明瑜）

语言学沙龙

北京大学外国语学院语言学沙龙活动情况
(2019年秋至2020年春)

北京大学外国语学院语言学沙龙活动情况（2019年秋至2020年春）

期别	日期	主讲人	题目
574	2019年10月22日	Professor Phoevos Panagiotidis（University of Cyprus 塞浦路斯大学）	Categorial Elements: Two Features, Three Categories, Lots of Complexity（词性研究：两个特征，三个词类，诸多复杂性）
575	2019年10月25日	Professor Phoevos Panagiotidis（University of Cyprus 塞浦路斯大学）	Are All Determiners Determiners?（所有的限定词都是限定词吗？）
576	2019年11月7日	Professor Sandra Silberstein（University of Washington 华盛顿大学）	The Globalizing University: What the Faculty, TAs, and Multilingual Students Report（全球化的大学：来自教师、助教和多语背景学生的报告）
577	2019年11月8日	Professor Sandra Silberstein（University of Washington 华盛顿大学）	Reading in a Second Language（二语阅读）
578	2019年11月8日	Professor Martin Hilper（University of University of Neuchâtel 纳沙泰尔大学） Professor Francisco José Ruiz de Mendoza Ibáñez（University of La Rioja 拉里奥哈大学） （第十九届中国认知语言学国际论坛（CIFCL）第十讲）	Constructional Change and Distributional Semantics（结构变化和分布语义） Modeling Hyperbolic Meaning（夸张意义建模）
579	2019年11月19日	Professor Jonathan Webster（香港城市大学）	TeXt and TeXture and ArchiteXture（语篇、语篇性和超级语篇性）
580	2019年12月5日	万明瑜博士（北京大学博雅博士后研究员及讲师）	Introduction to Statistical Analysis and Visualization Using R（R语言基本统计分析及可视化）
581	2019年12月31日	罗正鹏博士（香港大学）	Genetic Literacy in Personal Genetic Testing: A Discursive Approach（个人基因检测中的基因素养：话语分析视角）

北京大学外国语学院语言学沙龙活动情况（2019年秋至2020年春）

期别	日期	主讲人	题目
582	2020年4月9日	许宏晨教授（外交学院）	Teaching English Pronunciation: An ELF Perspective（英语通用语背景下的英语语音教学）
583	2020年4月13日	黄芳（北京大学外国语学院语言所博士生）	Doctor-Nurse-Patient Interaction and Narratives in Palliative Hospice Care Center（安宁疗护中心的医—护—患互动叙事研究）
584	2020年4月20日	孙铭徽（北京大学外国语学院语言所硕士生）	Death Discourse in Contemporary China: Transmission of Emotions and Values through "Dialogues" between the Living and Deceased（生者与逝者"对话"中的情感传递与价值传承）
585	2020年5月18日	殷成竹（北京大学外国语学院语言所博士生）	Linguistic Landscape: Review and Research Proposal（语言景观：综述与研究提案）
586	2020年5月21日	廖鸿婧副教授（北京外国语大学）	Assessment in Foreign Language Classrooms: Principles, Methods and Case Analyses（外语课堂教学测评：原则、方法和案例分析）

（郝赟整理校对）

《语言学研究》征稿启事

《语言学研究》由北京大学外国语学院外国语言学及应用语言学研究所编辑、高等教育出版社出版发行。《语言学研究》创办于2002年，开始每年一辑，2011年起改为每年两辑，已被连续收录为中文社会科学索引（CSSCI）来源集刊（2014—2015，2017—2018）。

《语言学研究》旨在为广大语言学研究者提供发表见解、探讨各种学术问题的场所。来稿可对现有语言学研究进行梳理、评述，对学科发展提出设想，或者以理论为指导对某个文本/话语片断进行描述，展开实证研究等。我们特别希望投稿者能就各种学术问题展开争鸣，提出新的观点、新的理论模式，以进一步推动语言学科的健康发展。

《语言学研究》现有栏目包括语言学理论研究、具体语言研究、语言对比研究、语言应用研究、书评等，欢迎广大语言研究者踊跃投稿。《语言学研究》已被中国知网（CNKI）中国期刊全文数据库收录，如作者不同意文章被收录，请在来稿时向本编辑部声明。

《语言学研究》的审稿期为三个月。请登录以下网址投稿：
http://yuya.cbpt.cnki.net/WKE/WebPublication/index.aspx?mid=yuya
也可将稿件发送至编辑部邮箱：ling_research@126.com。

来稿文责自负，但编辑部有权对拟用稿件作必要的文字修改与删节。《语言学研究》拒绝一稿多投。如有发现一稿多投的情况，本编辑部将不再接受投稿人的任何稿件，并通告有关期刊。

附:《语言学研究》体例

1. 首页：中、英文题目,作者姓名、单位、学历、职称、研究方向、通信地址、电话、电邮。

2. 次页仍以中、英文题目开始，下接"提要"（中文200字左右，英文100词左右）、"关键词"（3~5个，以分号隔开）。

3. "关键词"后开始"正文"（论文一般不超过10 000字；书评5 000字）。
   a. 正文章节标题或小标题独占一行，且一律用阿拉伯数字（从1开始）表示，形式为：1 1.1 1.2 …… 2 2.1 2.2 ……
   b. 正文一律采用脚注。
   c. 正文行文中非汉语姓氏一律使用外文原文。
   d. 例句编号用[1]的形式。
   e. 重要术语如果首次在国内语言学期刊上出现，请随后附上外文原文。
   f. 文内夹注的文献放在括号内，如：(Chomsky, 1965: 12)。

4. 参考文献：只列引用文献，先外文后中文，按作者姓氏（中文姓氏按其拼音）字母序排。文献依次为作者姓名、出版年、文献题名、书/刊名、版次、出版地、出版者、期数（期刊）及起止页码。外文书/刊名以斜体书写，实词首字母大写；外文论文篇名以正体书写，仅篇名首字母大写。例：

Halliday, M. A. K. & Hasan, R. 1985. *Language, Context, and Text: Aspects of Language in a Social-Semiotic Perspective*. Victoria: Deakin University Press.

Harris, Zellig. S. 1952. Discourse analysis: A sample text. *Language* 28: 474–494.

Coupland, N. 2014. Social context, style, and identity in sociolinguistics. In J. Holmes and K. Hazen (eds.), *Research Methods in Sociolinguistics: A Practical Guide*. West Sussex: Wiley Blackwell. 290–303.

克里斯特尔（David Crystal）（编），沈家煊（译），2004，《现代语言学词典》。北京：商务印书馆。

朱瑞熙，1990，宋元的时文——八股文的雏形。《历史研究》（3）。2001年收录于《疁城集》：1–22。上海：华东师范大学出版社。

5. 文中图表或插图请附清晰的原图文件（tif.或eps.格式，不低于600像素）。

郑重声明

高等教育出版社依法对本书享有专有出版权。任何未经许可的复制、销售行为均违反《中华人民共和国著作权法》,其行为人将承担相应的民事责任和行政责任;构成犯罪的,将被依法追究刑事责任。为了维护市场秩序,保护读者的合法权益,避免读者误用盗版书造成不良后果,我社将配合行政执法部门和司法机关对违法犯罪的单位和个人进行严厉打击。社会各界人士如发现上述侵权行为,希望及时举报,本社将奖励举报有功人员。

反盗版举报电话　　（010）58581897　58582371　58581879
反盗版举报传真　　（010）82086060
反盗版举报邮箱　　dd@hep.com.cn
通信地址　北京市西城区德外大街4号　高等教育出版社法务部
邮政编码　100120